JN300557

Marketing Management

現代
マーケティング
総論

小宮路 雅博
［編著］

同文舘出版

〈執筆者一覧〉

小宮路雅博(成城大学経済学部教授)　　　　　　第1章～第5章,第9章
　　　　　　　　　　　　　　　　　　　　　　　第11章

高畑　　泰(神奈川大学経済学部講師)　　　　　　第6章,第7章,第14章
橋本　茉子　　　　　　　　　　　　　　　　　　第8章
八ッ橋治郎(神奈川大学経済学部准教授)　　　　　第10章
德江順一郎(東洋大学国際観光学部准教授)　　　　第12章
木村　　剛(産業能率大学経営学部教授)　　　　　第13章
都留　信行(産業能率大学経営学部准教授)　　　　第15章

はしがき

　本書は，マーケティング論を構成する各領域から主要部分を抜き出し，学習・研究を進める上で必要な解説や論述を行なうことを目的として企画されたものである。本書の構成については，マーケティング論の基幹的部分を押えると同時に，現代的な新しい視点の章や論述を盛り込むことを工夫したつもりである。

　本書は，全15章から構成されている。前半(第1章～第7章)はメーカー(消費財メーカー)を主体とする伝統的な製品マーケティングの枠組みに沿って構成されており，後半(第8章～第15章)は生産財やサービス，観光，スポーツなどの個別領域を対象とする各論的マーケティングとロジスティクスやCRMなどの関連領域の議論を扱うものとなっている。それぞれの章は長大なものではなく，講義やゼミナールのテキストとして使用される場合は，リーディングスとしても読み進めながら，概ね1章当たり1週，半期2単位で教授ないし学習できることを想定している。

　以下，各章の内容を簡単に紹介する。

　第1章は「マーケティングの成立と意義」と題する章である。マーケティングの成立と発展についてその背景も含めて解説している。マーケティングの持つ本来的な性格についての理解を得るための章である。

　第2章では「マーケティングの概要と基本概念」の章である。ビジネスの文脈で通常，語られるマーケティングの概要について説明する。マーケット・セグメンテーション，ターゲット市場，マーケティング・ミックスといったマーケティングの基本となる概念が解説されている。

　第3章は「製品戦略」と題する章である。製品ミックス及び個別製品の基本戦略について概説する。製品を構成する重要な要素としてのブランドの概念と戦略についても説明される。第3章から第7章は，伝統的なマーケティング・

ミックスの枠組みに沿って配置されているものである。

　第4章は価格に関する章である。「価格戦略 ― 価格設定の理論と方法 ―」と題して，価格設定の基本方法や個別課題について概説される。

　第5章は，流通チャネルに関する章である。製品を顧客の下にどのようにして届けるか。「流通チャネルの概念と戦略」について説明する。

　第6章と第7章は，共にプロモーションに関わる章である。第6章は「プロモーション1 ―マーケティング・コミュニケーション―」と題する章である。この章ではプロモーションはマーケティング・コミュニケーションの枠組みで捉えられている。マーケティング・コミュニケーションの意味と役割，マーケティング・コミュニケーションの管理と諸ツールといった内容が扱われる。

　第7章は「プロモーション2 ―広告―」と題して，プロモーションないしマーケティング・コミュニケーションの主要要素である広告に関わるさまざまな内容が解説される。広告の概念，広告メディア，広告計画，広告会社の役割などについて説明される。

　第8章は「戦略的マーケティング―市場戦略とマーケティング―」と題する章である。戦略的マーケティングは，企業の全社レベル・事業レベルでの市場戦略を対象とするものである。戦略的マーケティングの概要について整理し，企業の多角化戦略やPPM，競争戦略などについて説明している。

　第9章は「生産財マーケティング」の章である。生産財の持つ諸特性について消費財と対比しつつ説明し，生産財取引のさまざまな特性と課題が整理される。生産財マーケティングの主要テーマである組織購買行動についても解説している。

　第10章は「ロジスティクス」の章である。ロジスティクスを巡る議論は，マーケティングの関連領域として独自の発展をしたものである。物流とロジスティクスについて整理した後，ロジスティクスのマネジメントについて概説する。また，サプライチェーン・マネジメントについても説明する。

　第11章は「サービス・マーケティング」の章である。サービス（役務）の概念について説明し，物財のマーケティングとは異なるサービス・マーケティングのさまざまな課題が整理される。

第12章は,「観光マーケティング」の章である。観光及び観光マーケティングの概念について整理した後,観光の要素と観光市場の諸特性,観光マーケティングの諸手法について解説している。

　第13章は「スポーツ・マーケティング」の章である。スポーツ・マーケティングは発展途上であり,多様な内容の議論を含んでいる。この章では,スポーツ・マーケティングの対象領域を4つに分類し,その内容を概説している。

　第14章は「インターネット・マーケティング」の章である。マーケティング・サイトの構築やインターネット・マーケティング・コミュニケーションの各手法について概説している。ネット・ショップについても解説を行なっている。

　第15章は本書の最終章である。「CRM」と題し,CRMとマーケティングの関係,CRMの機能,CRMからCMRへの移行などが解説されている。

　各章は,基本的にそれぞれの執筆担当者が責任を持って論述を展開している。全体の企画・構成と用語や表記の統一,論述の水準の調整は編著者が担当している。編著者は本書について,各章の論述上の個性と共に全体のまとまりを良い水準で確保できたものと考えている。本書をこの分野の学習・研究に取り組む多くの方々にお読みいただければ幸いである。

　最後に本書の出版に当たり,同文舘出版取締役・市川良之氏に厚くお礼を申し上げたい。市川氏には,出版の企画から刊行までさまざまご助力いただいた。この場を借りて,深甚の感謝の言葉を申し上げる次第である。

平成23年6月

執筆者を代表して
編著者　小宮路　雅博

目　次

はしがき ──────────────────────────── (1)

第1章　マーケティングの成立と意義 ───────────── 3

第1節　現代の暮しとメーカー ……………………………………… 3
第2節　メーカーの関心の変化とマーケティングの成立 ………… 4
　1　メーカーの関心の変化　4
　2　マーケティングの成立　5
第3節　マーケティングの発展とその背景 ………………………… 6
　1　メーカーによる大量生産方式の確立　8
　2　技術の発達・進歩─個別包装の始まり─　9
　3　インフラストラクチャーの発達─マス・メディアとマーケティング─　10
　4　消費の民主化・平等化　12
第4節　現代の消費社会とマーケティング ………………………… 13

第2章　マーケティングの概要と基本概念 ──────────── 15

第1節　マーケティング・マネジメントとその手順 ……………… 15
第2節　マーケット・セグメンテーションによるターゲット市場
　　　　の選択 …………………………………………………………… 16
　1　マーケット・セグメンテーションとは　16
　2　市場セグメントの選択　17
　3　市場カバレッジ戦略　19
第3節　マーケティング・ミックス ………………………………… 21

第4節　市場の発展段階とマーケティング・ミックス………………24

第3章　製品戦略 ───────────────────── 29

第1節　製品ミックスの基本戦略……………………………………29
第2節　個別製品の基本戦略…………………………………………32
 1　製品の理解と定義　32
 2　新製品開発　33
 3　製品廃棄と計画的陳腐化　35
第3節　ブランドの概念と戦略………………………………………36
 1　ブランドの概念　36
 2　ブランドの分類　38
 3　マルチブランド戦略とブランド拡張　40
 4　ブランドの役割とブランド価値，ブランド連想　41

第4章　価格戦略 ───────────────────── 45
─価格設定の理論と方法─

第1節　価格設定の基本方法…………………………………………45
 1　費用に基づく価格設定　45
 2　競争に基づく価格設定　49
 3　需要に基づく価格設定　49
第2節　価格設定の個別課題…………………………………………52
 1　新製品の価格設定　53
 2　関連製品の価格設定　54
 3　割引と差別価格　55

第5章　流通チャネルの概念と戦略 ―――――――――― 59

第1節　統制対象としての流通 ……………………………………… 59
　　―流通チャネルの概念―
第2節　流通チャネル戦略 …………………………………………… 60
　　1　チャネル・デザイン　　61
　　2　流通チャネルのメンバーシップ　　63
　　3　チャネル・コントロール　　65
　　4　マルチ・チャネル　　67

第6章　プロモーション1 ――――――――――――――― 69
　　―マーケティング・コミュニケーション―

第1節　マーケティング・コミュニケーションの意味と役割 ……… 69
　　1　マーケティング・コミュニケーションとは　　69
　　2　マーケティング・コミュニケーションの役割　　71
第2節　マーケティング・コミュニケーションの管理 …………… 72
　　1　状況分析とターゲット・オーディエンスの明確化　　72
　　2　マーケティング・コミュニケーション目標の設定　　73
　　3　予算の設定　　74
　　4　コミュニケーションのデザイン　　75
　　5　マーケティング・コミュニケーション・ミックスの策定　　76
　　6　実施と統制及び効果の測定　　77
第3節　マーケティング・コミュニケーションの諸ツール ……… 78
　　1　人的販売　　78
　　2　SP　　78
　　3　PRとパブリシティ　　81
　　4　ダイレクト・マーケティング　　84

第7章　プロモーション2 ――――――――――――― 87
　　　　―広告―

第1節　広告の概念 ……………………………………………… 87
　　1　広告とは　87
　　2　広告の種類　88
第2節　広告メディア …………………………………………… 90
　　1　我が国における広告メディアの状況　90
　　2　各広告メディアの特性　90
第3節　広告計画 ………………………………………………… 94
　　1　広告計画の流れ　94
　　2　DAGMAR　96
第4節　広告主と広告会社 ……………………………………… 97
　　1　広告主　97
　　2　広告会社　98
　　3　広告主と広告会社の関係　101

第8章　戦略的マーケティング ――――――――――― 105
　　　　―市場戦略とマーケティング―

第1節　戦略的マーケティングの概要 ………………………… 105
第2節　多角化戦略とPPM ……………………………………… 107
　　1　多角化戦略　107
　　2　PPM　110
第3節　競争戦略 ………………………………………………… 113
　　1　業界構造分析と5つの諸力モデル　113
　　2　一般競争戦略　115
　　3　競争地位類型　116

第9章　生産財マーケティング ─────── 119

　第1節　生産財マーケティングとは ……………………………… 119
　第2節　生産財の分類 ……………………………………………… 121
　第3節　生産財の諸特性 …………………………………………… 124
　第4節　組織購買行動 ……………………………………………… 129

第10章　ロジスティクス ─────────── 133

　第1節　物流とロジスティクス …………………………………… 133
　　1　物流を構成する活動　134
　　2　ロジスティクスの考え方　136
　第2節　ロジスティクスのマネジメント ………………………… 137
　　1　物流管理とロジスティクス　137
　　2　ロジスティクスの領域　139
　　3　マーケティングとロジスティクス　141
　第3節　ロジスティクスとサプライチェーン・マネジメント ……… 142
　　1　QRとECR　143
　　2　サプライチェーン・マネジメント（SCM）　144
　　3　ジャスト・イン・タイムと多頻度小口配送　145
　　4　サードパーティー・ロジスティクス　146

第11章　サービス・マーケティング ──────── 149

　第1節　サービスの諸特性 ………………………………………… 149
　　1　サービスの4つの基本特性　149
　　2　サービスの8つの基本特性　150
　第2節　サービス・マーケティングの諸課題 …………………… 158
　　1　サービス・システムと顧客のマネジメント　158

2　サービス・スクリプトとサービス・エデュケーション　161

　　3　サービス・コスト　163

　　4　サービスの需給問題とマネジメント　166

第12章　観光マーケティング ―――――― 171

第1節　観光マーケティングとは……………………………… 171
第2節　観光の要素と観光市場の諸特性……………………… 174
　　1　観光主体　174

　　2　観光対象　176

　　3　観光媒介　176

第3節　観光マーケティングの諸手法………………………… 178
　　1　観光主体の分類　178

　　2　地域と観光マーケティング　180

第13章　スポーツ・マーケティング ――――― 185

第1節　スポーツ・マーケティングの台頭…………………… 185
　　1　スポーツとマーケティング　185

　　2　ロサンゼルス・オリンピックとスポーツ・マーケティング　186

第2節　スポーツ・マーケティングの対象領域と内容……… 190
　　1　するスポーツ　191

　　2　観るスポーツ　193

　　3　プロモーション・メディアとしてのスポーツ　195

　　4　コンテンツとしてのスポーツ　197

第3節　スポーツ・マーケティングの課題…………………… 199

第14章　インターネット・マーケティング ―――― **201**

第1節　バーチャル世界とマーケティング……………………………201
 1　バーチャル世界の誕生　201
 2　ウェブ・サイトの分類とマーケティング　201
 3　インターネット・マーケティングのツール　202

第2節　マーケティング・サイトの構築……………………………203
 1　企業に必須のマーケティング・サイト　203
 2　マーケティング・サイトの設計とSEO対策　204

第3節　インターネット・マーケティング・コミュニケーション……206
 1　インターネット・マーケティング・コミュニケーションの手法　206
 2　検索連動型広告とコンテンツ連動型広告　210
 3　ソーシャル・メディア　211

第4節　ネット・ショップ……………………………………………212
 1　ネット・ショップの出店方法　212
 2　ネット・ショップで販売される製品・サービス　213

第5節　インターネット・マーケティングの今後の展望……………215
 1　技術の発展　215
 2　インターネット・マーケティングのインパクト　215

第15章　CRM ―――――――――――――――――― **217**

第1節　ICTの発展とCRMの登場 ……………………………………217
第2節　CRMの機能 ……………………………………………………219
第3節　CRMからCMRへ ……………………………………………223

索　引 ――――――――――――――――――――― **229**

現代マーケティング総論

第1章
マーケティングの成立と意義[1]

　マーケティングは通常，20世紀初頭のアメリカにおいて登場し，発達してきたものとされる。本章では，マーケティングの成立とその意義について説明し，マーケティングの持つ本来的な性格についての理解を図る。

第1節　現代の暮しとメーカー

　物質的に豊かで標準化された現代の暮し―。人々は生活の多くの局面で工業製品の恩恵を受けている。これらの工業製品はメーカー(消費財メーカー)の工場で大量に見込み生産されており，価格の高低はあっても一般の人々がそれなりに購入できるものとなっている。

　今日，人々は消費者として多くの場合，これらを小売店で購入する。殆どは見込み生産品であり，注文生産品が購入されることは少ない。販売されている製品にはメーカーのブランド(brand：商標)が付けられていることが殆どである。メーカーの希望小売価格が付いていて小売店がそこから何割引き，何％引きというように価格を表示していることもある。小売店の中にはメーカー直営の小売店もあるし，或いは独立経営の小売店であっても特定のメーカーの看板を掲げていることもある。また，多くの場合，人々はこれらの製品の存在を小売店頭で初めて知るのではない。テレビや新聞・雑誌等で，広告の形で人々はこれらの製品に予め出会っている。こうした広告の多くはメーカーによりなされているものである。

---

[1] 本章の内容は小宮路〔2000〕第1節～第2節に基づき構成されている。

現代のメーカーの仕事は多くの場合，生産・製造だけではない。製品を生産し，卸売業者に出荷すれば全て終わりというわけではない。消費者(最終消費者)への販売を小売業者に任せていても，製品にはメーカーのブランドがついており，メーカーの姿がいつまでもついて回る。メーカーは自社製品がどのように扱われるかについて卸売業者や小売業者に自身の意思を反映させようとする。同時にマス・メディア等のさまざまなメディアによって広告を行ない，最終消費者にも直接に(購入を)語りかけてくる。

現代のメーカーは，生産された自社製品が円滑に流通し，更に消費されていくことに強い関心を持ち，流通・消費に自らの意思を反映させるべくさまざまな対応と働きかけを行なっているのである。

第2節　メーカーの関心の変化とマーケティングの成立

メーカーが製品の生産だけでなく流通や消費への対応と働きかけを行なっていくことは，現在の工業社会ではごく普通に行なわれている。この諸活動はビジネスの分野では一般に「マーケティング(marketing)」として知られているものである。しかしながら，歴史的に見て，メーカーのこうした活動はずっと以前から行なわれていたわけではない。以下，この経緯を簡単に説明しよう。

1　メーカーの関心の変化

かつては卸売業者に製品を販売することがメーカーの最大の関心事であり(多くの場合，メーカーにとっては卸売業者が直接の顧客である)，メーカーの意識はそこでとぎれているのが通常であった。しかし，産業革命によって工業と工業製品に彩られた時代が始まる。大量生産方式が確立し，これが各産業に普及してくると消費者の購買力を超えてしまい，やがてメーカーは過剰生産に悩まされることとなる。こうして相対的に供給過剰の時代がやってくる。旧来通りの流通業者(卸売業者・小売業者)に任せ放置していては，製品が円滑に流

通せず，消費者もそのままでは製品をなかなか購入してくれない。こうしてメーカーは卸売業者に出荷した後も自社製品の運命について強い影響力を行使していくことの必要性を理解するようになる。

2　マーケティングの成立

　大量生産方式の普及以後は，メーカーは生産に加え自社製品の流通，更には消費をも総体として捉えるようになっていく。こうして，メーカーは以下に挙げるようなことに取り組んでいくようになった。

① メーカーは，他社のものと区別し，出荷後も追跡でき，流通業者や消費者にそのメーカーの製品として認識してもらえるよう，営業標識としてのブランドを自社製品に付与するようになった。

② メーカーは流通業者に自社製品販売のための特別の努力をすることを求めるようになった。これには，メーカー製品を流通業者が推奨販売すること，メーカー製品のために特別の陳列をしたり売場を設けたりすること，メーカー製品のために特別の販売促進をする(例えば，チラシやPOP等の販売促進活動(プロモーション)を行なう，製品説明・実演を行なう)こと，等が含まれる。

③ メーカーは，それまで流通業者が独自に決めていた製品の卸売販売価格・小売販売価格について関心を持ち，さまざまな影響力を及ぼすようになった。例えば，メーカーが自社製品の卸売価格・小売価格の標準を決め(希望卸売価格，希望小売価格)，これを基準ないし参考として流通業者の価格形成が行なわれるようになったことである。消費者もメーカー希望小売価格を基準に小売業者の販売価格の高低を判断するようになった。

④ メーカーは自社製品の流通段階における品質やブランド・イメージの保持等さまざまな事柄にも取り組むようになった。例えば，鮮度管理・温度管理・日付管理等の品質保持，製品に相応しい流通業者の選択，適切な陳列方法・販売方法の確保，安売り等によるイメージ・ダウンの回避，であ

---

[2] 営業標識は商取引において自己を他者と区別するために付けられるもの(目印)を言う。商号，屋号，会社名，商標(ブランド)がこれに当たる。

る。

⑤　更にメーカーはマス・メディアを通じて，メーカー自身及び自社製品について広告を行ない，消費者に直接に働きかけるようになった。知名度を上げ，製品への好意的な態度[3]を醸成し，欲しい気持ちにさせ，小売店頭で消費者がメーカー製品を指名買いするようにするためである。この状態を創り出せれば，小売業者の推奨販売とあいまってメーカー製品は小売店頭で円滑に販売されていくことになる。

　上記の諸活動は，今日のメーカーが行なっているマーケティング活動の具体的な現れでもある。歴史的な観点では，流通問題に関わる新語としての「マーケティング(marketing)」の用法[4]は，19世紀末から20世紀初頭のアメリカで顕著になっていったものとされる[5]。アメリカにおいては，南北戦争(1861～65年)を経て国内情勢が安定して，北部諸州を中心に工業化が急速に進んでいった。生産力増大に伴い流通問題への関心が高まっていき，やがて大量生産方式の確立と普及による「過剰生産」が意識される[6]ようになり，同国におけるマーケティングの成立をもたらしたことが理解されている。

第3節　マーケティングの発展とその背景

　マーケティングは今日のビジネス社会では，特に断りのない限り殆どの局面で「マーケティング・マネジメント(marketing management)」を指しており，

---

[3] 態度(attitude)とは，ここでは「人が対象に対して抱く認知・感情(評価)・行動の一定期間持続する好悪・正負・肯定否定の斉合(せいごう)的傾向」を指す。
[4] 流通問題への関心の高まりと共に，distribution(流通，分配の意)に替えてmarketingの語が用いられるようになったものと解されることがある。なお，marketには，「市場に出す，売りに出す，市場向けに生産する」といった動詞の用法がある。
[5] 研究分野としてのマーケティングの出発点は一般に20世紀初頭とされている。この時期にアメリカの大学の講義要項にマーケティングの語が登場し始め，マーケティングが大学の講義の中で初めて体系的に取り上げられるようになったものとされる。その為，しばしば「マーケティングは，20世紀初頭のアメリカで始まった」と言われる。
[6] 工業だけでなく，農業の機械化・大規模化も進み，農産物の生産過剰に関わるマクロ流通問題が強く意識されるようになる。

図表1-1　メーカーの自社製品流通に関わる諸活動としてのマーケティング

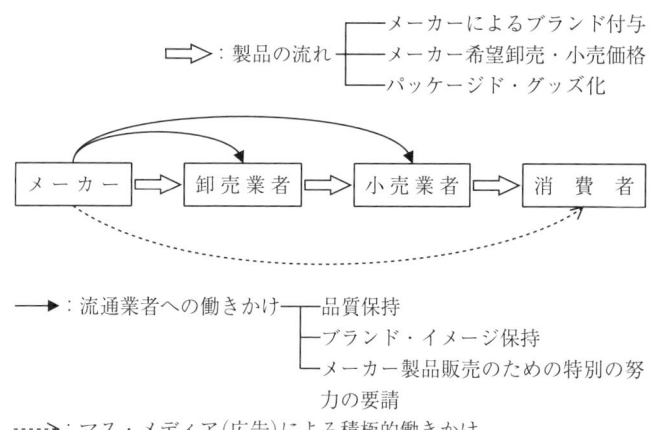

```
⇨：製品の流れ ─┬─ メーカーによるブランド付与
              ├─ メーカー希望卸売・小売価格
              └─ パッケージド・グッズ化

  ┌──────┐  ⇨  ┌──────┐  ⇨  ┌──────┐  ⇨  ┌──────┐
  │メーカー│    │卸売業者│    │小売業者│    │消 費 者│
  └──────┘    └──────┘    └──────┘    └──────┘

→：流通業者への働きかけ ─┬─ 品質保持
                       ├─ ブランド・イメージ保持
                       └─ メーカー製品販売のための特別の努
                          力の要請
┄→：マス・メディア(広告)による積極的働きかけ
```

出所：筆者作成。

メーカーに限らず流通業，各種のサービス業においても行なわれているものと解されるのが通常である。しかし，マーケティングは元々，大量生産方式の確立と普及による「過剰生産」を背景に「メーカーの自社製品流通に関わる諸活動」として発達してきたものと理解されることがある(図表1-1参照)。この理解に立てば，マーケティングを行なう主体は本来的にはメーカー(更に言うなら大量生産の担い手であって「自社製品流通に関わる諸活動」を遂行できるだけの能力を持つ大規模メーカー)であると解されることになる。

　上記の意味でのマーケティングが，主に20世紀初頭のアメリカという一定の条件の下に発生し，その後の発展を見たことについてはさまざまな背景を考えることが必要である。この点については幾つかの注目点がある。以下，簡単に説明する。[7]

---

[7] 以下の1〜3は一種の技術プッシュ説(ごく単純には技術の進歩や発展により例えば社会やビジネス，人々の暮らしに変化がもたらされるというもの)に基づく説明である。

1　メーカーによる大量生産方式の確立

　既に述べたように，マーケティングの成立と発達には大量生産方式の確立と普及が直接の関わりがある。アメリカでは南北戦争後に北部を中心に急速に工業化が進み，20世紀の初期までにさまざまな産業分野で大量生産方式が普及していき，これにより生産力が飛躍的に上昇し，標準化された工業製品が低コストで大量に生産されるようになっていった。ここでは生産の基調は注文生産から見込み生産に換わり，例えば，最初は富裕層の占有物だった自動車は，工房で一台一台注文を受けて生産されていたが，これがフォード(Ford)の自動車工場で標準モデルが大量生産されるようになり，劇的な価格低下の結果，普通の人々の日常の足となっていった。

　大量生産では，大規模工場から標準化された製品が次々と大量に生み出される。このような工場は常に高水準で稼動させることで，地代や機械設備費といった固定費を賄い規模の利益を得られる。ここでは高い稼働率を安定的に保持することが先ず重要であり，その為には大量に生産された製品がやはり同じように安定的に大量に流通し，大量に消費される必要がある。大量生産方式がなぜ，メーカーによる自社製品流通への取り組みとしてのマーケティングを要請したかはこの理由による。つまり，見込み生産された大量の製品を旧来の流通に任せ放置していては大量性に対応できず供給過剰に陥るし，人々の伝統的なライフ・スタイル(生活様式)のままでは消費(需要)が過少であり，やはり供給過剰となる。供給過剰を避けるために大量生産方式の担い手であるメーカーが，大量流通と大量消費の実現についてもやはり担い手となることが求められたのであった。

　以上は言わば大量生産・大量流通・大量消費(と大量廃棄)の歯車をいかに円滑に回転させるかが，時代の要請となったことを示す。この要請に応えるものとして登場したのがマーケティングという考え方であったと言うことができる。

2　技術の発達・進歩―個別包装の始まり―

　技術的側面に着目すると，この時期のさまざまな技術の発達・進歩も重要である。これには化学プラントや自動車組立工場，大バッチ生産工場等の大規模生産技術を始め，食品等の加工・保存技術，包装技術，保管・輸送技術等の発達・進歩が挙げられる。[8]

　マーケティングの成立の観点ではとりわけ，個別包装された形で製品が生産されメーカーから出荷されるようになったことは重要である（包装の機械化・連続化）。これはメーカーが流通・消費段階に関与していくことに大きな影響を与えた。つまり，製品は大量に製造されるが，個々の製品は個別に購入し易いように，事前に小分けにして小量単位に包装され，包装（パッケージ）には魅力的なラベルがつけられてメーカー名やブランド名が表示されることになる。

　パッケージド・グッズ（packaged goods：事前個別包装品）になったことは，メーカーがパッケージを通じ流通の場面，消費の場面で常に自分の存在をアピールすることが可能になったことを意味する。パッケージはメーカーの代理人として小売店頭や消費生活の中で目印となり，やがて饒舌な広告宣伝物として販売促進の役割を果たすようになった。メーカーは，小売店で自社製品が魅力的かつ目立つように陳列されることに関心を向けるようになり，買い物客の目を引きつけるますます魅力的なパッケージやラベル，ブランドの開発を重要視するようになった。

　上記は小売店での販売方法の基調が，個別量り売り販売からパッケージド・グッズ販売へと変わっていったことも意味する。パッケージド・グッズ販売へと変わっていくことで，小売店では店員の応対による販売（対面販売）の必要性が相対的に低下し，オープン・ディスプレイ[9]とセルフ・セレクション[10]が許容されるようになる。パッケージド・グッズ販売への移行は，セルフ・サービス方

---

[8]　化学プラントは連続生産方式，自動車組立工場は未熟練労働者を前提に徹底した分業とライン（アセンブリー・ライン）を導入した。工場は単に大規模化するだけではだめで，このような仕組みを導入することで，それまでの作業者単位の生産や小規模工場での生産と比べて飛躍的に生産量を上げることが可能になる。また，バッチ（batch）とは一回毎の処理量または一回毎の処理方式を指す。例えば炉を大型化することで一回毎の処理量が大規模化する。

式による大量販売装置，つまりスーパーマーケットの発展がなされていった理由の1つとなっている。パッケージド・グッズの登場と諸変化については図表1-2を参照されたい。

3　インフラストラクチャーの発達──マス・メディアとマーケティング──

　アメリカでのマーケティングの成立を考える上で，インフラストラクチャーの発達も欠かせない。アメリカは19世紀の終わり頃までマス・マーケットを形成する上での十分なインフラストラクチャーを欠いていた。先ず，19世紀末までに鉄道網の充実と通信(電信)の発達があり，続いて1910〜30年代にモータリゼーションが急速に進展し，ラジオの商業放送が始まった(20年代)。これらにより情報と人・モノの移動が早く容易に行なえるようになり，人々の考え方や生活が平準化していき，標準化された大量生産品が国のすみずみまで届けられるようになった。大量生産の捌け口としての大量消費を可能にする同じアイデンティティを持つ大衆が生まれ，均質なマス・マーケットが生まれたのである。

　この過程において，新しいマス・メディアとして電波媒体が登場しそれが商

---

[9] オープン・ディスプレイ(open-display：オープン陳列)は，小売店舗において買い物客が自由に商品(製品)を手に取り比較検討できる陳列方式を言う。これに対し，店員に購入する意思を示し，ショー・ケースや陳列棚から商品を取り出し(店員の監視の下)見せてもらう方式をクローズド・ディスプレイ(closed-display：クローズド陳列)と言う。

[10] セルフ・セレクション(self-selection)は，買い物客が小売店舗において商品(製品)を自由に手に取ることができ，購入の際は買い物客自身が商品を選び取り集めて回る方式を言う。

[11] セルフ・サービス方式は，対面販売方式と対置されるもので，①パッケージド・グッズの並ぶオープン・ディスプレイによって構成された売場を基調とし，②買い物客が自由気ままに回遊できる店内，③売場毎に常時応対する店員はいない(店員による常時の監視がない)，③基本的には店員による人的な働きかけがなく，買い物客は自由気ままな比較検討ができる，④買い物客は商品(製品)を自由に選び手に取ることができる，⑤備え付けの買い物カゴや買い物カートを利用しつつ，買い物客が自分で商品を取り集めて回る(セルフ・セレクション)，⑦レジ(勘定場)における最終的な一括清算，が販売方式上の特徴となっているものである。セルフ・サービス方式は現在の生活では馴染み深いものであるが，元々当たり前のように存在していたわけではなく，そもそも商品の供給過剰，物質的豊穣を前提として成り立つものである。

[12] スーパーマーケットが小売業態として発展していく上で，この他，大恐慌期における在庫品処分を目的とした(低コスト・低価格の)倉庫販売，モータリゼーションの発達，チェーン・オペレーションの進展，まとめ買いの習慣の浸透(工場労働者の給与が時給・日給制から週給制になったこと等による)等が挙げられる。細かなものでは，買い物カートの発明といったものがある。Staten〔1993〕pp. 19-38 も参照されたい。

図表1-2　パッケージド・グッズの登場と諸変化

個別量り売り販売　→　パッケージド・グッズ販売

小売店頭における変化

対面販売方式　→　セルフ・サービス方式
クローズド・ディスプレイ　→　オープン・ディスプレイ
店員による常時の監視　→　自由気ままな買い物
購入後に手渡される製品　→　セルフ・セレクションとレジでの一括清算

メーカーの流通・消費段階への関与

ジェネリックスとしての製品[注1]　→　メーカーのブランドを付与された製品
生産者について何も語らない製品　→　饒舌な製品パッケージ・製品ラベル
小売店自身による独自の価格設定　→　メーカーの意思を反映した価格設定
メーカーの小売店頭への不関与　→　メーカーの小売店頭への積極的関与

注1：ジェネリックス(generics)はブランドが付与されておらず、一般名称だけで販売されるものを言う。
出所：筆者作成。

業放送として成功を収めていったことは注目すべきである。それまで大量情報伝達手段として新聞や雑誌は既に存在したが、これは主に文字による媒体であり、この点では識字可能でない人々にとっては余り馴染みのあるものではなかった。ラジオは距離を越え、多くの人々にリアルタイムで情報を伝えることのできる新しいメディアであり、言わばメディア革命であった。ラジオは多くの人に愛好され、今もそうであるが、マーケティングの観点では主に2つの点で大きな意義を持っていた。

① 先ず、音声にのみ依存するとは言え、メーカーがラジオの広告(CM)を通じて多数の幅広い範囲に居住する消費者(この場合は聴取者)に直接に働きかけることが可能になったことである(これはテレビで一層増幅されることになる)。

② しかも、広告によって無料の視聴が実現された(広告に収入のほぼ全てを依存する商業放送の誕生)。

第2の点については、それまでの新聞・雑誌にも広告が掲載されており、広告収入が発行社の収入になっていたことが想起される。しかし、新聞・雑誌は

購読料を支払い購入するのが普通であった。これに対し，ラジオは聴取料を聴き手に課さず，広告(CM)聴取と引き換えに全く無料で利用できる仕組みを成功させた。ラジオという商業放送の仕組みは後のテレビ放送にも引き継がれ，以降，マーケティングとマス・メディアは(少なくとも西側先進諸国では)互いに持ちつ持たれつの関係で発達していくことになる(そもそもラジオやテレビ受像機自体も大量生産される工業製品の代表格と言ってよかった)。つまり，広告収入があるから放送局の無料放送は成り立ち，消費者(視聴者)も無料で楽しむことができ(無料であるからこそ多くの人にとってテレビを観ない日はないのである)，マーケティングを行なう側(メーカー)も広告(CM)を通じて消費者(視聴者)に直接語りかける手段を得たのである。広告主(メーカー等)，放送事業者，視聴者(消費者)の3者のどれかが欠ければ，マーケティングの発達も商業放送の今日の興隆もなかったといえよう。

マス・メディアについては，とりわけテレビの商業放送(白黒放送は1940年代，カラー放送は50年代)は重要である。テレビは，(映画と共に)人々にあるべきライフ・スタイルを視覚的に示す上で大きな貢献をした。これは広告(CM)だけでなくドラマ等の番組としても提示された。テレビはいかに振る舞い，いかに話し，いかに装い，いかに暮し，いかに購入し消費するかについて誰にでも文字通り目に見える形で広範囲・無差別かつ瞬時に示すことができた。人々は(工業製品に囲まれた)ライフ・スタイルをテレビによって「学習」していき，この点で20世紀後半のアメリカ(及び他の西側諸国)において，均質で標準化されたマス・マーケットの創出にテレビの果たした役割は極めて大きなものがあった。

4　消費の民主化・平等化

マーケティングの成立を考える上で，アメリカが移民国家であったことと建国の理念が共和主義であったことも見逃せない。これは生産側の事情ではなく，消費側の事情とも言える。このことについて簡単に見てみよう。

現代社会には，階級や身分に捉われないで消費を行なえる社会の側面がある

（消費の民主化社会）。これは当たり前のように思えるが，歴史上，モノの消費やライフ・スタイルはむしろ階級，身分，血統，職業等と密接な関係を長らく保ち続けてきた。今日の社会ではただ1つの条件——代金を支払うことができる——さえ満たせば誰でも製品を購入し消費することが可能である。これは政治の世界で民主主義が発生したのと同様（と言うより民主主義を前提として），消費の世界での民主化が成し遂げられたということである（「支払うお金さえあれば」生まれながらにして誰でも平等に消費の恩恵に与ることができる）。

　長く続いた階級社会・身分社会はそのままライフ・スタイルや消費生活を規定していた。しかし，階級差や身分差別の後退と共に，消費の身分制も力を失い，国民国家とマス・メディアに支えられてやがて同じアイデンティティを共有する大衆が誕生した。この状況下でこそ，大量生産方式が大量消費を要求し，誰もが身分や出身階級に関わりなく消費を楽しむことができるようになったわけであり，また逆にそうであるからこそ大量生産方式が成立したのであったとも言える。この点についてアメリカが移民国家であり，建国理念が王のいない共和主義であったことは大いに関係がある。ヨーロッパの階級社会は新天地であるアメリカには持ち込まれず，大衆を主人公として消費の民主化社会がやがて立ち現れた。こうして同国で生産と消費を大量性・標準化で彩るマーケティングが誕生したわけである。

第4節　現代の消費社会とマーケティング

　現代の消費社会では，あらゆる人が市場の参加者となることができる。同じく，多くの事物が市場化ないし市場での取引の対象となる。土地や労働力等あらゆる生産要素が市場化され，これまで取引対象ではなかったものが，そのまま或いは機械に置き換えられて市場で購入されるようになった。

　階級や職業，身分と密接な関係を持っていたモノの消費がこれらの制約から解き放たれたことは実は重大事である。誰でも市場に参加でき，科学技術の進歩と共にそれまでに存在しなかった製品が生活の中に溢れる。今や（支払う代

金さえあれば）誰でも購入し，消費できる。それだからこそ消費し生活を営んでいく上で，昔ながらの伝統に則った暮しではない新たなモデルの構築が求められるようになった。こうして構築されていったのが，メーカーにより大量生産された工業製品に囲まれた物質的豊穣のライフ・スタイルであった。

　より豊かに，より便利に，より快適に。禁欲と節制よりも欲望の肯定を。快楽主義と進歩主義を基調とし，物質的に豊かで標準化された大量消費社会。そこでは使い捨てや頻繁な買い替えが奨励される。生活の多くの局面でメーカーによって大量生産された安価な工業製品の恩恵を受けている。これらの多くを人々は消費者として小売店で購入している。小売店の多くはセルフ・サービス方式を採用し，（大量生産を支える）大量流通の担い手でもある。生活のさまざまな局面でメーカーによる広告が行なわれている。マス・メディアもメーカーの行なう広告に大きく依存している。小売店には大量の工業製品があり多くはメーカーのブランドが付いている。製品は（製品そのものというよりも）メーカーの付けたブランドによって専ら認識されている。大量の製品は物質的豊穣とそしておそらくメーカーの過剰生産の存在を表している。まさしく今日の先進工業諸国の人々が現に享受し，新興工業国や更には途上国の人々も享受しつつある暮しである。

　マーケティングは，上記の暮らしの実現に貢献している。経済発展と共に世界の更に多くの国や地域で人々がこの暮らしを享受できるようになるかもしれない。つまり，当該の国や地域の昔ながらの伝統に則った暮しが「先進工業諸国の人々がしてきた暮らし」に置き換わっていく。――これは，マーケティングが世界中に普及していく過程でもある。

【参考文献】

小宮路雅博〔2000〕「メーカーと流通」（小宮路雅博編著『現代の流通と取引』同文舘出版，第4章所収，pp. 51-74）。

Staten, V.〔1993〕*Can You Trust a Tomato in January*, Simon & Schuster.（訳書，北濃秋子訳〔1995〕『食品の研究――アメリカのスーパーマーケット――』晶文社）。

（小宮路　雅博）

第2章
マーケティングの概要と基本概念

　企業の経営管理の一環としてのマーケティング(マーケティング・マネジメント)の概要について整理し，基本概念であるマーケット・セグメンテーションとターゲット市場の選択，マーケティング・ミックスについて概説する。

第1節　マーケティング・マネジメントとその手順

　20世紀初頭のアメリカで「メーカーの自社製品流通に関わる諸活動」として出発したマーケティングは，時代を下って1950年代に入り，同国で企業の経営管理の観点で体系化が図られていった。「マーケティング・マネジメント(marketing management：マーケティング管理)」としての体系化である。今日のビジネス社会で普通に言われるマーケティングはこれを指しているのが一般的である。個別経営的視点では(つまり個々の企業の立場では)[1]「メーカーの自社製品流通に関わる諸活動」はマーケティング・マネジメント体系の中に組み込まれることとなった。

　経営管理の一環としてのマーケティングは，企業(典型的に想定されているのはやはり消費財を生産する大規模メーカーである)が行なう自社製品の市場に対する統合的な対応と働きかけの体系と見ることができる。その概要は，非常に大まかな手順として見ると①マーケット・セグメンテーションによるターゲット市場の選択，②ターゲット市場に対するマーケティング・ミックスの決

---

[1] 個別経営的視点(個々の企業の立場)のマーケティングをミクロ・マーケティング(micro marketing)と呼ぶことがある。これに対比し，国民経済的観点からのマーケティングをマクロ・マーケティング(macro marketing)と呼ぶ。

定と適用からなる。以下，簡単に説明する。

第2節　マーケット・セグメンテーションによる
ターゲット市場の選択

1　マーケット・セグメンテーションとは

　マーケット・セグメンテーション(market segmentation)は，市場細分化とも言い，全体市場を一定の基準(変数)に基づいて小さな市場に分割する(細分化する)ことを言う。細分化する基準はセグメンテーション基準と呼ばれる。

　全体市場とは，例えば，自動車市場，飲料市場というように概念的・抽象的に捉えられた大括りの市場を指している。一般に，全体市場はそのままでは企業が具体的なマーケティングを行なう対象になることは難しい。全体市場の内部は均質ではなく，異質な部分市場の集まりとなっているからである(全体市場が均質で内部に差異や多様性がない時は全体市場そのものを対象に画一的なマーケティングを行なうことができる。しかし，今日ではこのようなことは例外的である)。例えば，自動車市場であれば，市場を構成する顧客群は性別や年齢・年代，所得水準，家族構成，等々の点でそれぞれ異なっていることは容易に理解できよう。このことから，全体市場をセグメンテーション基準を用いて，適切に分割することが先ず求められることになる。

　セグメンテーション基準には，大別して以下の4つがある。

① デモグラフィック基準(demographic basis)：人口統計的基準である。性別，年齢(年代)別，所得水準別，家族構成別，職業別，教育水準別，ファミリー・ライフサイクル(family life-cycle)[2]等の基準で分割する。セグメンテーション基準のうち，最も多用される基準である。

② ジオグラフィック基準(geographic basis)：地理的基準である。文字通り地域により全体市場を分割する。大都市部，中小都市部，農村部といった

---

[2] 若年独身，若年既婚子供なし，若年既婚末子6歳以下……高年既婚子供なし(子供独立後)，高年独身といった家族形態区分(核家族の形成を念頭に置いたものである)。

区分も行なわれる。都市の規模，人口密度，気候・風土等も考慮される。
③　サイコグラフィック基準(psychographic basis)：心理的基準。ライフ・スタイル別，パーソナリティ別等の基準で分割する。例えば，社交的な性格であるか否かやインドア派かアウトドア派であるか等である。
④　行動的基準(behavioral basis)：行動的基準にはさまざまなものがある。例えば，製品やブランドに対するロイヤルティ[3]の程度，製品やブランドに対する態度，購買頻度別や使用量・使用率別，購買や消費の時・場所・状況別(状況別セグメンテーションと呼ばれる)，顧客の重視する便益(benefit)別(ベネフィット・セグメンテーションと呼ばれる[4])といった基準で分割する。

マーケット・セグメンテーションでは，上記のセグメンテーション基準を単独或いは複数を組み合わせて全体市場を細分化することになる。

2　市場セグメントの選択

全体市場を細分化して得られる部分市場それぞれを市場セグメント(market segment)と言う。市場セグメントは文脈を了解した上で，単にセグメントとも呼ばれる。市場セグメント群から，対象とする市場セグメントが選ばれる。適切な市場セグメントを選ぶ上で，以下の3つの観点での検討が必要である。
①　市場セグメント自身の要因：当該市場セグメントの規模，成長性，収益性，セグメントへの参入の容易さ(例えば，政府規制の有無など)，セグメントを構成する顧客へのアクセスの容易さ(例えば，顧客が日常的に接するメディアが明確か否かなど)等。
②　競合要因：当該市場セグメントにおける競合企業の数や強さ，規模等。
③　自社の要因：自社は当該市場セグメントで競争力を発揮できるか。自社の持つ経営資源・マーケティング能力，既存の活動との整合性はどうか等。

---

[3] ここではロイヤルティ(loyalty)は，(再)購買意向を持つことを指している。
[4] 同じカテゴリーの製品を購買・消費していても，顧客が得られるベネフィットのうち，どれを重視しているかに違いがある。

3つの観点から検討を加え，何れかの市場セグメントが選ばれる。選ばれた市場セグメントがターゲット・セグメント，すなわちターゲット市場(target market：標的市場)であり，企業が具体的なマーケティングを行なう対象となる。上記の手順で，ターゲット市場を決定することはターゲティング(targeting)と呼ばれる。

ターゲット市場が決定されれば，顧客プロフィールが想定されて，マーケティング・ミックスが開発されることになる(図表2-1参照)。顧客プロフィールとは，その市場を構成すると目される典型的な顧客像を言う。例えば，冷蔵庫をマーケティングする場合，以下の2つの顧客プロフィールでは，ターゲット市場とそのニーズ(needs)が全く異なることが理解されるだろう。

A：「都市部に住む20代の独身女性。マンションに独り暮らし。大卒正社員。自宅で料理をすることもあるが，手の込んだものは作らない。社交的で友人は多く，外食機会は多い。」

B：「農村部に住む大家族で3世代同居。兼業農家。所得水準は世帯としては高い。家屋は一軒家で大きく，台所は極めて広い。同居人数が多いため，毎回の食事の支度は大変である。外食は殆どしない。」

顧客プロフィールによって，ターゲット市場についての具体的なイメージが得られ，ターゲット市場(及びターゲット市場を構成する顧客)の求めるニーズも明確になってくる。ニーズを満たすべくマーケティング・ミックスを具体的にどのようにするか決定されることになる(上記の例であれば，どのような機能・性能，デザインの冷蔵庫が，どんな価格でどのように提供されるかが決定される)。なお，「顧客プロフィールがうまく想定できない」とか「想定した顧客プロフィールに現実味が薄く説得的ではない」といった場合は，マーケット・セグメンテーションそのもの或いは市場セグメントの選択に問題があると判断されることになる。

マーケット・セグメンテーションは全体市場の持つ需要の差異や多様性に応えるものであり，同時に同じような需要を持つ顧客を一定以上のボリュームを持つ個々の市場セグメントにまとめ上げる作業でもある。セグメンテーションそのものを余り細かく行なうことは意味がなく，差異や多様性への過度の傾斜

図表 2-1 マーケット・セグメンテーションとターゲット市場の選択手順

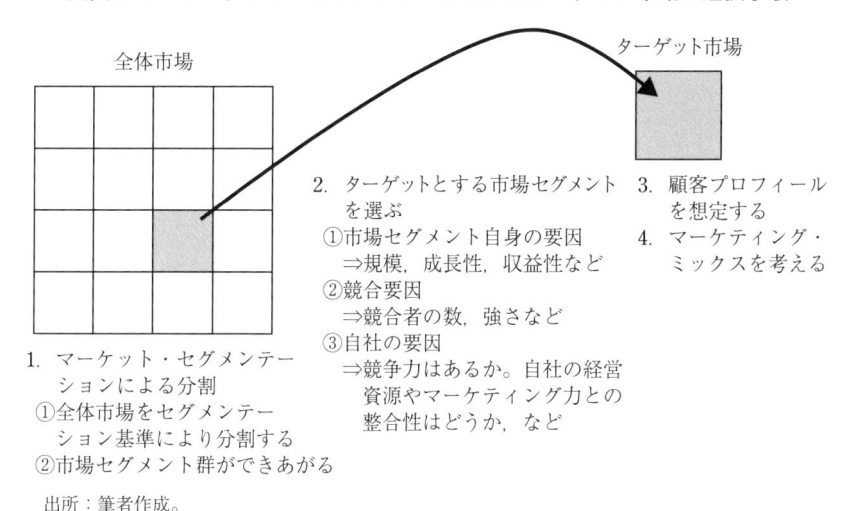

全体市場

ターゲット市場

1. マーケット・セグメンテーションによる分割
   ①全体市場をセグメンテーション基準により分割する
   ②市場セグメント群ができあがる

2. ターゲットとする市場セグメントを選ぶ
   ①市場セグメント自身の要因
      ⇒規模，成長性，収益性など
   ②競合要因
      ⇒競合者の数，強さなど
   ③自社の要因
      ⇒競争力はあるか。自社の経営資源やマーケティング力との整合性はどうか，など

3. 顧客プロフィールを想定する
4. マーケティング・ミックスを考える

出所：筆者作成。

は，直ちに効率性を損なう結果となることも多い。この点で，マーケット・セグメンテーションは，市場の多様性を(大量)効率とどこでうまく折り合わせるかの水準の問題であると言える。[5]

3 市場カバレッジ戦略

市場セグメント群からターゲット市場を選択する方法に基づき，マーケティ

---

[5] マーケット・セグメンテーションでは，全体市場の差異や多様性が強調されるので，機械的に適用されると過剰なセグメンテーション(oversegmentation)に陥ってしまう傾向がある(また，分割自体が目的化してしまい，セグメンテーションのためのセグメンテーションに陥ることもある)。例えば—。セグメンテーションを入念に行なった結果，全体市場は多数の小規模な市場セグメント群に分割された。これらの小セグメントを各ターゲット市場として，それぞれにブランドを張り付け，別々のマーケティングが行なわれることになった。努力はしたが，結果として，経営資源は分散してしまい，個々のブランドを維持してマーケティングを行なう費用も耐え難い水準となってしまった。それでいて得られる売上高は費用に照らして到底満足いくものではない。考えてみれば，ターゲット市場それぞれの市場規模がそもそも小さすぎた。なんでこんなに細かく分けてしまったのか……。過剰なセグメンテーションの回避を強調する考え方をカウンター・セグメンテーション(counter segmentation)と呼ぶ(逆細分化ともいう)。カウンター・セグメンテーションでは，過剰なセグメンテーションを回避することで，ターゲット市場の規模を確保して効率性なマーケティングを行なうことが志向される。

図表2-2 市場カバレッジ戦略の3つの型

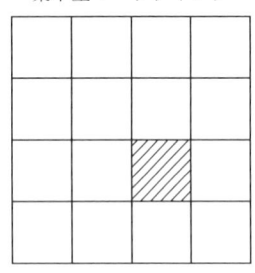

集中型マーケティング	差別型マーケティング	無差別型マーケティング
斜線の市場セグメントだけに集中。	abc…それぞれの市場セグメントに対し別々のマーケティングを行なう。	斜線の市場セグメント群の共通性を見つけ同一のマーケティングを行なう。

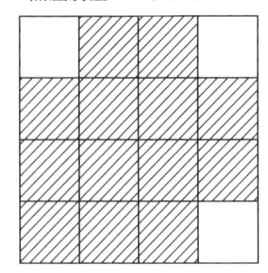

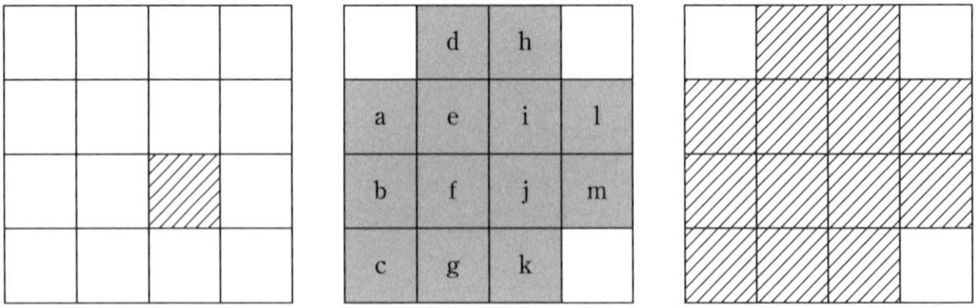

出所:筆者作成。

ングのあり方を3つの型に大別することがある。①集中型マーケティング、②差別型マーケティング、③無差別型マーケティングである[6]。これらは、全体市場をどのようにカバーするかの基本的な戦略であるので、市場カバレッジ戦略(market coverage strategy)と総称される。以下、それぞれ説明する(図表2-2を参照)。

(1) 集中型マーケティング

集中型マーケティング(concentrated marketing)では、1つ或いは少数のセグメントが選ばれマーケティングが行なわれる。選ばれるセグメントはしばしばニッチ(niche)であって、この場合、戦略としてはニッチ戦略ないしニッチ集中戦略と呼び得ることになる(図表2-1は集中型マーケティングの図でもある)。

(2) 差別型マーケティング

差別型マーケティング(differentiated marketing)では、複数のセグメントが選ばれ、それぞれに別々のマーケティングが行なわれる。典型的には、多数のセグメントが選ばれて、なるべく全体市場をカバーすることが志向される。この

---

[6] それぞれ、集中的マーケティング、差別的マーケティング、非差別的(全般的)マーケティングとも称する。

場合，戦略としてはフル・カバレッジ戦略(full coverage strategy)と呼び得ることになる。

(3) 無差別型マーケティング

無差別型マーケティング(undifferentiated marketing)では，複数のセグメントが選ばれるが，セグメント間の差異よりも共通性に着目して同一のマーケティングが行なわれる。全体市場をカバーすることが志向される場合もあり，この場合，差別型マーケティングと同じく戦略としてはフル・カバレッジ戦略である。しかし，通常は，無差別型マーケティングで全体市場をカバーするのは，全体市場内の差異や多様性が大きいため困難を伴うことになる。

ここで，市場カバレッジ戦略の理解のために仮の例示をすると，家庭用シャンプー市場という全体市場に対しては以下のようになる。
① 中高年男性向けの育毛シャンプーだけを提供する(集中型マーケティング)。
② 性別・年齢別，ベネフィット別に多種多様なシャンプーを提供して，市場セグメント群のそれぞれを埋めていき，なるべく全体市場をカバーしようとする(差別型マーケティング)。
③ 性別・年齢を問わず，家族全員が満足して使えるシャンプーを開発し，このシャンプーだけでなるべく全体市場をカバーしようとする(無差別型マーケティング)。

第3節　マーケティング・ミックス

マーケティング・ミックス(marketing mix)は，ターゲット市場に対して企業がとり得る統制可能なマーケティング諸手段の組み合わせを言う。マーケティング・マネジメントの言わば中心をなすのがマーケティング・ミックスという考え方であり，企業が行なうマーケティングの諸活動をマーケティング・ミッ

クスにほぼ包括して考えることができるとされることがある(これにはもちろん多くの異論がある)。ミックスというのはさまざまな要素があり,各要素をうまく組み合わせて全体として効率や有効性を確保していこうとすることである。従って,マーケティング・ミックスという時,それはマーケティングの諸活動を1つの管理可能な全体において統合的に考えることが含意されている。

　マーケティング・ミックスの考え方は,理論上さまざまな研究者により提示されてきたが,マッカーシー(McCarthy, E. J.)の所説が多くの場合取り上げられ,マーケティング・ミックスと言えばマッカーシーのそれを指しているのが通常である。

　マッカーシーは,マーケティングの活動は以下の2つの部分からなるとする。[7]
① ターゲット市場の確定:企業が訴求しようとする同質の顧客グループの導出。これは上述のマーケット・セグメンテーションによる。
② マーケティング・ミックスの開発:企業がターゲット市場に対して満足を与えるために統制することのできる諸手段の組み合わせをどうするかを決定する。マーケティング・ミックスは一種の語呂合わせとしての4つのP,いわゆる「4Ps」として表現される。

4Psについても簡単に説明する(図表2-3参照)。
① Product(製品):製品(提供物(オファリング))に関わる要素である。製品の機能,デザイン,仕様,(新)製品開発・製品計画,ブランド,パッケージ等が含まれる。
② Price(価格):製品に対する対価の要素である。製品の価格設定等が含まれる。
③ Place(場所=流通):Placeは場所であるが,ここでは流通の意味である。製品の流通に関わる要素である。流通チャネル戦略を中心的なテーマとするが,物流活動やロジスティクス等も含まれる。
④ Promotion(プロモーション):製品の存在や内容を知らせるための情報の流れや購入につなげるためのさまざまな働きかけに関わる要素である。人的販売(personal selling),広告,PR(public relations),パブリシテ

---

[7] 以下,マッカーシーの所説はMcCarthy〔1975〕訳書,第4章を参照。

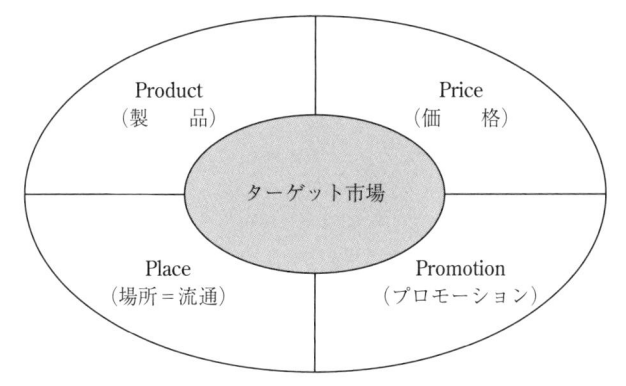

図表2-3　ターゲット市場とマーケティング・ミックス(4Ps)

```
           Product              Price
           (製　品)             (価　格)

                  ターゲット市場

           Place               Promotion
        (場所＝流通)          (プロモーション)
```

出所：筆者作成。但し，4Psを図示する際に示される一般的なものである。

イ(publicity)，SP（sales promotion：販売促進）等が含まれる。

マッカーシーの4Ps体系は今日に至るまで幅広く受け入れられており，マーケティング・ミックスと4Psは概ね互換的に用いられてきたものである。

なお，ラウターボーン(Lauterborn, R.)は，4Psが提示された古い時代は過ぎ去り，新しいマーケティングの枠組みが求められているとして，4Psから4Csへの転換を主張している(Lauterborn〔1990〕)[8]。ラウターボーンの4Csについて簡単に説明する[9]。

① Consumer wants and needs（顧客のウォンツとニーズ）：顧客にとって重要なのは，製品(Product)そのものではなく，製品によって満たされるべき自身のウォンツないしニーズである。

② Cost to satisfy（満足コスト）：顧客の満足コストである。顧客は，自身のウォンツないしニーズの満足のためにコストを支払う。顧客は，満足のために製品の直接の対価だけでなく，時間や労力等さまざまな関連するコストを言わば「支払って」いる（4PsのPriceは製品の直接の対価しか問題に

---

[8] *Advertising Age*誌に掲載された「マーケティングの新しいお題目。4Psは時代遅れ。Cで始まる言葉が取って代わる。」と題するごく短い論稿における主張。この中で，ラウターボーンは4Psのそれぞれについて「忘れよ」としている。自身の提唱する4Csについては，Lauterborn's Four C'sと称している。
[9] ラウターボーンの4Csのそれぞれについての説明は例示による示唆に留まるなど幾分雑駁なものである。本文中の4Csの説明内容は筆者が補ったものである。

③ Convenience to buy（購入の利便性）：製品の購入方法は多種多様なものになっている。顧客は、いつでも小売店舗に出かけて行くとは限らない。顧客にとっては、どこでどのようにして製品を入手するかが重要である。製品の流通（Place）は、顧客にとっての購入の利便性の観点で捉え直されるべきである。

④ Communication（コミュニケーション）：顧客の能動性や自律性の側面を組み入れる必要がある。プロモーション（Promotion）は、顧客への一方的な働きかけ（操作〈マニピュレーション〉）から対話的・協働的なコミュニケーションとして捉え直されるべきである。

4Psは企業（売り手）視点からマーケティング諸手段を捉えたものであったが、上記の4Csは顧客（買い手）視点からそれぞれを捉え直したものと言える。今日では、4Csもしばしば言及されるものとなっている。[10]

第4節　市場の発展段階とマーケティング・ミックス

マーケティングの対象となる市場がどのような発展段階にあるかによって、市場の状態や競合状況が異なり、マーケティング・ミックス（4Ps）の在り様も異なるものとなる。本章の最後にこのことについて説明する。

市場が成立し、一定の発展をしていく過程を整理する上でPLC（product life cycle）の理論は有用である。PLCは「製品ライフサイクル」として知られるが、個別具体的な製品のライフサイクルに関わるものではなく、（製品カテゴリーないし大括りの製品仕様と結び付いた）市場の発展段階としてのライフサイクル（市場ライフサイクル）と捉えられるべきものである。[11]図表2-4は標準的に描

---

[10] 4Csを紹介する際に①Customer Solution（顧客ソリューション）、②Customer Cost（顧客コスト）、③Convenience（利便性）、④Communication（コミュニケーション）とされていることがある。また、①をCustomer Value（顧客価値）とすることもある。紹介の際にアレンジないし簡略化されていったものと思われるが、ここでは、Lauterborn〔1990〕に直接に依拠して説明している。

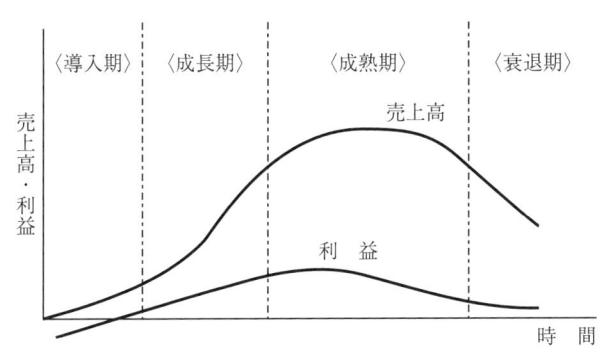

図表 2-4　標準的な PLC 曲線図

(グラフ：縦軸「売上高・利益」、横軸「時間」。〈導入期〉〈成長期〉〈成熟期〉〈衰退期〉の4区分に「売上高」曲線と「利　益」曲線が描かれている。)

出所：筆者作成。但し，PLC 曲線を図示する際に示される一般的なものである。

かれる PLC 曲線図である。描かれている売上高曲線（集計対象となっている市場全体の売上高曲線）が PLC 曲線と呼ばれるもので，この S 字型の成長曲線ないし普及曲線は標準的な PLC パターンとして理解されているものである。[12]

標準的な PLC は，図表 2-4 にあるように，（図式的ながら）段階別に 4 期に分けられるのが通常である。4 期毎に市場・顧客の状態と競合状況が異なり，要請されてくるマーケティングが異なる。各期の状態とマーケティング・ミックス（及びマーケティング戦略）の違いが PLC 理論の有用性の核をなしている。各期の特徴は以下のように説明される。

(1) 導　入　期

導入期（introduction stage）は，市場が立ち上がる初期の段階である。製品はパイオニア的企業によって提供され始めているが，市場はまだ十分に構築されておらず，顧客の数も少なく競合も殆ど無い。導入期の市場では，製品を提供し

---

[11] マーケティングの対象となる個別具体的な製品は，PLC の何れかの段階にある市場に投入される（現代社会においては多くが成熟期であろう）。個別具体的な製品それぞれが，いつでも PLC の（本文で説明されるような）各段階を順に辿るわけではない。但し，①市場を自らが創出し，その後も市場において主導的地位を保持していくような画期的な製品（新製品）である場合や②対象市場においてほぼ独占的地位にあり，当該製品の売上高推移が直截に市場全体の PLC 曲線を形成する場合は，PLC を製品のライフサイクルとして捉えることも可能である。
[12] 形状についてはスタイル（style）のように反復するパターンやファッド（fad）ないしクレイズ（craze）と呼ばれる短期間で爆発的に上昇しその後急速に収束するものもあり，実際にはさまざまなケースがある。

ている企業の得られる売上高は少なく，製品開発に要した費用（R&D費），導入に際しての製品告知のためのマスコミ広告等のプロモーション費，流通チャネルへの対策費等を要するために利益はマイナスとなる。企業は市場の成立に注力し，製品の認知を獲得すべく努力する。導入期の段階で，市場がうまく立ち上がらず，次の成長期に移行できないこともある。

(2) 成　長　期

　成長期（growth stage）は，市場が立ち上がり，市場全体の売上高が急成長する段階である。成長期の市場は，将来性のある市場と判断されるため，導入期の段階では様子を見ていた企業が数多く参入してくる。その為，競合状況は激しくなる。しかし，競合の激しさは，競合各社がそれぞれプロモーションを行ない，製品を次々に投入するため，市場の一層の拡大につながることになる。顧客の間でも模倣や顕示効果により需要が拡大する。成長期においては売上高は急増するが，拡大する需要をカバーし，競争に打ち勝つためには，企業は多くのプロモーション費用と流通費用を投入する必要がある。価格は激しい競合により長期的には低下傾向にある。その一方で，量産効果或いは経験曲線効果（experience curve effect）[13]が発動し始め，利益は改善し，やがてプラスに転じて来る。成長期の市場においては，企業は市場拡大に合わせて各種のプロモーションを行ない，流通チャネルを確保し，また，製品差別化（product differentiation）[14]とブランド・イメージ及びロイヤルティの構築に努めることになる。

(3) 成　熟　期

　成熟期（maturity stage）は，製品が市場に普及し，日常的存在となっている段階である（耐久消費財であれば，普及率は頭打ちになる）。この段階では，新規購入需要よりも，買い換え・再購入需要が中心となる（例えば，殆どの家電製品

---

[13] 経験曲線効果は，累積経験量が2倍，3倍になるにつれて，製品の単位当たり費用が20〜30%ずつ低減する傾向を言う。経験曲線効果の源泉は，規模の経済性と学習効果の2つとされるが，累積経験量増大に伴って経験曲線効果が自動的に発動するわけではない。また，累積経験量は累積生産量ないし累積販売量，更にはマーケット・シェアに置き換えられるので，経験曲線効果は，マーケット・シェア獲得を通じたコスト優位戦略の理論前提となっている。

市場は成熟期にある)。成熟期では，売上高曲線は高原状態となり，利益はピークを迎えるが再びゆっくり低下していく。この時期は他の期と比べて長い期間となるのが通常である。競合については顧客のニーズを満たすための技術や製品仕様の組み合わせが固定化するので，企業は互いの製品の差異を本質的なレベルでは打ち出せなくなる。また，市場シェアの低下は利益低下につながるので企業にとっては，シェアの防衛が最重要である。競争態様は一般に価格競争や微細な心理的差別化において行なわれる。市場シェアの維持とブランドスイッチを狙い，とりわけ需要刺激的な SP が多用される。新製品と称する既存製品の手直しや修正，リポジショニング(re-positioning)[15]が頻繁に行なわれる。

(4) 衰 退 期

衰退期(decline stage)は市場状態の最終段階である。製品の持つ基本的な機能や仕様が顧客に支持されなくなる段階である(より顧客のニーズを充足できる代替品が登場し，別の市場が成立し発展をし始めているかもしれない)。衰退期においては，製品の売上は減少し，市場自体の縮小も止まらない。競合企業も次々とこの市場から退出(撤退)していく。利益は小さな額で推移するか低下する。この段階では最低限のプロモーション活動を行ない，非効率な流通チャネルやサブ・セグメントからは撤退する，或いは売上減少をそのまま放置し収穫に入ることが求められる。企業にとって，製品廃棄(product elimination)を行ないこの市場から退出することも検討されるべき課題となる。

マーケティングを行なう場合，対象となる市場の状態がどのような発展段階

---

[14] 製品差別化は，自社製品を競合製品とは違うもの，特徴あるものとして，顧客に認知してもらうことを言う。単に差別化とも呼ばれる。製品差別化は，自社製品に対する顧客の選好(preference)を確立することでもある。製品差別化は，顧客に「違う」「特徴がある」と認知されれば良く，認知される差異や特徴に物理的・客観的な意味での裏づけはあっても良いしなくても良い。

[15] ポジショニング(positioning)は，製品やブランドを競合する製品群・ブランド群との関連において位置づけすることである。位置づけの軸は，製品・ブランドの機能・性能・仕様，顧客層，効用，使用場面・用途カテゴリー，顧客の持つイメージ，顧客の製品・ブランドへの態度などさまざまである。複数(多数)の製品・ブランドを持つ企業の場合は，ポジショニングをきちんと行なうことで自社内競合であるカニバリゼーション(cannibalization)を回避することができる。リポジショニングは，既存製品・ブランドの現行の位置づけ(ポジショニング)をより適切な位置づけに変更することをいう。

なのかを把握することが求められる。PLC の 4 期（導入期，成長期，成熟期，衰退期）の区分の枠組みは，この把握に有用である。例えば，導入期にある市場では市場の構築が重視され，成熟期にある市場であれば，市場シェアの防衛が最重要となる。それぞれの期に相応しい（個別具体的な）製品を投入し，適切なプロモーションと価格設定を行なう等，マーケティング・ミックス（4Ps）の各要素が工夫されることになる。

【参考文献】
Lauterborn, R.〔1990〕"New marketing litany；Four P's passe；C-words take over,"*Advertising Age*, October1, p. 26.
McCarthy, E. J.〔1975〕*Basic Marketing*：A *Managerial Approach, 5th ed.*, Irwin.（訳書，粟屋義純監訳〔1978〕『ベーシック・マーケティング』東京教学社）。

（小宮路 雅博）

第3章
製 品 戦 略

　マーケティング・ミックス（4Ps）の1つ，Product（製品）は，消費者（顧客）が支払う対象を指している。製品に関わるさまざまな意思決定と諸活動をどのように行なうか。この課題は「製品戦略」と呼ばれる。本章では，製品戦略を製品ミックスと個別製品の2つの観点から概説する。また，製品を構成する重要な要素であるブランドについても概説する。

第1節　製品ミックスの基本戦略

　製品戦略には，企業の製品群全体から個々の製品に至る意思決定の水準の違いがある。個別の製品に関わる戦略の前提として，企業の製品群全体についての戦略が求められる。これは製品ミックスに関わる基本戦略と捉えることができる。
　製品ミックス（product mix）は，企業（或いは事業）の有する製品群の全体を指している。製品ミックスは製品ライン，個々の製品，製品アイテムから構成される。それぞれ説明する。
① 製品ライン（product line）は，製品群を同じ種類毎に区別したものである。製品ラインの区分には，製造過程，原材料，用途，機能，流通の仕方，対象市場・対象顧客層，使用場面といったさまざまな基準が用いられる。例えば，日用雑貨メーカーにとっては，ヘアケア製品，オーラルケア製品，住関連洗剤，洗濯用洗剤，台所用洗剤，消臭剤など，加工食品メーカーにとっては，調味料，マヨネーズ，ドレッシング類，パスタソース類，ジャム類，冷凍食品などが製品ラインとなる。製品ラインは，創造的に規定して

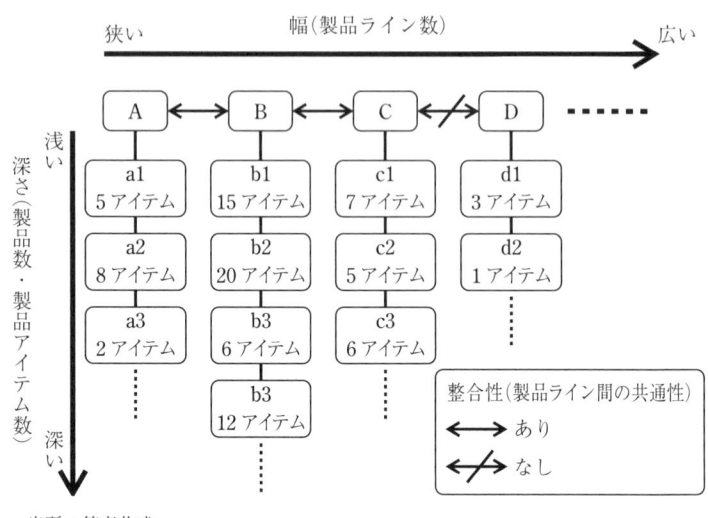

図表3-1 製品ミックス―幅，深さ，整合性―

狭い　　　　　幅（製品ライン数）　　　　　広い

	A	B	C	D	……

浅い

深さ（製品品数・製品アイテム数）

a1	b1	c1	d1
5アイテム	15アイテム	7アイテム	3アイテム

a2	b2	c2	d2
8アイテム	20アイテム	5アイテム	1アイテム

a3	b3	c3
2アイテム	6アイテム	6アイテム

b3
12アイテム

深い

整合性（製品ライン間の共通性）
⟷ あり
⟷/ なし

出所：筆者作成。

良いので，企業毎に何が同じ製品ラインになるかは異なる。

② 個々の製品は，製品ラインに含まれるそれぞれの製品である。通常は，製品ラインの中に複数の製品がある。例えば，オーラルケア製品の中には歯みがき，歯ブラシ，デンタルリンスなどの製品カテゴリーがあり，それぞれに個々の製品が投入される。

③ 製品アイテム（product item）は，各製品について仕様，サイズ，容量，色などの細かな差異毎に分けた最小単位である。例えば，1つの歯ブラシ製品の中にヘッドの大きさや形状の差異，植毛の差異，柄の色の違いで複数の製品アイテムがある。[1]

製品ミックスは幅，深さ，整合性の3つの側面で捉えられることがある（図表3-1参照）。

① 幅：製品ラインの数を指す。数が多ければ幅が広い，少なければ幅が狭いと言う。

---

[1] 一般的な用途の歯ブラシであれば，柄の色を複数用意するなどして差異を付ける（すなわち，多アイテム化する）ことには合理性がある。家族全員がそれぞれ使うことが想定されるからである。

② 深さ：それぞれの製品ライン内の製品の数と個々の製品の製品アイテムの数を指す。数が多ければ深い，少なければ浅いと言う。
③ 整合性：対象とする市場(全体市場)，製造技術，流通の仕方などにおいて，各製品ライン間にどれだけの共通性があるかである。これも企業毎に創造的に規定して良い。製品ラインの数が多く，ライン間の整合性も低い場合，当該企業はしばしば多角化企業とみなされることになる。

上記の3側面から，企業は自身の製品ミックスについての基本戦略を考えることができる。

① 幅を基本的にどの水準にするか：製品ラインの数を増やすか否かである。或いは製品ラインの削減が行なわれる。製品ラインの数を増やすことはそれだけ多数の市場をマーケティングの対象とすることを意味しており，製品ラインの削減は対象とする市場の数を絞り込むことを意味している。
② 深さを基本的にどの水準にするか：製品ライン内の製品数・製品アイテム数を増やすか否かである。或いは製品数・製品アイテム数の削減が行なわれる。製品数・製品アイテム数を増やすことは製品ラインないし製品が投入されている市場を深耕することを意味している(しばしば差別型マーケティングの推進となる)。製品数・製品アイテム数の削減は，少数の製品・製品アイテムで市場を薄くカバーするか，何れかの市場セグメントに集中することを意味している(前者は無差別型マーケティング，後者は集中型マーケティングの推進が示唆される)。
③ 整合性を基本的にどの水準にするか：製品ライン間の共通性の保持を追求するか，それとも異なる市場や製造技術を要する製品ラインを追加していくかである。企業がマーケティングの対象とする市場群に全体として何らかのアイデンティティや統一性・関連性を持たせるのであれば，共通性の保持が求められる。

3側面について，特定の企業の製品ミックスがどのようになっているかは，しばしば企業の全般的な製品戦略(更にその前提となるマーケティング戦略)の在り様を如実に物語るものとなっている。

第2節　個別製品の基本戦略

　個別製品の基本戦略については，①製品の理解と定義，②新製品開発，③製品廃棄と計画的陳腐化といったテーマがある。以下，順に説明する。

1　製品の理解と定義

　個別製品の戦略を考える上で，製品とはそもそも何かについて押さえておく必要がある。製品とは，顧客（ターゲット市場を構成する顧客）のニーズを満たすために市場に提供されるものを指している。マーケティングにおいては，製品を「見かけ上の形態」に留まらず，顧客の求めるニーズ観点から捉えることが重要である。

　例えば，乗用車は，移動のための機械に他ならないが，多くの場合，顧客は車に対して，①「燃費の良さなどの経済性」や「省エネルギー性」，②「運転する楽しさ」，③「車ででかける家族との時間」や「車で可能になる仲間との時間」，④「車格やブランドによって得られる満足感や社会的ステータス」など「移動のための機械」以上のさまざまな「何か」を求めている。求められるさまざまな「何か」は既に自明であることもあるし，企業の側から具体的な製品が示されて初めて，明確化してくることもある。自明な場合は，「顕在ニーズ」と呼ばれ，製品の提示と共に明確化してくる場合は「潜在ニーズの顕在化」として捉えられることになる。

　上記の例は，乗用車と言う製品が移動のための機械であると同時に顧客のさまざまなニーズを満足させる「解決策（ソリューション）」或いは「便益（ベネフィット）の束」として市場に提供されることを示している。

　製品とは何かを理解することは，製品の定義を決めることでもある。製品の定義を顧客のニーズの観点で記述することが製品戦略，とりわけ個別製品の戦略においては重要である。つまり，「ターゲット市場を構成する顧客は，このような人々であり（顧客プロフィール），それ故，このようなニーズを持っている

（或いは見込まれる）。本製品はこのニーズに応えるこのような機能なり効用を持つ」という記述ができるときに初めて，「製品とは何か」の問いに答えることができると言える。

2　新製品開発

　新製品開発（new product development）は，製品戦略における主要テーマの1つとされてきたものである。その企業にとって新しい製品を創り出し，市場に投入することに関わる一連の活動を総称して新製品開発と呼んでいる。新製品開発は，通常，市場投入まで含むので，開発過程(プロセス)だけを指すわけではない。新製品開発の標準的なプロセスは一般に図表3-2のような手順で示される。

　新製品開発について説明する場合，新製品の概念がしばしば問題とされる。何が新製品であるのか。その社会にそれまで存在しなかった画期的なものや新しい市場を産み出すものは言わば「真正の新製品」である。しかし，実際には新製品と言っても真に革新的なものから改良製品，一部仕様変更製品，追加アイテムなどさまざまな水準のものがある。新製品導入において企業は新しさを訴求し説得しようとするが，顧客の観点からすれば，企業がどのように位置づけようとその「新製品」の提供するソリューションなり便益が新しいか否かが重要であり，その度合いにおいて評価がなされることになる。

　ところで，図表3-2のような新製品開発プロセスは直線的モデルに依拠している。このような直線的モデルが十分に有効であるのは実際は企業も顧客もそれがどんなものであるのか知っているような「新製品」の場合である。真正の新製品であれば，企業によって事前に十分に規定されるものとしての直線的モデルでは導入は時に困難であろう。この場合，直線的モデルとは事後的・回顧的に事態の推移を整理したり，再構成するときにおいてのみ有効なものである。

　直線的モデルから離れた時に2つの新しい観点が生まれる。

　第1に，製品の意味というものが製品を提供する企業によってのみ規定されているのではないと考えることである。製品は時に顧客によっても創造されており，製品がどのようなものとなるかは製品の提供側によって良く規定された

図表3-2　新製品開発プロセス

```
┌─────────────────────────┐
│   新製品のアイディア創出    │
└─────────────────────────┘
            ↓
┌─────────────────────────┐
│   アイディア・スクリーニング  │
│   ＊アイディアの選別       │
└─────────────────────────┘
            ↓
┌─────────────────────────┐
│   製品コンセプト開発       │
│   ＊製品の定義の決定等     │
└─────────────────────────┘
            ↓
┌─────────────────────────┐
│   マーケティング戦略開発    │
│   ＊4Ps要素の詳細決定等    │
└─────────────────────────┘
            ↓
┌─────────────────────────┐
│   事業性分析             │
│   ＊競争予測，売上高予測等  │
└─────────────────────────┘
            ↓
┌─────────────────────────┐
│   製　品　化             │
└─────────────────────────┘
            ↓
┌─────────────────────────┐
│   テスト・マーケティング    │
└─────────────────────────┘
            ↓
┌─────────────────────────┐
│   市場導入計画           │
└─────────────────────────┘
            ↓
┌─────────────────────────┐
│   市　場　導　入         │
└─────────────────────────┘
```

出所：筆者作成。

「ただ一度の行為」ではない。製品は提供側の完全なコントロール下にあるわけではなく企業と顧客との間の対話的過程の中で形成されていくことがある。この形成プロセスは顧客が自らのニーズを発見し少しずつ目覚めていく過程であり，それを満足させるためにはどんなソリューションや便益を持つ製品なら良いのかを企業と顧客の双方がやはり少しずつ学習していく過程でもある。この過程の進行は競合から来る圧力の強さと模倣の容易性などの学習スピードによって早められる。生活に定着した製品（すなわち，PLCの成熟期における製品）はこの過程を既に経た製品であり，真正の新製品はこの過程をこれから始めるべき製品（すなわち，導入期初期における製品）である。

　第2は，製品の創造に積極的に関与するような顧客観である。顧客は分析さ

れ，製品を提示されて説得されるだけの受動的存在ではない。[2]顧客は企業が意図した通りのものとして製品を受け入れるとは限らず，自分達で製品を意味づけ，新しい使用法や効用を見出していくことがある。このとき企業の意図する製品概念は顧客によって再解釈(re-interpretation)されてしまい，むしろ企業がこの再解釈を後から学び，自らが提供する製品の顧客からみた本当の姿に気づかされることになるだろう。

3　製品廃棄と計画的陳腐化

新製品が開発され，市場導入される一方で，市場から退出していく製品も存在する。製品廃棄と計画的陳腐化についても説明する。

(1) 製品廃棄

製品廃棄(product elimination)は，特定の製品の販売を取り止めて，保有する製品群から除去することである。すなわち，当該製品は市場から退出することになる。①売上不振の製品に加え，②新製品の導入に伴い「旧製品」となる製品，③全体の製品ミックスの構成上で不整合のある製品，④投入されている市場がPLCの衰退期と判断される製品，⑤PPM（product portfolio management）で負け犬や見込みのない問題児に位置づけられた製品，⑥ポジショニングが不明確で自社の重要な他製品との競合が生じている製品，などが廃棄の対象となる。

(2) 計画的陳腐化

計画的陳腐化(planned obsolescence)は，既存製品に部分的改良や仕様・デザイン変更などを施し，これを「新製品」として市場に投入することで，既存製品を「旧製品」として陳腐化（古い，時代遅れ，型落ち品・旧型品であるなどと位置づける）させて製品廃棄を円滑に行なうことである。計画的陳腐化は，主に

---

[2] 元々，マーケティングで用いられてきた用語や概念には戦略，ターゲット（標的）など軍事用語からの転用が見受けられる。そこには攻略目標としての市場や顧客観があり，伝統的なマーケティングにおいては顧客はそのニーズを形式的に出発点とするものの結局は分析や説得の対象となっている。

買い替え需要を刺激するために行なわれる。従って，PLC 上は成熟期において多用されるものである。

なお，計画的陳腐化に対しては，①「旧製品」の陳腐化が技術革新や市場での競争の結果或いはニーズの自律的変化により生じたのではなく言わば企業によって一方的に仕組まれたものであること，②「新製品」は言葉の本来の意味での新製品ではなく既存製品の焼き直しにすぎないこと，③顧客にまだ使用できる製品を廃棄させて「新製品」を購入するよう迫るものであること，④結果として浪費を奨励し資源・エネルギーの無駄遣いや廃棄物の大量発生をもたらすものであること，といった批判がなされることがある。

第3節　ブランドの概念と戦略

製品を構成する重要な要素にブランドがある。今日の製品には何らかのブランドが付与されているのが通常であり，顧客も個々の製品をブランドで認識していることが多い。本節ではブランドの概念と分類，ブランド戦略及び関連する事柄について説明する。

1　ブランドの概念

メーカーを念頭に置き，企業の経営階層に沿って大別すれば，ブランドには，企業ブランド(corporate brand)，事業ブランド(business brand)，製品ブランド(product brand)の3層がある[3]。個々の製品に付与されているブランドは上記のうち製品ブランドと呼ばれるものである。本節で説明の対象となっているのは，製品ブランドである(但し，企業ブランドや事業ブランドが，製品ブランドとして付与されている場合もある)。

ブランドとは「文字，図形，記号，シンボル，音声，色彩，立体的形状，或

---

[3] 他に企業グループ・ブランド，製品カテゴリー・ブランドといったブランド層を想定することもできる。

いはそれらの組み合わせであり，ある製品を他の製品から区別する目的で付けられたもの」である。ブランドのうち発音可能な部分をブランド・ネームと言い，シンボル，図形・図案，色遣い，等の発音できない部分をブランド・マークと言う。営業標識としてブランドの排他的使用を法的に保護される時，これをトレードマーク（trademark：商標）と呼ぶ[4]。我が国の場合，商標は商標法に基づき商標登録せねばならない[5]。ブランド・ネームに®のマークが添えられているのを目にすることがあるが，これは商標法に基づき登録済みの商標であることを主張するためのものである（®は registered trademark の意味である）。

　また，ブランド・マークに使用されているシンボルや図案が著作物と見なされれば（シンボルや図案について）著作権法で保護されることになる。ブランドのデザインの意匠登録も意匠法により可能である。他に著名ブランド（例えば，ディズニー，シャネル等，誰もが知っているブランド）の場合は不正競争防止法においても保護される。不正競争防止法では，不正競争行為類型の1つとして著名表示冒用行為を挙げ（第2条第1項2号），これに対する差止請求権，廃棄・除去請求権，信用回復措置，等を認めている。著名表示冒用行為は，著名商標（著名ブランド）に対するフリー・ライド（タダ乗り）行為であり，真似をされた著名ブランドの側にブランド・ダイリューション（brand dilution）やブランド・ポリューション（brand pollution）が生じることになる。ブランド・ダイリューション（ブランドの希釈化）[6]は，フリー・ライドにより，ブランドの持つアイデンティティが分散し曖昧なものとなってしまうこと，ブランド・ポリューション（ブランドの汚染）は，フリー・ライドによるブランド・アイデンティティの直接の毀損を指す。何れもブランド価値の低下をもたらす事態である。

---

[4] トレードマークは物財の場合に用いられる。ブランドがサービス（役務）に対して付与されている場合は，サービスマーク（service mark）と呼ばれる。

[5] 我が国の商標法では，第2条第1項で「「商標」とは，文字，図形，記号若しくは立体的形状若しくはこれらの結合又はこれらと色彩の結合」であって，「業として商品を生産し，証明し，又は譲渡する者がその商品について使用をするもの」または「業として役務を提供し，又は証明する者がその役務について使用をするもの」と規定されている。

[6] brand dilution を「ブランドの希薄化」として説明している場合がある。dilution には新株発行などによる株式価値の低下に対しては「希薄化」の訳語が当てられるため，ここからの連想と思われる。ここでは，商標に対するフリー・ライドの結果としての brand dilution を説明しているため，当然に「ブランドの希釈化」としている。

2 ブランドの分類

製品に付与されるブランドにはさまざまな種類がある。ここでは，①付与主体による分類，②製品群に対するブランドの付け方による分類，②地理的範囲による分類を取り上げ，簡単に説明する。

(1) 付与主体による分類

ブランドは製品に付与された営業標識である。ブランドは付与主体によって，①メーカーによるナショナル・ブランド(national brand：NB)，②メーカー以外によるプライベート・ブランド(private brand：PB)に大別することができる。両者は対語として理解されることが多い。プライベート・ブランドの主体には，小売業者，卸売業者，生協等がなり得るが，多くの場合，小売業者が付与主体となっている。

なお，ブランドを付けず一般的な品名だけで販売される製品を総称してジェネリックス(generics)と呼んでいる。[7] 大量生産方式の普及以前は日常的に用いられる殆どの製品がジェネリックスとして販売されていた。今日でも主に生鮮品にはジェネリックスが見い出される。ブランドの付与された製品には，製品の一般名称とブランドの二重のアイデンティティがあるが，ジェネリックスには製品の一般名称としてのアイデンティティしかない点に注目されたい。[8]

(2) 製品群に対するブランドの付け方による分類

企業が製品毎に固有のブランドをそれぞれ付与する時，このブランドを個別

---

[7] ブランドを付けないことに関しては，「付ける必要を感じない，付けることができない，あえて付けない」等々のケースがある。ブランドの付いていない製品には，特に大手小売業者等によって導入されたものがあり，これらは，ジェネリックスとは異なり「ブランドの付いている競合製品，とりわけナショナル・ブランド製品と差別化するためにブランドをあえて付けていない製品」という意味合いが濃いものである。戦略的判断においてブランドを否定し，あえて付けないわけである。この種のものは，ノーブランド(no-brand)，アンブランド(un-brand)，ノーフリル(no-frill)，プレーン・レーベル(plain label)等と呼ばれている(ノーブランド，アンブランドという呼称は「ブランドの否定」という本質を端的に示すものである)。

[8] 殆どの場合，産地表示が義務付けられているので，ジェネリックスにも厳密には産地のアイデンティティがある。

ブランド(individual brand)と呼ぶ。逆に，知名度が高く良好なイメージを持つブランドを活かして統一ブランドを複数の製品に付与することがある。この場合，統一ブランドはファミリー・ブランド(family brand)またはアンブレラ・ブランド(umbrella brand)と呼ばれる。統一ブランドには企業ブランドや事業ブランドが転用されることもある。例えば，複数の製品群に留まらず，企業の全製品が1つの統一ブランドになっている場合は，企業ブランドをそのまま統一ブランドとすることには合理性がある。

また，「統一ブランド＋個別ブランド」というブランド付与方法もある。このようなブランドはダブル・ブランド(double brand)またはダブル・マーク(double mark)と呼ばれる。[9] 例えば，個別ブランドの付与を基本としつつ同時に当該企業の製品であることを統一的にイメージさせるために企業ブランド名を冠した個別ブランド・ネームとすることが行なわれる(企業ブランド＋個別ブランド)。

他に，個別ブランドの下に，製品のグレードや仕様の差異などを区別するためにグレード名や仕様名としてのサブ・ブランドを付けることがある(個別ブランド＋サブ・ブランド)。サブ・ブランドは，単独では独立したブランドとしてのアイデンティティは付与されておらず，グレードや仕様の変更や廃止に伴い容易に消え去る運命にある。[10] 但し，グレードや仕様間の差異の固定化と共にサブ・ブランドが長命化し，固有のアイデンティティを持つようになることもある。この場合は，元々の個別ブランドが親ブランドとしてファミリー・ブランド化することになる。

「個別ブランド＋サブ・ブランド」と類似したものに「統一ブランド＋グレードやシリーズを示す記号」も用いられる。グレードやシリーズを示す記号はアルファベットやその組み合わせ，数字などが多く，それ単独ではブランドとし

---

[9] メーカーと小売業者の共同ブランドをダブル・ブランドと称することもある。この種の共同ブランドはダブル・チョップ(double chop)とも呼ばれる(chopはここでは商標の意である)。
[10] 我が国の自動車メーカーは殆どの場合，個別ブランド戦略をとってきたが，1つの車種の中にグレードや仕様の違いがあるため，しばしば「個別ブランド＋サブ・ブランド」というブランド付与を行なってきた。サブ・ブランドは当該車種のモデル・チェンジの際に消えて行くことも多いが，この種のサブ・ブランドから「昇格」して独立した車種に付与される個別ブランドとなったものも少なくない。

ての意味はなさない。統一ブランドの下に製品群全体に強いアイデンティティを持たせつつ(統一ブランドはしばしば企業ブランドである)、グレードやシリーズの差異は明確に区別したい場合に採用される方法である。[11]

(3) 地理範囲による分類

特定地域のみで流通しているブランドをローカル・ブランド(local brand)と呼ぶ。その地域外では知られていないことも多い。また、国際的或いは世界的に流通し、良く知られているブランドをそれぞれ国際ブランド(international brand)、グローバル・ブランド(global brand)と呼ぶ。国際ブランド、グローバル・ブランドと対比して語る場合は、ローカル・ブランドの地域は多くの場合、国のレベルである。

なお、ブランド・ネームの持つ意味・語感が、別の言語・文化の下では製品特性や製品イメージ上、適切ではない場合がある。別の言語・文化の下で問題が発生する可能性は、ブランド・マークについても同様である(特に宗教的象徴の点で問題となる可能性がある)。何らかの問題がある場合、その言語・文化の国や地域においては、ブランド・ネーム或いはブランド・マークは変更せざるを得ないことになる。ブランドを国境を越えて使用することが予定されている場合は、少なくとも主要言語・文化について、このような事態が生じることは避けねばならない。

3 マルチブランド戦略とブランド拡張

上記の製品群に対するブランドの付け方による分類はブランド付与戦略として捉えると、個別ブランド戦略⇔統一ブランド戦略の対比軸を基本にして捉えることができる。個別ブランド戦略を推し進めるとマルチブランド化につながる(マルチブランド戦略と呼ばれる)。一方、統一ブランド戦略は、しばしばブランド拡張によってもたらされることが知られる。これらについて説明する。

---

[11] ヨーロッパの自動車メーカーの多くは(個別ブランド戦略のRenault等の例外を除き)、この種のブランド付与を行なっていることが知られる。

(1) マルチブランド化

個別ブランドの数を増殖させる場合，これをマルチブランド(multi-brand)化とかマルチブランド戦略と呼んでいる。マルチブランド化は，差別型マーケティングにおいて市場セグメント毎に別々の製品を投入する場合や小売店頭でのフェイス数の確保や消費者のバラエティ・シーキング型の購買行動に応えて製品数を増加させる場合に行なわれる。マルチブランド化に際しては，ブランド・カニバリゼーション(brand cannibalization)の発生がしばしば懸念される。ブランド・カニバリゼーションは「自社ブランド間競合」であって，自社の保有ブランド間で顧客を奪い合うことを指す(本来は競合他社の競合ブランド群と顧客獲得競争をせねばならない)。基本的には市場セグメントの切り分けや各ブランドのポジショニングが適切に行なわれていないことが原因である。

(2) ブランド拡張

ブランド拡張(brand extension：ブランド・エクステンション)ないしブランド拡張戦略は，ある製品で用いられているブランド(多くは成功を収めているブランドである)を他の製品カテゴリーの製品にも付与することを言う。[12] ブランド拡張されるブランドはファミリー・ブランドとなる。ブランド拡張は，既存ブランドの持つ知名度の高さや良好なイメージを拡張先の製品にも与えることができるので，新規ブランドを立ち上げるよりも効率的である。反面，拡張先の製品が失敗した場合は，ブランド・イメージが傷つき，元の製品にも悪影響が及ぶ危険性がある。また，ブランド拡張を無限定に進めると，多くの場合，ブランド・ダイリューションが生じることになる。

4　ブランドの役割とブランド価値，ブランド連想

ブランドの持つ役割は，何よりも目印や標識となることである(営業標識)。

---

[12] ブランド拡張と対比して，製品ラインの中の製品数・製品アイテム数を増やすことは製品ライン拡張(product line extension)と呼ばれる。製品ライン拡張は基本的には同一ブランドを使いながら進められることになる。

ブランドによって消費者は製品を識別することになる(ブランドの持つ製品識別機能)。ブランドは，前回と同じもの，違うものを区別するのに役立つ。購入・使用経験によって或いは評判によってある製品を選択する時，ブランドが付与されていなければ選択は困難である。同じものを好んで選ぶ場合(ブランド・ロイヤルティ型の購買行動)も，毎回異なるものを求める場合(バラエティ・シーキング型の購買行動)も，ブランドによって区別と選択が行なわれる。

　また，ブランドは区別のための目印に留まらず，それ自体に固有の価値を持っている。特定のブランドについての知識，好イメージ，良い連想がその社会(ないし対象市場)に浸透していて，当該ブランドに対してロイヤルな消費者が数多く存在する時，そのブランドの「ブランド価値(brand value)」ないし「ブランド・エクイティ(brand equity)」が高いと見なされる[13]。こうしたブランド価値が，当該ブランドを付与された製品の価値を決定づけていることも多い。ブランドはしばしば特定の品質水準，イメージ，連想を引き起こし，消費者の製品選択に強い影響力を持つ。この場合，消費者はブランドによって製品の比較購買努力を代替ないし節約することになる。

　上記の連想は，ブランド連想(brand association)と呼ばれるものである。ブランドと結び付いて何らかの事柄が想起される。或いは何らかの事柄と結び付いて当該ブランドが想起される。このような想念上の結び付きがブランド連想である。ブランド連想は双方向的なものであって，例えば，特定のブランドが特定の製品カテゴリーを想起させ，特定の製品カテゴリーが特定のブランドを想起させることがある。この想起関係が他ブランドが追随できないほど際立って強固な場合は，当該のブランド製品は製品カテゴリーの典型例(category exemplar)となっている。典型例になっているブランドが参照力のある「強いブランド」であって，消費者は製品選択に際して典型例となっているブランド製品を基準に他の製品を比較検討することになる。こうした状況においては，典型例となっていない製品は，典型例のどこをどう模倣するか或いは差別化する

---

[13] ブランド価値を財務的な評価において捉えることもあり，また企業の持つ無形の資産・負債の集合(純価値)として捉えることもある。この場合，ブランド価値はブランド・エクイティとして捉えられることになる。

かの選択を迫られる。典型例と差別化し異なるポジショニングを試みても，(典型例と異なるので)当該の製品カテゴリーに相応しくないとか，しょせん周辺(亜流・本当のものでない)と見なされてしまうかもしれない。しかし，中・長期的には典型例が交代することもあり，周辺的事例が別の製品カテゴリーや固有のアイデンティティを持つサブ・カテゴリーを形成することもある。

　なお，前述のブランド拡張との関連では，ブランドと製品カテゴリー間の直接的な連想が強固な場合は，成功を収めているブランドであっても，ブランド拡張は困難となる。例えば，ハンド・ソープ(手洗い用石鹸)としての強固な地位を確立したブランドが，その強固な地位故にハンド・ソープという製品カテゴリーと限定的かつ強固に連想が結び付いている場合，他の用途へのブランド拡張は困難となる。拡張性を考慮するならば，ブランドに機能としての連想，或いは利用場面や顧客カテゴリーとの強い関連性を持たせることが有効になる。例えば，同じハンド・ソープとしてのブランドであっても，清潔や清浄，除菌などの機能面での強い連想が働くようにすれば，当該ブランドを他の用途の石鹸やボディ・ケア用品，更には除菌や抗菌・消臭用品にも拡張できる可能性が見えてくる。

【参考文献】

小宮路雅博〔1998〕「製品の概念と顧客価値」(有馬賢治・岩本俊彦・小宮路雅博編『バリュー・クリエイション・マーケティング』税務経理協会，第3章所収，pp. 51-75)。

小宮路雅博〔2010〕「商品と流通」(小宮路雅博編著『流通総論』同文舘出版，第6章所収，pp. 79-103)。

Elearn Training Company〔2009〕*Reputation Management Revised ed.* Worldwide Learning Limited by Elearn Limited.(訳書，小宮路雅博訳〔2009〕『イメージとレピュテーションの戦略管理』白桃書房)。

(小宮路　雅博)

第4章
価 格 戦 略
―価格設定の理論と方法―

　マーケティング・ミックス(4Ps)の1つ，Price（価格）は，消費者（顧客）が製品に対して支払う対価を対象とする。Priceは4Psの中で直接に企業の売上を産み出し，利益の源泉となる要素である。価格についてのさまざまな意思決定と諸活動をどのように行なうか。この課題は「価格戦略」と呼ばれる。本章では，価格戦略の中心課題である製品の価格設定について概説する。[1]

第1節　価格設定の基本方法

　製品の価格をいくらに設定するか。価格設定(pricing)の基本方法について理解する必要がある。基本方法は，基準として何に依拠するかで①費用に基づく価格設定，②競争に基づく価格設定，③需要に基づく価格設定の3つに大別される。以下，それぞれ説明する。

1　費用に基づく価格設定

　費用に基づく価格設定(cost-based pricing)は，費用に着目して価格設定する方法である。この価格設定には，①コスト・プラス法，②ターゲット・プライシングなどがある。

(1)　コスト・プラス法
　コスト・プラス法(cost-plus pricing)は，原価加算法であって，製品の製造・販

売費用に利益(粗利益)を上乗せして価格とするものである。費用から価格を決めるシンプルな方法である(費用＋粗利益＝価格)。費用をカバーできないとか、利益がそもそも確保できないような価格設定は適切とは言えないので、シンプルではあるが基本的に押さえておくべき価格設定方法である。

　また、コスト・プラス法と同様の原理に基づく方法にマークアップ法(markup pricing)がある。これは、小売業などで多用されるもので、原価(仕入値)に一定率の粗利益を加算して販売価格を設定する方法である。加算の作業をマークアップ(markup：値入れ)、その比率をマークアップ率(markup rate：値入れ率)と呼んでいる。[2] 加算は金額ではなく率(マークアップ率)で行なわれるのが通常である。小売業では一般に扱い品目が非常に多いために、製品カテゴリー毎やメーカー別・グレード別などの品目のまとまり毎に一定比率で価格設定した方が簡便で合理的である(比率は業界の慣行や経験の蓄積などによって

---

[1] 価格設定の持つ意義はメーカーの採用する流通チャネルの方式によって大きく異なる(流通チャネルについては第5章第2節を参照されたい)。消費財メーカーを念頭に置き、このことについて説明する。①直接流通チャネルの場合：メーカー自身が消費者(最終消費者)に自社製品を販売する。製品の小売価格はメーカーが設定し、販売する価格である。従って、メーカーが自社製品の価格設定を行なうと言うとき、その価格とは、メーカー自身が消費者に販売する小売価格を指している。メーカーは、自社製品を設定した価格のまま販売するか或いは値引きなどして販売するか自分で決めて実行することができる。小売価格がどうなるかは本質的にメーカー自身の内部管理課題となる。②間接流通チャネルの場合：独立の流通業者に製品流通を任せるため、理屈上、流通における製品の価格形成も流通業者によって行なわれることになる。製品は流通していき、消費者(最終消費者)に販売される。間接流通チャネルにおいては、消費者へ実際に販売するのは、メーカーではなく小売業者である。この場合、メーカーは、実際の小売価格がどうなるかを決めることはできない。小売価格を決めるのは、独立した事業者である小売業者の自由な事業活動の範囲内にある。従って、消費財メーカーが自社製品の価格設定を行なうと言うとき、その価格とは、(メーカー自身が直接にコントロールできる「メーカー出荷価格」ではないとすれば)通常は、小売業者が消費者に販売する際の基準ないし参考としての「メーカー希望小売価格」を指していることになる。ここで、メーカーが自社製品の小売価格を小売業者に指示し守らせることは、原則として「再販売価格の拘束」に該当し、不公正な取引方法として独占禁止法違反となることに留意されたい。結局のところ、間接流通チャネルにおいては、自社製品の小売価格がどうなるかは、メーカーにとって言わば「外部管理課題」である。小売価格そのものを直接にはコントロールできない。しかし、適切かつ合法的に小売価格についてメーカーの意思を反映させるようにすることは可能である。この限りにおいて、メーカーは自社製品の「(小売)価格設定」を行なうことができる。
　間接流通チャネルで製品が流通するとき、消費財メーカーにとって自社製品の直接の買い手(顧客)は現実には流通業者(卸売業者或いは小売業者)であり、メーカーが直接にコントロールできるのもメーカー出荷価格である。しかしながら、通常のマーケティング(マーケティング・マネジメント)の文脈で消費財メーカーの顧客、価格設定と言った場合、それらは流通業者、メーカー出荷価格ではなく最終消費者、小売価格の設定を指しているのが一般的である。ここには大きな乖離が存在しているが、Place(流通)がマーケティング・ミックス(4Ps)の要素となっているように、マーケティング主体(メーカー)にとって「統制可能な道具としての流通」観がこの乖離を覆い隠している。

決まっていることも多い)。マークアップ法は(広義の)コスト・プラス法の1種とされる場合もある。

(2) ターゲット・プライシング

ターゲット・プライシング(target pricing：目標価格設定)は，損益分岐点分析を活用して目標利益を得られるように価格設定する方法である。損益分岐点分析は，費用，販売量(売上高)，利益の関係を解明するための管理会計上の分析方法であり，CVP分析(cost-volume-profit analysis)とも呼ばれる。

損益分岐点(break-even point：BEP)とは，費用(総費用)の額と等しくなる売上高(或いは販売量)を指している。ここで「総費用＝固定費＋変動費」「売上高＝単位当たり価格×販売量」である。損益分岐点は，それを下回る売上高においては損失が生じ，上回れば利益を生むため，「採算点」と表現されることがある。

ターゲット・プライシングの手順は，例えば以下のようになる(図表4-1参照)。

① 先ず，販売量の各水準における総費用を推定する。ここでは，固定費(工場の地代や生産設備費など)は6億円，変動費(原材料費など)は製品1個当たり400円である[3]。

② 販売量の見込みを立て，その販売量における総費用に目標利益を加算した額を求める。ここでは，製品が100万個販売できるものと予想される。その時の総費用は10億円である。目標利益率を20％と設定すれば，売上高は合計12億円でなければならない。

---

[2] 小売業などにおけるマークアップ率については，仕入値に対する比率(仕入値を1とした時の比率)を指す場合と販売価格に対する比率(販売価格を1とした時の比率)を指す場合があることに注意が必要である。前者をマークオン率(mark-on rate)と呼ぶこともあるが，本文中では，価格設定について説明する便宜上，前者としてマークアップ率を説明していることに留意されたい。後者はやや奇異に思えるかもしれないが，小売業においてはしばしば競争状況や実勢水準，或いはメーカー希望小売価格から販売価格の方が先に決まっていて，ここから(同じく業界の慣行などで決まっている)マークアップ率を引いた金額が仕入価格として納入業者に対して提示されるという状況がある。その為，販売価格に対する比率をマークアップ率とする十分な合理性があることになる(むしろこちらの用法が優勢である)。なお，関連する用語にマークダウン率がある。売れ残ったなどの理由で販売価格を引き下げる場合，この作業をマークアップと対比してマークダウン(markdown)と呼んでおり，この比率をマークダウン率(markdown rate)と称している(当然，マークダウン前の販売価格を1とした時の比率である)。
[3] ここでは，製品1個当たり変動費は販売量(≒生産量)に関わりなく一定としている(その為，図表4-1の総費用線は直線で描かれている)。しかし，実際には，販売量の増加に伴い，規模の経済ないし規模の不経済が働く場合がある。

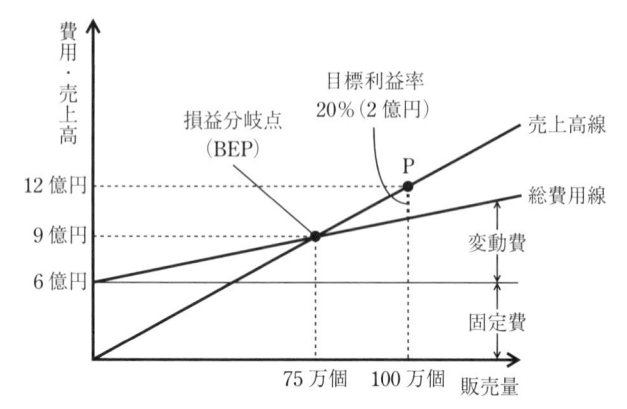

図表 4-1　損益分岐点図表とターゲット・プライシング

（費用・売上高／販売量のグラフ：売上高線と総費用線が交わる損益分岐点(BEP)は75万個・9億円、点Pは100万個・12億円、目標利益率20%（2億円）、固定費6億円、変動費部分を示す）

出所：筆者作成。

③　売上高12億円を製品100万個で得るためには，製品1個当たりの価格は1,200円となる。

④　販売量100万個における売上高12億円の点Pと原点を結んだ直線がこの価格における売上高線である。損益分岐点は総費用線と売上高線の交わる点で示される。損益分岐点は，損益分岐点＝固定費／（価格－変動費）で算出されるので75万個(売上高9億円)である。

なお，費用に基づく価格設定については，以下のように循環論法的である点に留意が必要である。

①　コスト・プラス法では費用から価格を決める。費用のうち固定費は一定であるが，変動費は生産量（≒販売量）によって変化し，販売量は一般に販売価格によって大きく影響を受ける。つまり，費用から価格を決めるが，費用はそもそも販売量に依存し，販売量は価格によって左右される（費用→価格→販売量→費用）。

②　ターゲット・プライシングでは販売量の見込みを立て，そこから順に販売価格を導くが，もちろん，販売量は一般に販売価格によって大きく影響を受ける（販売量→…→価格→販売量）。

上記からすれば，コスト・プラス法は価格→販売量→コスト構造の安定的な

予測ができる静態的な状況に良く合致する方法であり，ターゲット・プライシングは設定された販売価格で想定販売量が達成できることが十分に期待できる（或いは，達成できるよう各種プロモーションなどのマーケティング努力を行なう）場合に合致する方法と言える。

2 競争に基づく価格設定

市場には競争があり，競争の主要手段として価格は機能しているので，競争を考慮しない価格設定では不適切なことも多い。競争に基づく価格設定（competition-based pricing）は，他社製品と対抗できるように自社製品の価格を設定するものであり，これには，競合製品の価格より高価格にして品質水準の高さを訴求する場合（格上げ），低価格にして買い得であることを訴求する場合（格下げ），同レベルの価格にして価格面以外での競争（非価格競争）に導く場合などがある。

また，価格競争について，自社がイニシアティブをとるべき場面もある。競合製品が到底追随できないような低価格設定によって市場シェアの迅速な拡大を図る場合もあり（このような低価格を可能にする強力な低コスト構造か内部補助が必要になる），[4] 逆に高価格にして競合他社が繰り広げる価格競争とは一線を画した高イメージ・高ステータスの市場ポジションを得るようにする場合もある（このような高価格を可能にする強力な製品差別化が有効になされる必要がある）。

3 需要に基づく価格設定

需要に基づく価格設定（demand-based pricing）は，需要面に着目して価格設定する方法である。消費者（顧客）の値頃感（内的参照価格）や購買心理などが重視される。この価格設定は，心理的価格設定（psychological pricing）であると説明さ

---

[4] 多角化企業などで他に高収益事業・高収益製品があれば，そこからの内部補助が可能になる。

図表 4-2　需要曲線

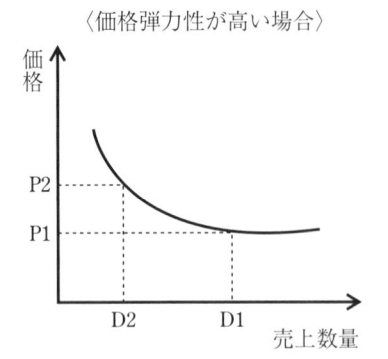

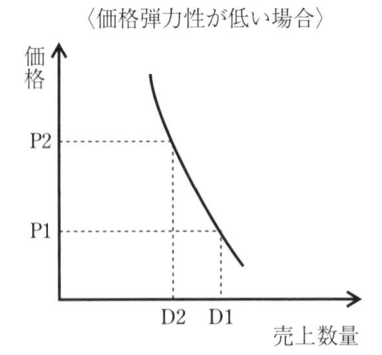

〈価格弾力性が高い場合〉

＊価格の小さな変化が売上数量の大きな変化を招く（価格に対して弾力的である）。

〈価格弾力性が低い場合〉

＊価格が大きく変化しても売上数量はあまり変化しない（価格に対して非弾力的である）。

出所：筆者作成。

れることもある。

　需要に基づく価格設定については，基礎的な概念として需要の価格弾力性と需要曲線について知っておく必要がある。需要の価格弾力性(price elasticity of demand)は，価格の変化に対する需要(売上数量)の反応度を示す概念である。価格が変化しても，需要が殆ど変化しない場合は「価格弾力性が低い」「価格に対して非弾力的である」，大きく変化する場合は「価格弾力性が高い」「価格に対して弾力的である」と言う。それぞれの価格水準における需要(売上数量)を結んだものが需要曲線(demand curve)である。需要曲線は，図表4-2に示されるように，基本的には価格が下がると需要は上がり，価格が上がると需要は下がるので，右肩下がりで描かれる[5]。価格弾力性が高い場合は，価格が消費者の需要を決める大きな要因となっており，低い場合は製品のブランド力など価格以外のマーケティング要素が需要を決める要因となっているものと解される[6]。

　また，値頃感は，一般に「値段が頃合い」の意味であり，「これならこの位の値段で妥当」という消費者の価格に対する主観的な感覚を指す言葉である。消

---

[5] 価格の上昇(下降)に対し同じ割合で需要(売上数量)が下降(上昇)するとき，価格弾力性(の絶対値)は1である。また，価格の上下に対し需要(売上数量)が全く変化しないとき，価格弾力性は0である。

費者は製品購入の際に，製品の販売価格について割高／割安／妥当などの評価を行なうが，消費者の評価において参考とされる価格を総称して参照価格(reference price)と呼んでいる。参照価格は，内的参照価格(internal reference price)と外的参照価格(external reference price)に分けられる。内的参照価格は，同一ないし類似製品の過去の購買経験などから形成される(消費者は製品カテゴリーや製品タイプ，ブランド毎に過去の購買経験などから妥当と考える価格水準を知識として持っている)。値頃感は，この内的参照価格に当たる。外的参照価格は，例えば，値引き販売されている場合の値引き前価格(通常販売価格やメーカー希望小売価格)や同一レベルと思われる他製品の購買時の販売価格が挙げられる。

　需要に基づく価格設定には，以下に示すようにさまざまな方法がある。これらは消費財メーカーの希望小売価格のみならず，小売店の小売価格，サービスの価格などさまざまな場面で一般的に見られるものである。

① 端数価格設定(odd pricing)：99セント，99ドルや980円，1,980円など切りの良い数字の手前の価格を端数価格(odd price)[7]と呼び，このような価格設定をすることを言う。「安いような気がする」「大台に乗らない」等々の買い手の抱く印象を重視した価格設定である。この価格設定では，区切りとなる価格(数字の桁の上がるところなど)で価格弾力性が急に高まることが想定されている(需要曲線は区切りとなる価格で傾きが大きく変わる)。

② 威光価格設定(prestige pricing)：高価格が製品が高品質であることの証拠として受けとめられたり(品質シグナルとしての価格)，高価格故に誰もが簡単に買えないことが社会的ステータスとなり，買い手の満足を高めていたりする場合がある。この種の高価格を威光価格(prestige price)と呼び，こ

---

[6] 価格弾力性が低くなるのは，他に①製品が必需品で価格が上昇しても購入せざるを得ない，②代替品が存在しない或いは消費者によって認知されていない，③消費者にとって代替品との品質比較が困難である，④消費者が富裕層などで当該製品への支出が消費者の総支出に対してごく僅かである，⑤消費者が既に関連製品への多額の支出を行なっており，当該製品への支出が追加的である(或いは当該製品の購入を取りやめることで既に行った多額の支出が無駄になる)といった状況が挙げられる。

[7] 欧米では端数として9が用いられることが一般的である。我が国では，端数として伝統的に8が好まれる(八は末広がりで縁起が良いとされる)。また，1,000円，10,000円など端数のない価格は even price と呼ぶ(端数のないぴったりの価格は和製英語では just price だが，これでは「公正価格」になってしまう)。

のような価格設定をすることを威光価格設定と言う。威信価格設定，名声価格設定とも呼ばれる。この価格設定では，価格が上がれば需要も上がる右肩上がりの需要曲線が想定されている（もちろん上限や適正な価格帯は存在する）。また，価格を下げても需要は増えず，むしろ減退することになる。これは品質への疑念が生じたり，ステータス性が失われることになるためである。

③　慣習価格設定(customary pricing)：慣習価格(customary price)で価格設定することを言う。特定の製品カテゴリーにおいて長い期間，価格が固定化していると，買い手はこのカテゴリーに対して習慣的に特定の価格を強く連想するようになる。このような固定化された価格を慣習価格と呼ぶ。慣習価格が形成されていると，買い手の値頃感も固定化され硬直的になっている。その為，慣習価格より少しでも高い価格設定をすると，割高感を強く感じられ，安い価格設定ではお買い得感よりもむしろ製品の品質に対する疑念を抱かれることになる。

④　マルチプル・プライシング(multiple pricing)：同じ製品を10個でいくら，1ダースでいくらといった価格を設定する方法である。まとめ買いの習慣がある製品の場合やまとめ買いすることに特段の支障がない場合，まとめ買いに対応した価格設定が必要になる。製品1個単位の価格設定と比較して，まとめ買いした方が得になるように価格を設定することも多い。

⑤　プライス・ライニング(price lining)：多くの品目(アイテム)がある場合に用いられる価格設定方法である。人は数多くの選択肢を示されると逆に選べなくなってしまう。これは価格についても同様である。プライス・ライニングは，価格を品目毎に個々別々に細かく決めずに少数の価格水準(price line)別にグループ化して価格設定する方法である。

第2節　価格設定の個別課題

この節では，価格設定に関わる個別領域の課題として，新製品の価格設定と

複数製品の価格設定を取り上げ概説する。また，割引と差別価格についても説明する。

1 新製品の価格設定

新しい市場(市場セグメント)を自らが創出するような新製品(真正の新製品)の場合，市場導入に際し，新製品の基本的な価格設定をどうするかを決める必要がある。これには，①上澄み吸収価格政策，②浸透価格政策の2つが知られている。何れもPLCの進展(市場の発展)にどのように対応していくかの見通しを含んだ政策となっている。

(1) 上澄み吸収価格政策

上澄み吸収価格政策(skimming pricing policy)は，PLCの導入期に高価格設定をして，市場の富裕層など価格弾力性の低い顧客層(価格に対して敏感ではない顧客層)に先ずは狙いを定める方法である。上層吸収価格政策とも言う。新製品の高品質イメージや高級感を保持し，市場での独自ポジションを固め，高価格によって新製品開発費用・市場導入費用を早期に回収する狙いがある。但し，高収益市場として魅力的なために競合他社の追随を招き易い。通常は，PLCの進展(市場の発展)に合わせて，段階的に値下げをしつつ，追加アイテムやマイナー・チェンジ品を投入していき，やがては市場全体をターゲットとしていくことが予定されている。この場合も，当面は価格弾力性の比較的高い一般顧客層(多くの場合，市場の大多数を占めるボリューム層である)が手付かずになるため，このセグメントを狙って，競合他社が(相対的に低価格で)早期に参入してくる可能性がある。

(2) 浸透価格政策

浸透価格政策(penetration pricing policy)は，PLCの導入期に思い切った低価格設定をして速やかに市場全体への浸透を図る方法である。低価格にすることでより多くの顧客が購入し易くなり，成長期への移行も促進される。当然，当該

製品について大多数の顧客の価格弾力性は高くなければならない。浸透価格政策では，低価格でいち早く大きなマーケット・シェアを押さえることが求められる。そうすることで競合他社の追随意欲を大きく削ぐことができる。但し，低価格なので一般に利益率は低い。従って，薄利多売でも良いと判断される場合や経験曲線効果の発動によるコスト構造の早期の改善が見込める場合に適しているとされる。この場合も同様な薄利多売志向を持つ競合他社や強力な低コスト構造・内部補助の行なえる競合他社の参入は阻止できず，結局は不毛な低価格競争に陥る可能性がある。

2　関連製品の価格設定

製品は，単独で価格設定を考えて良い場合もあるが，関連する複数の製品を持つ企業では，以下のように組み合わせで考えた方が良い場合もある。

(1)　製品の代替性と価格の秩序

価格設定に際して製品間の代替性を考慮する必要がある。例えば，グレードの高い製品Aと中級グレードの製品Bとの需要が緩い代替関係にある場合は，Aの低価格設定が代替性を高めてしまいBの売上を奪う結果になるかも知れない。これは「カニバリゼーションの発生」と表現できるが，こうした事態を回避するためには，製品間の価格の秩序(価格による製品の「格」の序列)は基本的にどうあるべきかを決めた上で個々の製品の価格設定を行なう必要がある。

(2)　製品の補完性

自社の製品間に補完性がある場合，これを考慮して価格設定を行なう必要がある。例えば，製品Aと製品Bとが一体となって使用されるのであれば，両者が価格の面でも補完性を持つことが予想される。この場合，Aを低価格にしてAの売上が伸びれば，同時に必要になるBの売上も伸びるだろう。両者の売上の伸びをより一層促進するためにはBもまたAと歩調を合わせて低価格設定にすることが適切になる。これに対して，Aを低価格にしてBは高価格のままの

場合は，売上の伸長は阻害される可能性がある。或いはAのみ購入され，Bと同様の機能を持つ割安な競合他社製品Cが購入されるかもしれない。AB共に売上の確保をしたいのであれば，調和的な価格設定と共に(Cの割り込みを排除するために) ABの補完性をより強固に訴求する必要がある。

製品Aと製品Bに補完性がある場合，AとBをひとまとめにして市場に提供することも合理的である(セット製品，バンドル製品と呼ばれる)。[8]異なる製品をまとめて提供する場合，[9]セット価格(或いはバンドル価格)が設定されるが，この場合も，A単独価格，B単独価格，セット価格のコンビネーションをとり，全体として売上が伸びるようにせねばならない。

また，補完性は時間軸で考えることもできる。製品には，購入後にも消耗品・補修品等の市場が継続的に発生していくものがある。例えば，プリンターを購入した顧客は，専用のインクカートリッジを継続的に購入していく。機器本体の市場をイニシャル・マーケット(initial market)，消耗品・補修品等の市場をアフター・マーケット(after market)と呼ぶ。この場合，前者を低価格に，後者を高価格に設定する価格設定方法が可能になる。これをキャプティブ・プライシング(captive pricing)と呼んでいる(キャプティブは「捕虜・虜囚」の意味である)。低価格を武器に先ずイニシャル・マーケットでの市場浸透を図り，利益はアフター・マーケットを含めた市場全体で確保を図るという方法である。

3　割引と差別価格

割引は，標準となる価格から取引条件などの基準で一定率を割引するもので，差別価格は，同一製品・サービスについて対象とする顧客別などの基準で複数の価格を設定するものである。以下，それぞれ説明する。

---

[8] 異なる製品をまとめて提供することが「抱き合わせ販売」として説明されていることがしばしばある(製品は抱き合わせ製品，価格は抱き合わせ価格となる)。しかし，この呼称は，不公正な取引方法の一般指定第10項(抱き合わせ販売等)を想起させるため注意が必要である(独占禁止法違反である)。
[9] マルチプル・プライシングでは，同じ製品がまとめて提供される。

(1) 割　　引

割引(discount)は，取引条件などに応じて価格を割り引くものである(金額ではなく比率で引かれる)。条件を満たさない場合は，標準価格で販売される。標準となる価格設定がなされた後の事後的な価格調整であり，多くは，プロモーション(販売促進)の意味合いが濃いものとなっている。割引は，消費者取引(事業者と最終消費者の取引)においてもなされるが，事業者取引(事業者間の取引，例えば，メーカーと流通業者など)において多用されるものである。従って，ここでは，事業者取引を念頭に説明されていることに留意されたい。[10]割引には以下の種類がある。

① 数量割引(quantity discount)：大量購入に対する割引である。大量に購入されれば，販売費や物流費(輸送費等)などの各種取引費用が節減される。数量割引はこの節減分を割引の原資とするものである。数量割引は，販売数量ないし販売金額を基準とする。購入数量(金額)の増加に対して，累進的に割引率が設定されている場合もある。数量割引は，更に以下の2つに分けられる。一定期間の購入の合計に対して行なわれる累積的数量割引(cumulative quantity discount)と1回毎の購入に対して行なわれる非累積的数量割引(noncumulative quantity discount)である。

② 現金割引(cash discount)：現金で支払いをすることに対する割引である。現金支払いならば，信用供与(掛売)の場合と比べ，貸し倒れの危険もなく，集金費も不要である。何よりも現金を即座に得られることは売り手の経営上の安定に資する。その為，現金支払いを促進するこのような割引が行なわれる。[11]

③ 季節割引(seasonal discount)：季節別の割引である。通常は，需要閑散期の購入を促進するための割引を指す。

④ 愛顧割引(patronage discount)：常日頃の購入に対する割引である。買い手

---

[10] 消費者取引の場合は，多くは値引き(discount)として説明されることになる。
[11] 消費者取引においても，クレジットカード支払いの場合は，小売業者はカード会社に3~5%程度の手数料を支払うことになる。従って，現金支払い客に対してこの%分を割引することはそれなりに合理的である。

⑤　機能割引(functional discount)：通常，メーカーが自社製品の流通チャネルを構成する流通業者に対して行なう割引を指す。業者割引(trade discount)とも言う。メーカー製品の販売，保管，輸送・配送など流通チャネルにおける機能上の役割に応じた割引を行なうもので，流通業者の機能遂行に対するメーカーからの報酬として提供されるものである。

(2) 差別価格

　同じ製品やサービスであっても，対象とする顧客層などの違いにより異なる価格とする場合がある。これを価格差別(price discrimination)と呼ぶ。価格差別を実現するために行なわれる価格設定が差別価格設定(differentiated pricing)である。設定される価格は差別価格(differentiated price)と呼ばれる。差別価格設定はサービス業で特に多用されているものである。差別価格には以下の種類がある。

① 顧客セグメント別差別価格設定：対象とする顧客がグループないしセグメントに分かれている場合に行なわれるものである。基本的には，顧客セグメント毎に需要の価格弾力性が異なる場合に，価格弾力性が低いセグメントは通常価格にし，価格弾力性が高いセグメントは低価格にして誘引することが行なわれる。他に，望ましいセグメントの購入を促進する場合(例えば，博物館や美術館では割安の学生料金・学童料金が設定されている)，時期別・時間帯別差別価格と連動して閑散期などに特定セグメントの購入を促進する場合などのケースがある。差別価格設定は通常，年齢別や性別などのデモグラフィック基準で行なわれる。その為，社会規範や社会通念上の制約に特に敏感であることが求められる。

② 地域別差別価格設定：地域毎に所得水準が異なるなどして価格弾力性が異なる場合に行なわれる。価格弾力性が低い地域は通常価格にし，価格弾力性が高い地域は低価格にして誘引する。この場合，地域は国単位でも良

---

[12] 累積的数量割引と同じものと解されることがあるが，購入の継続性に重点が置かれる(必ずしも大量購入を前提としない)。

い。また，配送サービスのように距離により物流費用が実際に異なる場合にも，この費用差を反映して地域別差別価格設定が行なわれることがある。

③ 時期別・時間帯別差別価格設定：時期別・時間帯別に異なる価格を設定する。例えば，同じ内容の旅行ツアーでも繁忙期と閑散期では価格設定が大きく異なり，映画館の深夜料金は割安である。季節や年，週，日単位での差別価格をカレンダータイム差別価格，1日の中での差別価格をクロックタイム差別価格と呼ぶことがある。

〈小宮路 雅博〉

第5章
流通チャネルの概念と戦略

　マーケティング・ミックス(4Ps)の1つ，Place は直訳的には「場所」であるが，内容としては「流通」を意味している。製品をどのように流通させて，消費者(顧客)の下に到達させるか。この課題は「流通チャネル戦略」と呼ばれる。この章では，消費財を念頭に流通チャネルの概念と戦略について概説する。

第1節　統制対象としての流通—流通チャネルの概念—

　マーケティングの成立以降，個々の企業(主にメーカー)は自社製品の(現在のまたはあるべき)流通過程の全体成果について関心・構想を持ち，これを統制対象と考えるようになっている。この時，当該の流通過程は「流通チャネル」ないし(より個別具体的に)「マーケティング・チャネル」として統制主体に強く意識される。チャネル(channel)とは，経路とか通路の意味である[1]。流通チャネルは，統制主体にとって自身の製品が流通していく経路を指している。マーケティングの分野では，流通チャネルまたはマーケティング・チャネルをこの文脈で用いられていることを了解した上で単に「チャネル」ということも多い。
　流通チャネルに対する統制の主体は，チャネル・リーダーと呼ばれる。工業製品であれば，メーカーがチャネル・リーダーの役割を果たしていることが多い。チャネル・リーダーはチャネル・キャプテン，チャネル・コマンダーとも表現される。メーカー以外がチャネル・リーダーである例としては，衣料品流通(アパレル卸売業者がチャネル・リーダー)[2]，輸入食品流通(同：商社)，出版

---

[1] channel は，日本語の日常語としてはチャンネルであるが，流通チャンネル，マーケティング・チャンネルとは呼ばれない。

物流通(同:取次と呼ばれる卸売業者),PB商品の流通(同:多くの場合,大規模小売業者)等が挙げられる。

チャネル・リーダーは,流通チャネルを(厳格に或いは緩やかに)統制しようとする。この場合,メーカー・卸売業者・小売業者の3層は統合され,チャネル・リーダー(多くはメーカー)の構想と意思において協調して活動を行なうことがある。この統合体は,VMS (vertical marketing system:垂直的マーケティング・システム)と呼ばれる。VMSは,3層の各主体が分断されたまま個別独立的に活動を行なう伝統的流通経路と対比される。また,寡占メーカー間の競争が,実際にはメーカーがそれぞれチャネル・リーダーとして率いるVMS間のトータルな競争として展開されていることがある[3]。これをチャネル・システム間競争(inter-channel system competition)と呼んでいる。

マーケティングでは,流通チャネルに関わる意思決定と諸活動は(あえて関与をしない場合も含め)流通チャネル戦略または単にチャネル戦略と呼ばれる。流通チャネル戦略はマーケティング・ミックス(4Ps)ではPlace(場所=流通)に含まれる事柄と理解される。次節で,メーカー(消費財メーカー)がチャネル・リーダーとして行なう流通チャネル戦略について概説する。

第2節　流通チャネル戦略

流通チャネル戦略では,先ず,流通チャネルの基本設計であるチャネル・デザインが行なわれる。これは,自社製品の流通チャネルを直接流通チャネル(direct distribution channel)とするか間接流通チャネル(indirect distribution channel)とするかを決めることを意味する。直接流通チャネルとは,メーカーが消費者に直接に製品を販売する方式を言い,間接流通チャネルとは流通業者(卸売業者や小売業者)に製品流通を任せる方式を言う。間接流通チャネルは,

---

[2] アパレル・メーカーとも呼ばれる。生産部門を直接に或いは系列下に持っていても,出自の関係から一般にメーカー機能を持つ卸売業者(製造卸)と見なされている。

[3] 我が国における自動車(新車)の流通などを想起されたい。

消費財(消費者向け製品)の多くで採用されているものである。

次に，間接流通チャネルを採用する場合は，流通チャネルの「メンバーシップ」や「チャネル・コントロール」をどうするかを決めねばならない。メンバーシップとは，どのような流通業者に任せるか(流通チャネルのメンバーとするか)，チャネル・コントロールとはこれらの流通業者をどのように統制するかを指している。以下，順に説明する。

1　チャネル・デザイン

流通チャネル戦略では，最初に直接流通チャネル・間接流通チャネルの何れの方式にするかのチャネル・デザインが行なわれる。直接流通チャネルはメーカー→消費者となっており，流通業者は流通チャネルに介在しない(0段階流通チャネル)。間接流通チャネルは，流通業者に製品の流通を任せるものであるが，小売業者のみに任せる場合(1段階流通チャネル)と卸売業者・小売業者に任せる場合(2段階以上の流通チャネル)とがある。卸売業者・小売業者に任せる場合，複数段階の卸売業者を経る場合がある(小売業者は定義上，常に1段階である)[4]。また，流通チャネルは，流通段階数が多くなるにつれて「長い流通チャネル」という表現がなされる。段階数が少なくなると流通チャネルは「短く」なる。最も短い流通チャネルは，もちろん，直接流通チャネルである。以上は図表5-1を参照されたい[5]。

チャネル・デザインは，メーカーが自らどの段階まで自社製品流通を行なうかの選択であり，流通業者にどこまで流通を任せるかの選択でもある。直接流通チャネルであれば卸売・小売の流通段階(流通機能)をメーカー自身が担い，流通業者は関与しないことになる。間接流通チャネルのうち，メーカーから小売業者を経て流通させる場合は，メーカーは卸売段階(卸売機能)は自ら担い，小売段階は小売業者を使うことになる。このバリエーションとして卸売段階をメーカーが設立した(或いは強い影響力を行使できる)卸売業者が担うこともあ

---

[4] メーカーと直接に取引をする卸売業者を1次卸，その次を2次卸，3次卸……と呼ぶことがある(メーカー→1次卸→2次卸→3次卸→小売業者→消費者)。

図表 5-1　消費財の直接流通チャネル・間接流通チャネル

直接流通チャネル

0段階流通チャネル　　メーカー→消費者

間接流通チャネル

1段階流通チャネル　　メーカー→小売業者→消費者

2段階流通チャネル　　メーカー→卸売業者→小売業者→消費者

3段階流通チャネル　　メーカー→卸売業者→卸売業者→小売業者→消費者

4段階流通チャネル　　メーカー→卸売業者→卸売業者→卸売業者→小売業者→消費者
　………　　　　　　　…………

出所：筆者作成。

る。この種の卸売業者は，(メーカー設立の)「販売会社」と呼ばれ，一般に「販社(メーカー販社)」と略称される。メーカーから卸売業者・小売業者を経て流通させる場合は製品流通を流通業者に全て任せることになる。

　チャネル・デザインをどうするかは，原理としては，メーカーの意思により選択可能であるが，現実には，メーカーの規模や流通への投資可能額，製品を流通させる地理的範囲，利用できる流通業者の数・規模・能力，製品の性質に[6]

---

[5] 生産財流通の場合は，最終的な買い手は産業用使用者になる。産業用使用者とは，メーカー，建設業者，運輸業者，流通業者，飲食業・宿泊業等の各種サービス業者，病院・学校・官公庁等の各種組織を指している。生産財においても直接流通チャネルと間接流通チャネルがある。直接流通チャネルはメーカー→産業用使用者，間接流通チャネルはメーカー→卸売業者→産業用使用者となる(生産財流通においては，小売段階は定義上存在しない)。消費財の場合と同様に間接流通チャネルにおける卸売業者は何段階にもなる。一般論としては，消費財の流通と比較すれば，生産財の流通においては「短い流通経路」が志向される。生産財流通について，消費財流通とごく大まかな対比をすれば，次の2点が顕著な特徴となる。①直接流通経路がとられ，メーカーによるダイレクト・マーケティングが行なわれる傾向がある。②メーカーによって当該メーカーの自社商品流通のための専属の卸売業者(メーカー販社)が設立され，この卸売業者からしばしば産業用使用者に販売が行なわれる。

　生産財流通でダイレクト・マーケティング方式やメーカー販社による流通がより志向されるのは，1つには生産財の買い手である産業用使用者が，数が少数である場合や地理的に集中している場合があり，しばしば少品種を大規模購買(大量・多額に購買)するためである。従って，生産財流通においては，大規模購買を行なう(しばしば地理的にも集中した少数の)産業用使用者に円滑に製品を供給するため，生産と消費をなるべく直接に結び付ける「短い流通経路」がより選択されることになる。上記は，小宮路〔2010〕pp. 20-22を参照されたい。

[6] 例えば，販売に際し，販売員による技術的な説明やコンサルティングが必要か否か，製品の配送・据付け・機器設定や技術的なアフター・サービスが求められるか否か，など。

よって大きく制約される。また，メーカーが自ら流通を手がける場合，流通段階数は少なくなるが，一般にその分，投資が必要となり，そのような短い流通チャネルの維持にもコストがかかる。逆に，既存の独立流通業者に任せ，更に何の関与や管理も行なわず或いは協調や支持も求めないならば(つまり放置すれば)，チャネルへの投資も不要であり，チャネル維持にもコストが殆どかからない。もちろんこの場合，メーカーの意思は流通チャネルに全く反映されないことになる。

2　流通チャネルのメンバーシップ

　流通チャネルのメンバーシップやチャネル・コントロールは，間接流通チャネルを選んだ場合に課題となるものである。メンバーシップとは，卸売段階，小売段階でどのような流通業者をチャネルのメンバーとするかを指している。製品の性質や意図するマーケティングのあり方によりメンバーシップの厳格さは異なる。流通業者のメーカーへの協調の意思，販売規模，店舗立地，販売員の数や技能，店舗の品格・イメージ，店舗の設備・サービス体制，配送・据付け・修理体制等がメンバーシップの要件となることがある。この観点では流通チャネルは，①開放的流通チャネル，②選択的流通チャネル，③排他的流通チャネルの3つのタイプに区分される(図表5-2参照)。以下，それぞれ説明する。

(1)　開放的流通チャネル

　開放的流通チャネル(intensive distribution channel)では，メンバーシップの要件は殆どない。なるべく多くの流通業者がチャネルに参加することになる。加工食品，日用雑貨等の最寄品はこの流通チャネルになっている。なるべく多くの小売業者の陳列棚に製品が置かれ，なるべく多くの消費者の目に触れることが追求される。ここではメーカーによる統制はごく緩やかで，小売販売に関しては，メーカーは小売業者に完全に任せることもあり，時には若干の店頭販促活動への協調や支持を求めることがある。例えば，メーカーは望ましい陳列方法・販売方法を小売業者に提案したり，POP等の販促物を提供したりする。或

図表 5-2　間接流通チャネルの 3 類型

	メンバーシップ要件	メーカーによるチャネル・コントロール	典型的な小売業態等	典型的な製品カテゴリー	販売上の特徴等
開放的流通チャネル	無しまたは緩い要件	一般に弱い	スーパー CVS 一般小売店	最寄品 *加工食品、日用雑貨、等	セルフ販売が可能
選択的流通チャネル	中程度の要件	中程度	家電量販店 専門店	買回品 *家電製品、家具、等	技術的説明、据付・配送、品質・イメージ保持等が必要
排他的流通チャネル	厳しい要件	一般に強い	百貨店 専門店	専門品 *高級ブランド品や乗用車(新車)、等	高度な品質・イメージ保持、長期間の保守・点検、アフター・サービス等が必要

出所：筆者作成。

いは，自社製品の説明や紹介のためのデモンストレーターをメーカーの費用負担で小売店舗に送り込むこともある。しかし，流通業者は複数(多数)のメーカーの製品を扱う併売店であるのが通常であり，特定メーカーの製品は扱い製品のごく一部でしかないため，格別の販売努力や協調行動は期待できないことも多い。

(2)　選択的流通チャネル

　選択的流通チャネル(selective distribution channel)は，開放的流通チャネルと排他的流通チャネルの中間に位置するものである。中程度のメンバーシップの要件が要求される。メーカーはやはり中程度の統制を行なう。開放的流通チャネルよりも統制し易く，排他的流通チャネルほど流通業者を選別する必要のない時に採用される。家電製品，家具等はこの流通チャネルとなっている。流通業者は併売店であり，当該メーカーの製品が主要扱い品目であることもある。

(3)　排他的流通チャネル

　排他的流通チャネル(exclusive distribution channel)では，厳しいメンバーシップの要件が課せられる。衣料・皮革製品・宝飾分野の高級ブランド品や乗用車

(新車)等はこの流通チャネルとなっている。このチャネルは開放的流通チャネルの対極にある。地域毎に選び抜かれた流通業者が選定される。一般にメーカーによる統制や管理は厳格で，メーカーが強力な店頭コントロールを行なうこともある。例えば，メーカーが訓練した販売員を派遣する(派遣店員)，小売業者の販売員をメーカーが教育訓練する，メーカーが指示する販売方法・陳列方法を厳格に守らせる，品格を保ちブランド・イメージを保持するために店舗や売場の什器・造作をメーカーが指定する，等である。この流通チャネルでは流通業者は当該メーカーの製品だけを扱う専売店となっていることもあり，独立した流通業者であっても，メーカーの代理人ないしメーカーそのもの(メーカー直営店)のように振る舞うこともある。

3　チャネル・コントロール

　間接流通チャネルにおいてはチャネル・コントロール(流通チャネルの統制)も必要となる。チャネル・コントロールは，流通チャネルのメンバーがチャネル・リーダーの構想と意思に従うよう(或いは構想や意思を反映するよう)動機づけを行ない，メリットを与え，援助し，評価することである。コントロールの言葉には，100％相手方の行動を意のままとするようなニュアンスがあるかもしれないが，ここではメーカーの構想や意思を反映させることや協調や支持を引き出すことも含めている。

　独立した流通業者でも，全く自律的な場合もありメーカーの統制がある程度可能な場合もある。メーカーの統制がどの程度可能かには濃淡の違いがある。メーカーが流通業者を統制する方法は基本的に以下の3つに分けられる((1)〜(3)は単独でもなされるが，組み合わせられることも多い)[7]。

(1)　資 本 参 加

　メーカーが流通業者に資本参加する。所有の観点から統制可能にしようとす

---

[7] VMSとして，それぞれ企業型VMS (corporate VMS)，契約型VMS (contractual VMS)，管理型VMS (administrative VMS)と呼ばれることがある。

る。人的な交流が行なわれることもある。これは正確には「個々に所有され独立している流通業者」の自律性を減少させ，メーカーとの関係性を強め場合によっては長期的にはメーカーの傘下に置こうとするものである（この点で下の契約，管理とは性格を全く異にする）。歴史的には独立の卸売業者がこのルートを経て，特定メーカーの販社となっていった例も多い。上述の排他的流通チャネル（ないし選択的流通チャネル）では，メーカーによる資本参加が進められることもある。

(2) 契　　約

個々の取引毎の契約ではなく，長期継続的取引を前提とした契約を結ぶことで，文字通り独立した流通業者であっても（契約の範囲内で）メーカーの意思を十分に反映させることができる。代理店・特約店契約，販売委託契約，フランチャイズ契約，等がこれに当たる。

(3) 管　　理

メーカーの行なうチャネル管理は，流通業者のメーカーへの取引上の協調や支持を引き出すために行なわれる。メーカーの製品販売のために格別の努力をすること，メーカー製品を推奨販売すること，売価決定においてメーカーと協調すること，メーカー製品の流通段階における品質やブランド・イメージの保持等に意を払うこと，等が流通業者に対し求められる。これらに対応して，流通業者の特定の努力に対し報奨金を与える，取引条件を良くする，陳列のための陳列棚・陳列ケース等を提供する，売場設計や陳列方法・販売方法についての提案を行なう，POP・景品類・配布用見本といった販売促進のための物品類を提供する，流通業者の広告宣伝や売り出しに協賛する，製品説明や紹介・実演のための人員（デモンストレーター）を派遣する，等のメリットや援助がメーカーから与えられる。メーカーからさまざまなメリットや援助を受け，流通業者はメーカーと資本上の関係が全くなくとも，利益共同体としての意識形成を行なうこともある（時にはメーカーが言わば共同体の「家長」と見なされることもある）。

4　マルチ・チャネル

　メーカーは 1 つの製品を 1 つのターゲット市場に提供しているだけというわけではない。同じく，採用する流通チャネルも 1 つとは限らない。メーカーは製品カテゴリー毎に異なるタイプの流通チャネルを個別独立的に或いは組み合わせて相互補完的に用いることがある。従って，チャネル・デザインには，複数チャネル(multi-channel)の使用の観点も考慮されるべきである。この場合，個々のチャネル・デザインやコントロールに加え，流通チャネル間の調整が必要となることがある。とりわけ既存チャネルに加え，新チャネルを採用する時は，既存チャネルのメンバーが新チャネルを脅威に感じることもあり，チャネル・リーダーによる調整は欠かせないものとなる。

【参考文献】

小宮路雅博〔2000〕「メーカーと流通」（小宮路雅博編著『現代の流通と取引』同文舘出版，第 4 章所収，pp. 51-74）。

小宮路雅博〔2010〕「流通活動の担い手と流通業者」（小宮路雅博編著『流通総論』同文舘出版，第 2 章所収，pp. 13-24）。

（小宮路　雅博）

第6章
プロモーション1
―マーケティング・コミュニケーション―

　マーケティング・ミックス(4Ps)の1つ，Promotion は，現在ではマーケティング・コミュニケーション[1]と呼ばれることが多い。これは「プロモーション」が一方向的な情報の流れを意味として含んでいるのに対し，現在では企業と顧客を始めとするステークホルダーとの双方向的な情報の流れが必須であるため，その意味である「コミュニケーション」を含むマーケティング・コミュニケーションの方が適切であると考えられているからである。本章では，このマーケティング・コミュニケーションについて説明する。

第1節　マーケティング・コミュニケーションの意味と役割

1　マーケティング・コミュニケーションとは

　マーケティング・コミュニケーションの定義は難しい。論者によってその位置づけが異なるからである。最も狭義の意味では「マーケティング・コミュニケーション ＝（イコール）プロモーション」で用いられる。伝統的なプロモーションのツールには，人的販売(personal selling)，広告，SP (sales promotion：販売促進)，パブリシティ(publicity)[2]があり，これらがそのままマーケティング・コミュニ

---

[1] アメリカでは，Integrated Marketing Communications (IMC：統合型マーケティング・コミュニケーション)が使用されることも多い。IMC にも多くの解釈があり注意が必要であるが，IMC の議論の中で最も有用なアイディアの1つは，コンタクト・ポイント(タッチ・ポイント)であろう。コンタクト・ポイントとは，消費者と当該ブランドとの接点のことであり，これには広告等の一般的なツールの他に，他人のブランド使用との接触等も含まれる。IMC では全てのコンタクト・ポイントのマネジメントを目指す。

ケーションのツールとされる。また，プロモーションとはほぼ同義であるが，そこに「コミュニケーション」の要素を付加したものと説明される場合がある。

　ツールを拡張する形でマーケティング・コミュニケーションを定義づける場合もある。例えば，ベルチ(Belch, G. E.)らは，マーケティング・コミュニケーションの主要ツールを，伝統的なプロモーション・ツールである①人的販売，②広告，③SP，④PR (public relations：パブリック・リレーションズ)とパブリシティに加えて，⑤ダイレクト・マーケティング，⑥インタラクティブ・マーケティングを含めた6つとしている(Belch and Belch〔2007〕)。一方，コトラー(Kotler, P.)とケラー(Keller, K. L.)は上記の6つに「イベントと経験」「口コミ・マーケティング」を更に加えた8つとして整理している(Kotler and Keller〔2009〕)。

　より広い定義では，マーケティング・コミュニケーションとは，プロモーションの諸要素に加えて，マッカーシー(McCarthy, E. J.)の4Psのその他のP，すなわち製品，価格，流通にもそれぞれコミュニケーション機能があり，これらを全て含めるものとするものがある。[3]

　また，企業組織の外部とのコミュニケーション活動を考える場合に，企業と社会全体との良好な関係を確立・維持するための「コーポレート・コミュニケーション」と売上に直結する「マーケティング・コミュニケーション」に二分する形で分類することがある。一方で，コーポレート・コミュニケーションをマーケティング・コミュニケーションの上位概念に位置づける場合もある。

　以上のように，マーケティング・コミュニケーションはさまざまな意味で用いられるため，決定的な定義づけは難しい。それでも，本章におけるマーケティング・コミュニケーションの意味を明確にしなければならない。ここでは，ベルチらに従い伝統的なプロモーションを拡張し，①人的販売，②広告，③SP，④PRとパブリシティ，⑤ダイレクト・マーケティング，⑥インターネット・マーケティング[4]の6つをマーケティング・コミュニケーションの主要ツールと

---

[2] 人的販売，広告，SP，PRとされる場合もある。
[3] デロジア(Delozier, M. W.)の所説(Delozier〔1976〕)が代表的である。
[4] ここでは，我が国で一般的に使用されている「インターネット・マーケティング」を用いる。

して位置づける。そして,「コミュニケーション」の意味するところの「双方向性」を強調したい。

2　マーケティング・コミュニケーションの役割

　企業組織にとって,コミュニケーション活動は不可欠なものである。コミュニケーション活動なしに企業活動はあり得ない。従って,企業組織はコミュニケーション活動を行なうか行なわないかではなく,どのように,どれだけ行なえば良いか,という意思決定を迫られていると言える。一方で,現代社会には情報が溢れかえっており,コミュニケーション活動を意味あるものとすることは非常に難しくなっている。

　マーケティング・コミュニケーションはマーケティング目的を実現するためのコミュニケーション活動である。従って,マーケティング・コミュニケーション活動の目的は,消費者に自社や自社製品及びサービスについて知ってもらい,最終的には購買(及び再購買)してもらうことである。またマーケティング・コミュニケーションはブランドないしブランディングとの関連性も強い。マーケティング・コミュニケーションを通じて,消費者に自社ブランドを認知してもらい,良好なブランド・イメージを醸成して,ブランドとの結び付きを強く持ってもらう。或いは「適切なポジショニングの確立」や「良好なリレーションシップの構築」といった言葉で置き換えても良い。これらは,まさにマーケティングの目指すところである。上記の観点でマーケティング・コミュニケーションはマーケティングに直結しているのである。

---

[5] Kotler and Keller〔2009〕の追加項目のうち「イベントと経験」はパブリック・リレーションズに含める。また,「口コミ・マーケティング」については,ツールというよりはその他のマーケティング・コミュニケーション努力の成果として生み出されるものとして,今回は項目に含めない。但し,口コミを発生させるためのさまざまな努力の集合体として,「口コミ・マーケティング」を論じることは可能であろう。

第2節　マーケティング・コミュニケーションの管理

　マーケティング・コミュニケーションの管理はどのようになされるべきであろうか。そのプロセスはおおよそ次の通りである。①状況分析とターゲット・オーディエンスの明確化，②マーケティング・コミュニケーション目標の設定，③予算の設定，④コミュニケーションのデザイン，⑤マーケティング・コミュニケーション・ミックスの策定，⑥実施と統制及び効果の測定。ここでは，これらのプロセスについて順を追って説明していく。

1　状況分析とターゲット・オーディエンスの明確化

　マーケティング・コミュニケーションを実施する上での必要な情報を収集することが第一歩である。情報は企業の内部に関する情報と外部に関する情報の2つに大別できる。

　企業内部の情報とは，企業の歴史や企業文化，経営理念，これまでの製品群，財務状況，対象製品について等の情報である。マーケティング・コミュニケーション活動においては，伝統を引き継ぐにしても，刷新するにしても，これまで築き上げられてきた企業イメージは考慮されなければならない。そして，当然ながら，対象となる製品についてはパッケージや製品特性，デザインや価格等，細部まで分析する必要がある。

　外部の情報としては，①市場，②消費者，③競合他社の情報が特に必要である。市場については，その規模や成長の程度が分析される。消費者については，ターゲットとなり得る消費者の特性が分析される。競合他社については，他社のマーケティング戦略はどうなっているか，他社の製品の特性はどうか，等について分析される必要がある。

　ターゲット・オーディエンス(target audience)とは，メッセージを届けたい消費者のことである。従って，必ずしも当該製品の使用者であるとは限らない。実際に購買する人，或いは購買意思決定に関与すると思われる人等もターゲッ

ト・オーディエンスとなり得る。

　ターゲット・オーディエンスの属性によって、用いられるべきマーケティング・コミュニケーション手段も変わってくる。ターゲット・オーディエンスの消費行動パターンやメディアとの接触状況、準拠集団[6]との関わり合い等を分析することが、後述するマーケティング・コミュニケーション・ミックスの策定に大きく関わってくる。

2　マーケティング・コミュニケーション目標の設定

　マーケティング・コミュニケーション目標は具体的な数値で明示されなければならない。具体的な数値目標を設定することで、後に効果を測定することが可能となるからである。コミュニケーション目標としては、①カテゴリー・ニーズ、②ブランド認知、③ブランド態度、④ブランド購入意図、等が設定される。これらは事前事後の調査によって測定が可能であり、マーケティング・コミュニケーションが有効に機能しているかを検証できる。但し、マーケティング・コミュニケーションには長期的な効果と短期的な効果があり、短期的な成果だけを求めることは危険である。

(1)　カテゴリー・ニーズ

　カテゴリー・ニーズとは、その製品カテゴリーを認知しており、かつ必要だと感じていることである。カテゴリー・ニーズの大きさは、その製品カテゴリーの市場規模につながる。市場規模の拡大は自社ブランドの成長に大きな影響を与える。影響は自社ブランドの市場シェアが大きいほど顕著になる。

(2)　ブランド認知

　ブランド認知とはそのブランドを記憶していることである。ブランド認知の測定には、ブランド再生(純粋想起)とブランド再認(助成想起)がある。ブラン

---

[6] 準拠集団(reference group)とは、人が評価をするときの基準となる集団や判断や行動の規範を提供する集団のことで、家族や職場等が該当する。

ド再生は製品カテゴリーを提示されただけで当該ブランドを思い出すことができることであり，ブランド再認は当該ブランドを提示された上で知っていることを確認できることである。当然ながら，ブランド再生をしてもらうことは難しいが，単に知っているだけではなく，当該製品カテゴリーにおける代表的なブランドの1つとして認知されていることは非常に重要である。

(3) ブランド態度

「態度(attitude)」は心理学上の重要な概念である。ブランド態度(ブランドに対する態度)は，端的に言えば「好き−嫌い」「好ましい−好ましくない」「買いたい−買いたくない」といったことである。ブランド態度は当該ブランドの購買行動に大きな影響を与える。

(4) ブランド購入意図

ブランド購入意図は，購買行動一歩手前の「買いたい，買っても良い」という状態のことである。最終的な購買にまでは結び付かなくても，購入意図を持つ人が増えることはマーケティング・コミュニケーションが有効に機能していると考えられる。

3　予算の設定

マーケティング・コミュニケーション予算の設定は企業にとっては大変難しい作業である。なぜなら，マーケティング・コミュニケーション活動にどれだけの資金を投じればどれだけのリターンがあるかを正確に予測することは難しいからである。また，先述した通り，マーケティング・コミュニケーションの効果には長期的なものと短期的なものがあり，このこともまたマーケティング・コミュニケーション予算を設定することを難しくしている。

一般にマーケティング・コミュニケーションの予算設定方法には以下のようなものがある。

① 支出可能額法：支出可能と考えられる範囲内で予算を設定する方法であ

る。効果という点では何の根拠もない。マーケティング戦略的には意味をなさない。しかし，実際にはこの方法で予算を設定している企業は少なくない。

② 任意増減法：要するに経営者やマネジャーの勘で決める方法である。もちろん理論的根拠はない。中小企業等で多く見られる。過去の成功にとらわれてしまい，失敗する可能性が大きい。

③ 売上高比率法：売上実績や売上予測に対して，一定の比率で予算を設定する方法である。一般的な予算設定の方法と言えるが，市場の変化に対応することができないし，またマーケティング目標に連動しているとも言えない。特に売上が減少している状況においては，マーケティング・コミュニケーション予算が削られることになり，それでは売上の回復は到底望めない。

④ 競争者対抗法：競合他社の支出に合わせて予算を決定する方法である。競争の激しい市場環境下においては有効な場合もあるが，経営環境や経営資源の異なる他企業を模倣することが最善であるとは言えない。

⑤ 目標課題達成法：この方法では，設定されたコミュニケーション目標を達成するためにはどのようなタスクが必要であるかを決定する。そして，これらのタスクを実現するためにはどれだけの予算が必要かを算出する。最も戦略的・論理的であるが，必要な予算を確保できるとは限らないのが実情である。

4 コミュニケーションのデザイン

効果的なマーケティング・コミュニケーションを実現するには，①何を伝えるのかという「メッセージ戦略」と②どのように伝えるのかという「クリエイティブ戦略」について，十分に検討しなければならない。

(1) メッセージ戦略

1つの製品にはさまざまな属性・特徴がある筈だが，その全てについて一度

に伝えることはできないし,一度に伝えようとしても結局何も伝わらなくなってしまう可能性が高い。そこで,どこを切り口にするかが問われる。何を伝えるかを決定するためには,その製品ブランドの持つイメージやポジショニング,そして,そのブランドの持つ「物語性」[7]等について十分な検討がなされねばならない。

(2) クリエイティブ戦略

何を伝えるのかが決まったら,次にそれを,「どのように伝えるか」を決定しなければならない。大きく分けて,製品の力強さを大地によって表現したり,清潔感を青い空にはためく真っ白な布で表現したりといった「情緒型」の手法と製品の性能を数値で訴求するといった「理性型」の手法がある。クリエイティブ戦略はアートの要素を含む非常に専門的な作業であり,クリエイティブの専門家の手に委ねられることになる。

5 マーケティング・コミュニケーション・ミックスの策定

マーケティング・コミュニケーションのツールにはそれぞれ特徴がある。ターゲット・オーディエンスとの効果的なコミュニケーションを実現するには,それらの特徴を理解した上で,どのツールを用いるか,そしてどのツールにどれだけの予算を組むかを決定しなければならない。

① 人的販売:最もきめ細かく顧客のニーズに対応できるツールが人的販売である。また,長期に渡るリレーションシップを構築することも期待できる。但し,取引一単位当りのコストは最も高くなる。

② 広　　告:媒体(メディア)にもよるが,比較的広い範囲に効率良くメッセージを届けることができるのが広告である。また広告には基本的にはブランド・イメージの浸透等の長期的な効果が期待されるが,スーパーマーケットの新聞折込広告等のように,その週末の安売り等を伝えることによって短期的

---

[7] 「物語性」の明確な定義はないが,例えば,その製品やサービス等の背景に特定のストーリーやエピソードが添えられている場合等に「物語性がある」とされる。

な効果を得られる場合もある。総費用は高額となる傾向にあるが，ターゲット・オーディエンス1人当たりの到達コストは安くなる場合が多い。

③ SP：SPの手法は多岐に渡るが，その多くは短期間に売上を伸ばすことが可能である。但し，長期に渡る使用はその効果を弱めてしまう。値引きをし続けると，消費者がその価格に慣れてしまうのはその好例である。

④ PRとパブリシティ：PR活動は直接的に「売り込む」わけではないので警戒されずにすむ。また，企業に対する信頼感を醸成することが，将来的な売上につながることが期待できる。パブリシティは記者等の第三者を通すことにより，信頼性を得ることが可能である。但し，思い通りのメッセージのコントロールはできない。

⑤ ダイレクト・マーケティング：個々の顧客と個別対応することができるため，カスタマイズや修正等が可能である。ダイレクト・マーケティングは，その成果がそのまま売上として現れる。但し，ダイレクト・マーケティングを成功させるためには，専門の部署と十分なスタッフを用意しなければならない。

⑥ インターネット・マーケティング：インターネットによって構築された仮想世界は，現実世界とは全く異なるスタンダードを生み出している。「双方向性」についても「時間的概念」や「地理的概念」についても，現実世界とは全て異なっている。これらの特性を理解し，うまく活用することが必要である。

6　実施と統制及び効果の測定

ひとたびマーケティング・コミュニケーションの計画が策定されたならば，次に実施に移される。実施にあたっては，常にチェックを行ない，計画が予定通りに進んでいるかを確認しなければならない。そして，効果の測定を行ない，コミュニケーション目標が達成されているかを確認する。こうしたデータの積み重ねが次のマーケティング・コミュニケーション活動につながっていく。

第3節　マーケティング・コミュニケーションの諸ツール

本書ではマーケティング・コミュニケーションの6つの主要ツールとして，人的販売，広告，SP，PRとパブリシティ，ダイレクト・マーケティング，インターネット・マーケティングを挙げている。広告については第7章で，インターネット・マーケティングについては第14章で説明されるので，本章ではこれら以外のマーケティング・コミュニケーション・ツールについて概説する。

1　人的販売

人的販売は，人を介して直接顧客に働きかけるもので，最も古くからあるマーケティング・コミュニケーションの手段である。人的販売はコミュニケーションという意味で最も強力である。対面での一対一のコミュニケーションは，最も情報密度が高く，個別対応が可能で，長期的なリレーションシップの構築にも有利である。一方で，人件費を始めとして管理費，販売員育成費等，その費用は非常に高い。

その為，人的販売は，消費財では高額製品や技術的に複雑で説明が必要とされるような製品等の場合に有用である。また，個々の契約が金額的に大きく，長期に渡る取引になることが多い生産財の販売には人的販売は欠かせない。

2　SP

(1)　SPとは

SP（セールス・プロモーション）は製品・サービスの購入を促進するためのさまざまなインセンティブの提供のことで，その手法は多岐に渡る。SPは価格型プロモーションと非価格型プロモーションに分類することができる。後述する手法のうち，値引きやクーポン，リベート等は前者であり，プレミアムやノベルティ等は後者である。またSPは，その主体と対象によっても分類するこ

第 6 章　プロモーション 1 —マーケティング・コミュニケーション—　　79

とができる。この場合，①メーカーが流通業者に働きかけるトレード・プロモーション，②メーカーが消費者に働きかける消費者プロモーション，③流通業者が消費者に働きかける小売プロモーション，の 3 つに分類することができる。[8]

(2)　SP ツールの具体例

セールス・プロモーションには多岐に渡るツールがあるが，ここではそれらのうちの主要なものについて，上記に挙げた分類に従って紹介する。

①　トレード・プロモーション：トレード・プロモーションはメーカーが流通業者に自社の製品を積極的に扱ってもらうことを目的としている。トレード・プロモーションの手段としては例えば，次のようなものがある。

a)　リベート（rebate）：我が国で多用されてきた手段で，割戻しとも言う。代金が支払われた後，後日一部が払い戻されるのが特徴で，その目的は多岐に渡るが，SP という意味でのリベートは販売量に応じた支払いがなされるのが代表的である。

b)　アローワンス（allowance）：流通業者の特定の活動に対して支払われる金銭的見返りがアローワンスである。例えば，広告アローワンスは，流通業者が作成するチラシ広告にそのメーカーの製品が掲載された場合に支払われるアローワンスである。

c)　ディーラー・コンテスト（dealer contest）：販売量等を流通業者に競わせて上位者を表彰する等の SP 手法である。

②　消費者プロモーション：消費者プロモーションはメーカーが直接に消費者に働きかけるものである。消費者プロモーションには次のようなものがある。

a)　クーポン（coupon）：金券や割引券，お試し券等のこと。メーカーが提供するクーポン（メーカー・クーポン）の場合，パッケージの中に封入したり（インパック），パッケージに印刷（オンパック）したりする。流通業者の販売

---

[8] これら以外にも，メーカー或いは流通業者が組織内部の販売部隊へ働きかける活動を SP に含める場合がある。

価格を下げることなく実質的な値下げを提供できることがメリットである。

b) 景品(premium；gift)：景品の提供方法には全員にもれなく提供する方法（総付け景品，べた付け景品）と懸賞によるものがある。懸賞にはオープン懸賞，クローズド懸賞，共同懸賞の3つの方法がある。オープン懸賞は，応募資格を規定せず誰でも応募できるタイプの懸賞で，ブランド認知を高める等の効果が期待できる。簡単なクイズ形式になっている場合が多く，アンケートへの回答を求める場合もある。クローズド懸賞は一般懸賞とも呼ばれ製品を購入することによって応募の権利が与えられるタイプの懸賞で，製品に添付された応募券等を添えて応募するものである。クローズド懸賞は直接的な販売量の増加を期待できる。共同懸賞は商店街の福引き等，複数の事業者が共同して行なうものである。

③ 小売プロモーション：流通業者，特に小売業者が消費者に対して働きかけるもので，来店客の増加や販売量の増加を期待するものである。

a) 値引き(discount)：消費者が目にする最も一般的なSP手法と言える。消費者は価格に対して非常に敏感であり，小売の現場では一円単位での攻防が日々繰り広げられている。

b) デモンストレーション(demonstration)：実演販売とも言う。例えば，食品ではその場で調理して試食を提供する。販売員（デモンストレーター）の知識や技量により，販売量は大きく左右される。

c) ポイント制度：通常，会員となった消費者が，購買価格に応じてポイントを集めるシステムで，集めたポイントはその店舗で現金として利用できたり，一定量を集めると商品券がもらえたりするものである。古くはシール形式から，スタンプカードやPOSシステム連動の顧客管理システムまで，その運用方法には幾つかの方法がある。またその規模も，特定の小売業者に利用が限定されるものから複数の小売業者やサービス業者までをカバーするものまでさまざまである。ポイント制度は顧客の囲い込みが主要な目的であるが，近年は会員の購買行動分析の情報源として重要視されてきている。

(3) SP の役割

以上のように，SP のツールは，購買行動に直接影響を与えるものが多い。値引き等，価格に敏感な消費者には非常に有効に作用する。その一方で，SP 活動は，長期的にはその効果が薄れてしまう傾向にある。例えば，常に値引きをし続けていると，消費者はそれを当然のものと受け止めるようになり，当初のインパクトはもはや期待できなくなるであろう。その為，長期的な効果が期待できる広告との有効な組み合わせ方をデザインすることが戦略的には非常に重要となる。

とは言え，SP は非常に盛んに用いられている。これには幾つかの理由が考えられるが，ここでは次の3つを挙げておく。

① 低関与下での購買行動への働きかけ：低関与下では，消費者は積極的に情報収集を行なったりはせず，最小限の労力で購買行動をとろうとする。その為，広告活動によって消費者の記憶に刻み込むよりも，SP によって購買時点で働きかけた方がブランド選択に決定的な影響を与える場合が多い。

② 非計画購買への対応：消費者の購買行動に占める非計画購買の率は高い。その為，購買時点での働きかけが購買に大きな影響を与えることになる。

③ ブランド数の増加：広告の場合，ある程度の露出が必要である。つまり，ある一定以上の予算規模が必要となる。その為，1つの企業の抱えるブランド数が増えていくに従い，広告を用いることが負担になっていく。一方，SP の諸ツールは，それぞれのブランドについて自由に活動の規模を設定できるため，より自由度の高い戦略が組める。

3　PR とパブリシティ

(1) PR とは

PR は日本語では「広報」と訳される場合が多いが，厳密に言えば本来の意味は異なる。しかし，通常は同義の語として用いられる場合が多い。論者によって PR の定義は変わってくるが，基本的には「企業とステークホルダーとの良好な関係を築き維持するための諸活動」のことである。企業も社会の一員とし

て，他の社会構成員と同様にその社会に貢献していかなければならない。このことを実現するための活動がPRであると言える。

　従って，広告活動やSP活動が全般にマーケティング目標実現のための直接的な効果が求められるのに対して，PRの諸活動は，より間接的に企業の存続と成長に貢献するものである。また，PRは，単なるコミュニケーション活動だけを意味するのではなく，経営全般に関わる広範囲な活動として認知されつつある。一方で，戦略的PRといった場合は，後述するパブリシティを中心としてより積極的にマーケティング活動の一部としての機能を果たそうとするものである。

　PRのコミュニケーション対象は広範囲であるが，大別するならば企業内部とのインターナル・コミュニケーションと企業外部とのエクスターナル・コミュニケーションに分けられる。また，特にメディアとの関係に関わる諸活動をメディア・リレーションズ(MR)，株主・投資家との関係に関わる諸活動をインベスター・リレーションズ(IR)と呼ぶ。メディアとの関係は後述するパブリシティにおいて非常に重要である。また，IRは法規制も厳しく，専門性が非常に高いので，特別に人員を配置する必要がある。

(2) PRのツール

　PRは基本的には企業のコミュニケーション活動の1つであり，広告と同様にメディアを用いたコミュニケーション手法が用いられる。また，それ以外にも，社内報や記者会見，ニュース・リリースや展示会等，さまざまなツールが利用される。

　また，近年ではインターネット上でのPR活動も大変重要になってきており，インターネット上でのPRを特にWebPRと呼ぶ場合がある。

(3) PRの素材

　PRの目的は，前述したようにステークホルダーとの良好な関係の構築・維持にあるわけだが，その達成のための具体的な主要手段は，情報開示である。従って，PR活動ではさまざまな企業活動について情報開示を行なうこととなる。

こうした情報には，①新製品・新サービス等の製品・サービスについての情報，②展示会やフェア等のSP活動についての情報，③販売実績や投資計画等の事業活動についての情報，④トップの交代等の人事情報，⑤決算等の財務情報，⑥各種イベント開催等の情報，⑦地域社会との交流会等の地域社会との活動情報，等がある。これらの情報を広く知らしめて組織をより良く理解してもらうことにより，良好な関係を維持することが可能となる。

(4) パブリシティ

パブリシティとは，メディアに自社及び自社製品を記事内や番組内で取り上げてもらう働きかけをすることである。広告枠を購入する広告と異なり，パブリシティによる扱いは原則として無料である。

パブリシティは，メディアという第三者による扱いとなるので，受け手にとって広告よりも高い信頼性がある。その為，扱われ方によっては強力な伝播力と影響力が期待できる。一方で，メディアが自社及び自社製品について必ず取り上げてくれるかの保証はなく，また取り上げられたとしても，その内容についてのコントロールはできない。しかしながら，コミュニケーション・ミックスにおけるパブリシティの重要性は非常に高くなってきており，積極的に活用されるようになってきている。

パブリシティの具体的な手段としては，①ニュース・リリース，②記者会見・記者発表，③発表会，等がある。ニュース・リリースは，郵送やファクス，電子メール等を用いた文書による通達であり，メディアの担当者に送付される。ニュース・リリースでは新製品の発表，記者会見や発表会の案内等が伝えられる。記者会見は会場を特設し，記者を集めて行なわれ，経営トップの交代や社会的に影響のある事件・事故等の発生時等に開かれることが多い。記者発表は各種記者クラブに手配して行なわれるもので，新製品や新技術の発表等に用いることが多い。発表会では新製品の発表や新しいマーケティング・キャンペーンの発表等が行なわれる。これらの手段は，その話題性や緊急性等を勘案して選択される。

マーケティング・キャンペーンと連動した，新製品に関するようなパブリシ

ティの場合は，大規模にかつ派手な演出で行なわれることが多くなってきている。こうしたマーケティング・キャンペーンとの関係性が強いパブリシティを「戦略的パブリシティ」，或いは，こうしたパブリシティを中心としたPRを「戦略的PR」「マーケティングPR」と呼ぶ場合がある。

(5) PRイベント

PRイベントは自主開催と各種イベントへのスポンサーシップでの参加の2つに大別できる。自主開催のPRイベントの例としては，展示会や工場見学等が挙げられる。またスポンサーシップの例としては，各種スポーツ大会や音楽コンサート等が挙げられる。各種イベントへのスポンサーシップでは参加者が生の体験をすることができるため，より深いリレーションシップを結ぶことが期待される。

4　ダイレクト・マーケティング

ダイレクト・マーケティングとは，メーカーや流通業者が無店舗販売形式で直接に消費者に販売することを言う。ダイレクト・マーケティングのツールとしては，ダイレクト・メール(DM)，カタログ，テレビ，ウェブ・サイト，モバイル等がある。消費者側から見れば，自宅を中心にどこでも買い物ができるという点は非常に便利であり，時間の節約にもなる。消費者はますます利便性を求めるようになっており，ダイレクト・マーケティングはその要望にちょうど適合している。ダイレクト・マーケティングは，ICT（情報通信技術）の発達の恩恵を享受しており，今後も成長が期待される。

【参考文献】

恩蔵直人・守口剛〔1994〕『セールス・プロモーション　その理論，分析手法，戦略』同文舘出版。

柏木重秋編著〔1998〕『マーケティング・コミュニケーション』同文舘出版。

Belch, G. E. and M. A. Belch〔2007〕*Advertising and Promotion: An Integrated Market-*

ing Communications Perspective 7th ed., McGraw-Hill.
Blattberg, R. C. and S. A. Neslin〔1990〕*Sales Promotion：Concepts, Methods, and Strategies*, Prentice-Hall, Inc.
Delozier, M. W.〔1976〕*The Marketing Communication Process*, McGraw-Hill.
Kotler, P. and K. L. Keller〔2009〕*Marketing Management 13th ed.*, Prentice-Hall, Inc.

(高畑　泰)

第7章
プロモーション2
―広告―

　本章では，プロモーションないしマーケティング・コミュニケーションの主要要素の1つである広告について概説する。

第1節　広告の概念

1　広告とは

　広告は時代の変化に応じて，刻々とその姿を変えてきた。従って，広告の定義もまた，その時代によって変わっていかなければならない。広告の定義はこれまでさまざまなものが提示されてきているが，ここでは広告を次のように定義する。
　「広告とは，明示された広告主による非人的メディアを用いたターゲット・オーディエンスに対する情報提供及び説得活動である。」
　この定義のポイントとしては次の4つが指摘できる。
　①　広告主を明示すること。
　②　ターゲット・オーディエンスの存在。
　③　非人的メディアを用いること。
　④　情報提供及び説得活動。
　①の広告主の明示については，広告には不可欠のものであるといえよう。誰が広告主か分からない広告はそもそも広告となり得ないからである。製品ブランドだけが表示されることもあるが，これもまた広告主の明示と同義である。

またこの定義では，広告主として，いわゆる一般の企業だけではなく，非営利団体や個人も広告主になり得ることを示している。②は，広告には必ず広告（メッセージ）を届けたいターゲットが設定されることを意味している。③は，広告は非人的メディアを必ず用いることを示している。④は，広告には大きく分けて情報提供と説得の2つの目的があるということを示している。情報提供活動とはターゲット・オーディエンスに新たな情報を提供することであり，説得活動とはターゲット・オーディエンスの態度変容を図ることである。

なお，以上のように広告の定義を示したが，広告は変化していくため，広告の定義もまた変化していくことを理解しておかなければならない。

2　広告の種類

広告はさまざまな方法で分類できる。広告は先ず，商業的か非商業的かで分けることができる。実際には世の中にある広告の殆どは商業的である。商業的広告は，被広告対象によって，製品広告と企業広告に分けられる。製品広告は個別製品の認知等，売上増加に直接つながるような目的であるのに対して，企業広告は企業の価値を高めることが主要目的である。企業のコミュニケーション活動をマーケティング・コミュニケーションとコーポレート・コミュニケーションに分けたとき，製品広告はマーケティング・コミュニケーションのツールとして，企業広告はコーポレート・コミュニケーションのツールとして捉えられることがある。

商業的広告はまた，広告の受け手によって，最終消費者をターゲットとする消費者広告と企業や組織をターゲットとするビジネス広告に分けることができる。最終消費者に比べて，企業の購買意思決定の方法は合目的的である等の違いがあるため，消費者広告とビジネス広告では広告戦略は大きく異なる。ビジネス広告は更に，メーカーを対象とする産業広告，流通業者を対象とする流通広告，医者や弁護士等の専門家を対象とする専門広告に分けられる。なお，流通業者の行なう広告を流通広告と呼ぶ場合もある。

一方，非商業的広告には公共の利益のための公共広告，政府による行政広告，

個人や組織が主義主張を知らしめるための意見広告，法令により定められた公示を行なう法定公告，等がある。

　広告はまた，ターゲットとする地理的範囲によって全国広告，地方広告，国際広告に分類することができる。全国広告は全国的に事業を展開する広告主によって用いられ，地方広告は地域密着型の中小メーカーや小売業者等によって用いられることが多い。国際広告は国際的に事業を展開する企業によって行なわれる広告である。

　メディア別の分類は，広告分類の中でも特に重要である。なぜなら，広告は利用される広告メディアによって特性が大きく異なるからである。広告主はそれぞれの広告メディアの特性を十分に理解する必要がある。広告メディアについては後述する。

　更に，広告は自動車広告や食品広告等具体的な広告対象や業界別に分類されることがある。また需要別に分類すると，業界内のある製品カテゴリーの需要全体を喚起するものを第一次需要広告，特定の製品の需要喚起のための広告を第二次需要広告と呼ぶ。

　PLC (product life cycle) は重要な概念であるが，このPLCの各段階別に導入期広告，成長期広告等のように分類することもある。また，コミュニケーション・スペクトラム[1]別に分類する場合もある。

　広告の表現方法にはさまざまなものがあるが，この表現方法による分類も可能である。先ず，人の理性に訴えかける理性広告と人の感情に訴える感情広告に大別することができる。また，徐々に情報を提供するティーザー広告[2]，競合他社の製品・ブランド等を直接引き合いに出す比較広告等も表現方法による分類の例である。

　最後に古典的な分類ではあるが，経済学者のマーシャル (Marshall, A.) は，広告の優れた側面，すなわち人々に正確に情報を伝える広告を建設的広告として

---

[1] コミュニケーション・スペクトラム (communication spectrum) とは，DAGMAR理論(後述)における広告の受け手と製品の関係の段階のことで，未知，認知，理解，確信，行為からなる。
[2] ティーザー (teaser) 広告とは，広告対象に関する情報を意図的に限られたものにして注目を集めるようにした広告のことを言う。自動車の新型車発表会に合わせて徐々に情報を開示していく等が典型的である。

評価する一方,人々に無理やり購入を押し付けるような広告を戦闘的広告と呼んで批判したことが知られる(Marshall〔1919〕)。このような広告に対する批判は現在でも見られる。

第2節　広告メディア

　広告メディアの特性は広告戦略に大きく影響する。メディアによって到達できるターゲットも必要な予算も表現方法も異なってくるからである。従って,広告メディアの特性を知ることは大変重要である。

1　我が国における広告メディアの状況

　我が国における広告メディアについては,(株)電通が毎年発表する調査がある。図表7-1は,メディア別に広告費を集計したものであるが,ここから広告メディア及びそれに対応する広告の分類が見て取れる。

　図表7-1ではマスコミ四媒体広告費として新聞,雑誌,ラジオ,テレビが分類され,衛星メディア関連広告費はテレビとは別項目となっている。また,インターネット関連広告費は媒体費と制作費を小分類している。近年,インターネット関連広告費は急速に伸びたが,ここにきて落ち着いてきた。なお,「プロモーションメディア広告」は以前はSP広告と呼ばれていたものである[3]。

2　各広告メディアの特性

(1)　マスコミ四媒体

　長らく広告メディアの主要メディアであった新聞,雑誌,ラジオ,テレビはマスコミ四媒体と呼ばれる。これらのうち新聞,雑誌を印刷媒体,ラジオ,テ

---

[3] 2007年に「日本の広告費」の推定範囲を2005年に遡及して改訂したことに合わせて変更された。

第 7 章 プロモーション 2 —広告— 91

図表 7-1 主要広告メディアと広告費

媒体／広告費	広告費(億円)			前年比(%)			構成比(%)		
	2008年(平成20年)	2009年(21年)	2010年(22年)	2009年(平成21年)	2010年(22年)		2008年(平成20年)	2009年(21年)	2010年(22年)
総広告費	66,926	59,222	58,427	88.5	98.7		100.0	100.0	100.0
マスコミ四媒体広告費	32,995	28,282	27,749	85.7	98.1		49.3	47.8	47.5
新　　　聞	8,276	6,739	6,396	81.4	94.9		12.4	11.4	11.0
雑　　　誌	4,078	3,034	2,733	74.4	90.1		6.1	5.1	4.7
ラ ジ オ	1,549	1,370	1,299	88.4	94.8		2.3	2.3	2.2
テ レ ビ	19,092	17,139	17,321	89.8	101.1		28.5	29.0	29.6
衛星メディア関連広告費	676	709	784	104.9	110.6		1.0	1.2	1.3
インターネット広告費	6,983	7,069	7,747	101.2	109.6		10.4	11.9	13.3
媒 体 費	5,373	5,448	6,077	101.4	111.5		8.0	9.2	10.4
広告制作費	1,610	1,621	1,670	100.7	103.0		2.4	2.7	2.9
プロモーションメディア広告費	26,272	23,162	22,147	88.2	95.6		39.3	39.1	37.9
屋　　　外	3,709	3,218	3,095	86.8	96.2		5.6	5.4	5.3
交　　　通	2,495	2,045	1,922	82.0	94.0		3.7	3.4	3.3
折　　　込	6,156	5,444	5,279	88.4	97.0		9.2	9.2	9.0
Ｄ　　　Ｍ	4,427	4,198	4,075	94.8	97.1		6.6	7.1	7.0
フリーペーパー・フリーマガジン	3,545	2,881	2,640	81.3	91.6		5.3	4.9	4.5
Ｐ　Ｏ　Ｐ	1,852	1,837	1,840	99.2	100.2		2.8	3.1	3.2
電 話 帳	892	764	662	85.7	86.6		1.3	1.3	1.1
展示・映像他	3,196	2,775	2,634	86.8	94.9		4.8	4.7	4.5

出所：株式会社電通ウェブ・サイト。

レビを電波媒体と呼ぶ。また，これらの媒体を用いた広告をそれぞれ新聞広告，雑誌広告，ラジオ広告，テレビ広告と呼ぶ。以下，各メディアについて説明する。

① 新聞は販売される規模によって全国紙と地方紙に分けられる。また，内容的に一般紙，スポーツ紙，専門紙等に分類される場合がある。日本では，宅配制度に支えられており，発行部数は世界的に見ても高い水準にある。但し，閲覧時間は減少傾向にある。

② 雑誌はターゲットを絞ることが可能なため，クラス性を持つ(その為，クラス・メディアと呼ばれる)。発行部数は減少傾向にあるが，出版点数は増加傾向にあり，ますますターゲットを絞り込む傾向にある。

③ ラジオは，その電波の種類によって，大きくFM放送とAM放送に分けられる。聴取率は大きく落ち込んできており，またデジタル化やインターネット経由等，さまざまな変革の波に晒されつつある。ラジオは自動車の運転中や作業中でも聴取可能であるのが特徴で，仕事中や勉強中にいわゆる「ながら聴取」されることが期待できる。また，ラジオはザッピング(頻繁にチャンネルを変えること)が少ないのも特徴であり，クラス性も持つ。

④ テレビには地上波放送，衛星放送，有線放送(ケーブル・テレビ)がある。視聴率は低下しつつあるが，それでも広告メディアとしては依然として非常に強力である。テレビは映像と音声による表現ができる上に，幅広い年齢層に到達できるという特徴がある。デジタル化によって双方向性も獲得した。テレビは今後もインターネットやその他のメディアと補完しながら最重要広告メディアの1つとして利用されていくと考えられる。

マスコミ四媒体の主な特性をまとめると図表7-2のようになる。信頼性はメディアそのものの信頼性であり，これはそのまま広告の信頼性へとつながる。反復性は繰り返し閲覧される可能性のことで，発行部数・出版部数以上の露出の可能性を示唆する。到達性はマス(大衆)に到達できる度合いであり，クラス性はターゲットを絞れるかどうかである。インパクト性は映像と音声による表現のできるテレビが抜きん出ている。

図表7-2 マスコミ四媒体の特性比較

	信頼性	反復性	到達性	クラス性	インパクト性
テレビ	○		◎		◎
ラジオ			○	○	
新聞	◎	◎	○		
雑誌		◎		◎	

出所：著者作成。

(2) OOH

OOHとは out of home の略で，家の外で接触するメディアの総称である。具体的には交通広告メディアと屋外(おくがい)広告メディアを意味することが多いが，それ以外にも携帯電話やスマートフォン経由でのインターネット・アクセス等，家の外で接触するメディアは全てこれに含まれる。

OOHの最大の特徴は，移動中に接触するメディアであるという点にある。その為，広告接触直後に購買行動に移る可能性がある。電車の中吊り広告の雑誌の広告を見て，すぐにその雑誌を駅の売店で購入するのはその例である。また，地理的にターゲットを絞り込めるのもOOHの特徴である。また，通勤・通学の経路に広告を設置・掲示することによって，反復接触が期待できる。

OOHによる広告の代表例は交通広告と屋外広告になる。交通広告とは，電車やバス，旅客機等の交通機関及びそれらの駅や停留所，空港等に設置・掲示される広告の総称である。一方，屋外広告には，屋上広告塔やポスターボード，電柱広告等が含まれる。大型の屋外広告はランドマーク的要素を持つ。

近年注目されているデジタル・サイネージは液晶パネル等の電子看板であるが，電車の車内や駅の構内，小売店舗の店頭やビルの壁面等，さまざまな場所での活用への取り組みがなされている。デジタル・サイネージはインタラクティブ性を含めることも可能で，また携帯電話やスマートフォンとの連携も可能であり，今後も利用が拡大することが見込まれる。

(3) その他のメディア

その他の媒体による広告には折込広告，DM，フリーペーパー・フリーマガジン，POP等がある。

① 折込広告は新聞折込広告を指しており，スーパーマーケットや不動産，人材募集等に多く用いられる。配布地域を細かく指定できるため，商圏の限定された小売業等にとって特に利用価値が高い。

② DM（ダイレクト・メール）の有効的な活用には顧客リストが欠かせない。郵送料やその他のコストを考えると，無作為に発送するのではなく，ターゲットを見込み顧客や既存顧客に絞る必要があるからである。また，突然のDMはマイナスのイメージを印象づけてしまう危険性もある。

③ フリーペーパー・フリーマガジンは，近年急速に伸びたメディアである。これは掲載する記事を有用なものとすることで人気を得ることに成功したためである。フリーペーパー・フリーマガジンは，ポスティングによる戸別配布や街頭による配布，駅等への配布ポスト設置等，さまざまな形で配布することが可能で，用途によりターゲットを絞ることが可能である。

④ POP（point of purchase）とは「購買時点広告」の意味で，主に小売店舗内における広告掲示物を指す。非計画購買が多いスーパーマーケット等では，特にPOPは重要である。

第3節 広 告 計 画

1 広告計画の流れ

広告活動はしっかりした計画の下で管理されなければ，十分な成果を得られない。広告計画の流れは図表7-3のようになっている。

① 状 況 分 析：状況分析では，一般的なマーケティング関連の分析に加えて，競合他社の広告出稿状況や表現戦略等，広告に関するより具体的な情報の収集が必要となる。また，自社製品についての詳細な情報も必要とな

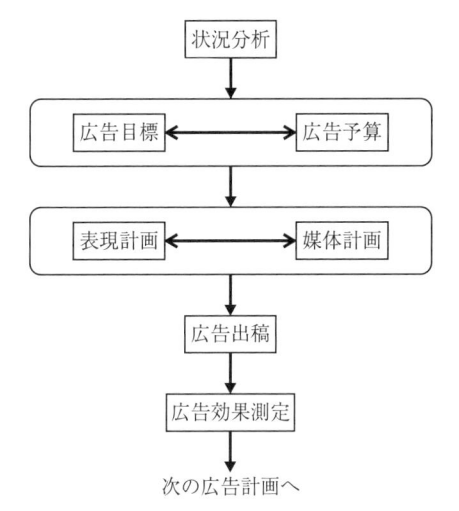

図表7-3　広告計画のプロセス

```
        状況分析
           ↓
   広告目標 ←→ 広告予算
           ↓
   表現計画 ←→ 媒体計画
           ↓
        広告出稿
           ↓
       広告効果測定
           ↓
      次の広告計画へ
```

出所：著者作成。

　　る。
② 広　告　目　標：DAGMAR（後述）によれば，測定可能な広告目標を立てることが必要である。具体的な数値でコミュニケーション目標を設定することが求められる[4]。
③ 広　告　予　算[5]：図表7-3において，広告目標と広告予算が並列になっているのは，それぞれが相互に大きな影響を及ぼすからである。広告目標を達成するために広告予算が組まれるのが理想ではあるが，実際には予算の制約がある場合が殆どである。その為，当該の広告予算で可能と考えられる広告目標に調整されることがある。
④ 表　現　計　画：表現計画は，伝えたい内容を具体的な広告の形に落とし込んでいく過程である。多くの場合，広告主は広告会社等の外部専門組織に制作を依頼することになる。表現方法はメディアによって異なるため，表現計画と媒体計画も図表7-3において並列となっている。

---

[4] 詳細については第6章第2節2「マーケティング・コミュニケーション目標の設定」を参照のこと。
[5] 広告予算の詳細については，第6章第2節3「予算の設定」を参照のこと。

⑤ 媒体計画：メディアの特性を考慮し，どのメディアを用いるかを選択するのが媒体計画である。ターゲット・オーディエンスにしっかりリーチ（到達）するために，複数のメディアを併用することが多い。その為，メディアを選択し組み合せるメディア・ミックス戦略の策定が必要となる。なお，マスコミ広告とインターネットでの広告活動を併用する場合は特にクロスメディアと呼ぶ場合がある。

⑥ 広告出稿：デジタル化が進み，以前に比べると広告の出稿は効率的になった（媒体社側にとっては広告の入稿である）。一方，媒体社は契約した広告をきちんと露出することが非常に大切である。契約の不履行は媒体社の信用問題に関わるものだからである。

⑦ 広告効果測定：広告の効果測定はDAGMAR理論においても重要視されているが，近年の「広告のアカウンタビリティ」[6]への要請の流れを受けて，ますます重要なプロセスとなってきている。

2　DAGMAR

DAGMARとは，1961年，全米広告主協会（ANA）の依頼によりコーレイ（Colley, R. H.）によって書かれた報告書「Defining Advertising Goals for Measured Advertising Results」の頭文字から取ったものである。このタイトルは「測定可能な広告成果において広告目標を定めること」という意味である。

DAGMARにおいて最も重要なのは，広告目標をコミュニケーション目標として測定可能な具体的な数値で設定することを主張した点にある。DAGMAR以前は広告の効果を売上高として捉えることが主流であった。しかし実際には，売上高はその企業のあらゆるマーケティング努力の最終的な成果であり，売上高で広告の効果を計ることには無理がある。そこで，測定可能なコミュケーション効果を目標として設定し，広告活動を評価すべきだとしたのである。

また，DAGMARでは，①ターゲット・オーディエンスをしっかりと定義す

---

[6] アカウンタビリティとは直訳すれば「会計責任」であるが，「説明責任」と意訳される。広告のアカウンタビリティとは，広告活動の内容や結果について説明する責任のことである。

ること，②目標達成のための期間を事前に明らかにしておくこと等についても示されている。DAGMAR理論は広告管理に合理性を与え，現在に至るも大きな影響を与え続けている。

第4節　広告主と広告会社

　広告主と広告会社は広告活動における主要プレーヤーである。広告主と広告会社は殆どの場合協働して広告を作り上げる。ここでいう広告（advertising）とは単なる広告物（advertisement）の制作のことではなく，広告活動全体のことである。更に言えば広告主と広告会社はマーケティング・コミュニケーション戦略やマーケティング戦略についても連携しつつある。

1　広　告　主

(1)　広告主とは

　広告主には，あらゆる企業や組織，或いは個人がなり得る。そして，実際のところ，ほぼ全ての企業が広告主であるため，「広告主」を一般論で語ることは余り意味がない。その広告主の属する産業によっても，経営規模によっても，または戦略や目的によっても，状況は大きく変わってしまうからである。

　例えば，広告部門1つを取ってみても，それぞれの企業で全く異なる。広告部門が独立した部門である場合もあれば，営業部門内に設置されていたり，企画室に属していたり，広報部門と併設であったり，更に巨大企業では広告部門が複数あったりする。このような違いは経営規模や所属産業の特性等により生じるものであり，理想的な広告活動の管理組織を1つだけ提示することはできない。

　一般的に，広告管理の責任をプロダクト・マネジャー等の下部組織へと委譲することによって，1つの製品についてのマーケティング・コミュニケーション活動の統合化が期待できる。その一方で，企業全体の統一性が失われる可能

性が高くなる。反対に，トップ・マネジメントに近い部門が統括的に広告を管理する場合，企業全体のコミュニケーション活動に統一性を持たせることが期待できるが，個々の製品におけるマーケティング・コミュニケーション戦略を細かく管理することが難しくなる。結果，広告部門のデザインは，その企業の戦略の方向性を大きく反映することになる。

(2) 広告部門の職務

このように広告部門はさまざまな形態をとるわけだが，広告部門に課せられる職務については，ある程度一般化することができる。広告部門の職務は，大きく分けて3つある。①広告計画の立案及び実行，②組織内部との連携，③外部組織との連携である。

広告制作に代表されるように，広告活動は専門性が非常に高い。その為，組織内部に対しては，広告活動についての理解を求める必要があり，また，社内の他の部門との連携を促していく必要がある。一方，その専門性の高さ故に外部の専門企業に依存する割合が高い。その為，外部組織との連携は不可欠である。すなわち，広告部門は広告計画を自ら遂行するだけでなく，マーケティング部門を始めとする社内の他の部門と広告会社を中心とする外部企業との間をつなぐパイプ的な役割も果たさなければならないのである。

2 広告会社

広告会社には，大きく分けて，総合広告会社，専属広告会社，専門広告会社があり，更に，広告制作会社やメディア・バイイング会社，イベント会社等のさまざまな広告関連企業がある。

(1) 広告会社の存在意義

主要広告会社は広告代理業から出発し，広告制作やマーケティング・リサーチ等のさまざまな機能を提供する総合広告会社として発展してきた。広告会社の存在意義としては，①取引総数の最小化，②媒体社のコスト削減と効率化，

③広告主のコスト削減と効率化，④広告会社の金融機能，⑤広告会社の「品揃え」機能が挙げられる。[7]

これらのうち，①は卸売業の「取引総数最小化の原理[8]」と同じ理屈であり，広告主と広告媒体社の間に中間業者である広告会社が存在することによって，マクロ的に見て，総取引数を削減することができるということである。②と③は，広告会社が媒体社と広告主の双方の代理業務を行なうことからきている。④は，広告主，広告媒体社双方に経営の安定をもたらす。⑤は，広告会社が広告主の求める多様な広告サービスに応えてきた結果，広告サービスの多様な品揃えがなされるようになったということである。

更に，近年の広告会社は単なる代理業務だけでなく，自ら新しい提案を広告主，広告媒体社の双方に行なうようになってきている。[9]

(2) 広告会社の組織

広告会社は上記のように，広告主と広告媒体社の双方の代理業務を行なう。更に，広告制作を行ない，他のサービスも提供する。その為，これらを実現するために広告会社の組織は大きく5つの部門に分けることができる。具体的には，①広告主に対する広告会社の窓口であり，また社内スタッフのまとめ役でもある営業部門，②媒体社との交渉を行なうメディア部門，③広告の企画・制作を行なうクリエイティブ部門，④調査・研究を行なうマーケティング部門，⑤SPやPR，更にはその他のサービスを提供するためのその他の部門である。以下，説明する。

① 営業部門：広告会社の営業担当者はアカウント・エグゼクティブ（account executive：AE）とも呼ばれ，広告主に対する広告会社の窓口となる。広告会社のAEは一般的な営業だけでなく，実際に広告業務をプロデュースする。従って，広告主側から見れば，営業担当者が広告会社側の責任者

---

[7] 岸他〔2008〕pp. 65–67（第3章第1節：田中洋執筆分）による。
[8] 取引総数最小化の原理とは，生産者と消費者が直接に取引をする場合よりも両者の間に中間業者が介在する場合の方が，取引回数が全体として削減され，流通費用を減らすことができるというものである。特に卸売業者の存在意義を説明するために用いられる。
[9] これがかつての「広告代理店」の呼称から「広告会社」に変わった理由である。

となる。このような仕組みをAE制と呼ぶ。なお,AE制度は本来,一業種一社制[10]を基本としているが,日本では媒体社との関係が重視されてきた結果,完全なAE制とはならなかった。従って,これを日本型AE制と呼ぶことがある。ところで,年々,広告会社の営業担当者には多くのことが求められるようになってきている。これは,広告制作管理自体が高度化している上に,広告会社が広告だけでなく,さまざまなサービス(SPやPR,或いは製品の企画提案まで)を提供するようになり,それらを統轄する能力が営業担当者に求められるようになってきているからである。例えば,調査力や企画力に優れ,クリエイティブにも精通している営業担当者をアカウント・プランナーと呼ぶ場合がある。アカウント・プランナーは現場で求められていることは確かであるが,アカウント・プランナーには個人レベルでの高い能力が求められるため,組織的に安定的に人材を育成・確保することが大きな課題となっている。

② メディア部門:この部門は,メディア・バイイング(広告出稿枠の確保や掲載料金の交渉)が主要職務である。また,それぞれの広告主に最適なメディア・ミックスやビークル[11]選択等を提案する(メディア・プランニング)等,メディアに関する専門部署である。従って,メディア部門では広告主と媒体社の双方にメリットがあるように調整する。日本では,マス・メディアの広告出稿枠の確保能力が広告会社の優劣を決める要素の1つとなっている。

③ クリエイティブ部門:広告主の意向を具体的な広告の表現に置き換える部門である。文章を考えるコピーライター,デザインを担当するアートディレクター,CMの企画をするCMプランナー等,作業は分業化されている。また,外部の企業(広告制作会社)と共同作業を行なうことも多い。その為,クリエイティブ全体を統轄管理するクリエイティブ・ディレクター(CD)は,外部企業との調整役という役割も担う。

---

[10] 例えば一業種につき一社とだけ広告業務を行なうことを言う。例えば,ビール業界で一社と契約した場合,他ビール・メーカーとは業務契約を一切しない。
[11] ビークル(vehicle)は,メディア・ビークルとも呼ばれ,個別銘柄媒体を指す。新聞媒体ではA新聞,B新聞,テレビ媒体ではC局,D局がこれに当たる。

④ マーケティング部門：広告会社におけるマーケティング部門は，広告計画のためのマーケティング・リサーチを中心とした研究を行なう部門であったが，最近ではブランディングやメディア・プランニングについて，広告主と協働するようになってきている。
⑤ その他の部門：広告主は広告会社に対して，これまで以上のことを求めるようになってきている。これに対応するために広告会社ではサービスの提供の範囲をますます広げつつある。SPやPR等のサービスはその典型である。また，急速に浸透しつつあるインターネット広告への対応もまた，これに含まれる。

3 広告主と広告会社の関係

(1) 広告主と広告会社の取引

広告の制作は広告主と広告会社及びその他関連会社の連携の下で行なわれる。例えば，一般的なテレビCMの制作プロセス及び広告主と広告会社（更に広告制作会社）の作業内容は図表7-4のようになっている。

図表7-4を見て分かる通り，広告主と広告会社は細かく連絡を取り合い，それぞれのステップで確認を取りながら作業を進めていく。なお，企画段階で複数の広告会社が競合する場合，プレゼンテーションはコンペ（コンペティション）となる。コンペでは一社のみが選ばれるため，競争は激しいものとなる。また，コンペに負けた広告会社は企画段階での費用を回収できないことになる。

(2) 深まる広告主と広告会社の関係

広告主が広告会社に望むサービスが多くなっていくに従って，そして広告会社が提供するサービスが増えるに従って，ますます広告主と広告会社の関係は密接になっている。単に広告枠の確保と広告の制作だけであれば，単発的な取引の連続である。しかし，マーケティング・リサーチや製品開発，ブランディングや広告以外のマーケティング・コミュニケーション・ツールの開発と提供等，深くて広い作業を担当するようになり，広告主のマーケティング戦略に深

図表7-4　テレビCM制作プロセスの例

	制作のプロセス	広告主		広告会社		広告制作会社
企画	オリエンテーション	依頼・説明	⇔	質問		
	↓ 広告会社内スタッフの編成			決定	⇔	（決定）
	↓ 表現コンセプト（What to say）の作成			決定	⇔	（協力）
	↓ 表現方法（How to say）の作成			決定	⇔	（協力）
	↓ 企画コンテの作成			決定	⇔	（協力）
	↓ プレゼンテーション	質問	⇔	説明	⇔	（協力）
	↓ 受注（発注）	発注	⇔	受注		
制作準備	制作会社と制作スタッフの決定			発注	⇔	受注
	↓ 演出コンテの作成			指示・確認	⇔	作成
	↓ オールスタッフ・ミーティング			説明・調整	⇔	質問・確認
	↓ 第1次PPM（プリ・プロダクション・ミーティング）	修正・変更	⇔	説明・調整	⇔	説明・調整
制作	↓ 撮影	立会	⇔	確認	⇔	実作業
	↓ オフライン編集（仮編集）			確認	⇔	実作業
	↓ 第2次PPM（ポスト・プロダクション・ミーティング）	修正・変更	⇔	説明・調整	⇔	説明・調整
	↓ オンライン編集（本編集）	立会	⇔	確認	⇔	実作業
	↓ 音楽録音と音入れ作業	立会	⇔	確認	⇔	実作業
	完成試写	確認	⇔	試写		
	↓ 納品	検品・受領	⇔	納品		

出所：松本〔2008〕p. 126 図表9-2。

く関与するようになってきている。

　このようになると広告主側にも相応の対応が求められるようになる。広告戦略だけでなくマーケティング・コミュニケーション戦略全体を広告主が統合的に管理しなければ，広告会社のサービスを十分に活用することができない。

　また，市場競争の激化から，企業ブランドの統一的なイメージ戦略を志向する企業も増えている。この場合，担当する広告会社が製品毎に異なっていては不都合である。このような企業では，企業全体のマーケティング戦略やマーケティング・コミュニケーション戦略を統轄する部門が存在する筈で，広告会社もまたこれに対応しなければならない。広告主と広告会社は相互に影響し合い，次なるステップへと進んでいかなければならないのである。

　そして，取引は一過性のものではなく，リレーションシップを重視しなければならない。広告主も広告会社も中長期的な視野を持ち，パートナーとしての絆を築き上げていかなければならない。

【参考文献】

岸志津江・田中洋・嶋村和恵〔2008〕『現代広告論〔新版〕』有斐閣。
小林太三郎〔1983〕『現代広告入門』ダイヤモンド社。
立山敏男・伊東洋彦〔1997〕「日本の広告業界」（小林太三郎，嶋村和恵監修『新版新しい広告』電通，第8章所収，pp. 193-215）。
松本大吾〔2008〕「広告表現の企画と制作」（石崎徹編著『わかりやすい広告論』八千代出版，第9章所収，pp. 116-133）。

Colley, R. H.〔1961〕*Defining Advertising Goals for Measured Advertising Results*, ANA.
Marshall, A.〔1919〕*Industry and Trade*, Macmillan.

株式会社電通　http://www.dentsu.co.jp/

　　　　　　　　　　　　　　　　　　　　　　　　　　　　（高畑　泰）

第8章
戦略的マーケティング
―市場戦略とマーケティング―

　戦略的マーケティング(strategic marketing)は，企業の全社レベル・事業レベルでの市場戦略を対象とするものである。本章では，戦略的マーケティングの概要について整理し，企業の多角化戦略やPPM，競争戦略などについて解説する。

第1節　戦略的マーケティングの概要

　戦略的マーケティングには，幅広いテーマ領域が含まれるが，企業の成長戦略や活動領域の画定，事業ミックスの編成と資源配分，事業毎の戦略策定などが主要テーマとなっている。戦略的マーケティングは個々の製品のレベルではなく企業の全社レベル・事業レベルの市場戦略を対象としている。その為，従来からこの経営レベルの戦略論を担当してきた企業戦略論，経営戦略論との重複・融合が著しいものとなっている。例えば，PPMやポーター(Porter, M. E.)流の産業組織論的な競争戦略の取り扱いについては，経営戦略論も戦略的マーケティングも全く同一である。

　市場戦略の観点では，企業の戦略階層は，以下のように企業戦略，事業戦略，製品戦略の3層に区分される。

(1) 企 業 戦 略

　企業戦略(corporate strategy)は，主に企業ドメイン(corporate domain)[1]に関わる戦略である。企業ドメインは，企業が社会の中で果たす活動領域，生存領域を

指す。企業ドメインの決定は，3つの方向性でなされる。水平的，垂直的，地理的方向である。

① 水平的方向：いかなる事業に進出するかである。1つの事業にのみ特化して成長を図る戦略を専業戦略と呼び，異なる事業に進出していくことで複数の事業を持つ戦略を多角化戦略と言う。専業戦略を採っている企業は専業企業，多角化戦略を採っている企業は多角化企業と呼ばれる。

② 垂直的方向：事業には，例えば，原材料→部品・半製品→最終組立→卸売流通→小売流通というように垂直的段階が存在する。垂直的方向におけるドメインの決定とは，どの段階を自分の事業とするかである。企業が同一事業の異なる垂直段階に進出することは垂直統合（vertical integration）と呼ばれる（部品・半製品，原材料方向への垂直統合を後方統合，その逆方向への垂直統合を前方統合と呼ぶ）。

③ 地理的方向：事業を行なう国や地域を拡大していくことである。地理的方向に自社の成長の方向性を見い出すものである。典型的には国際化と捉えられる。例えば，専業企業であっても，国や地域毎に事業の発展段階が異なる場合は，国際化を進めることで本国での事業の成熟化や衰退から逃れることができる。

(2) 事業戦略

事業戦略（business strategy）は，事業単位の戦略である。専業企業であれば，企業戦略と事業戦略は一致することになる。多角化企業であれば，保有する事業単位毎にそれぞれ事業戦略が必要となる。事業戦略では，特定の業界なり事業分野でいかに競争するかが主要なテーマとなる。その為，しばしば競争戦略（competitive strategy）が事業戦略の中核として扱われることになる。

---

[1] 事業ドメインとして説明されることもある。ここでは事業ドメインの上位概念として企業ドメインを置いている（全社レベル→企業ドメイン，事業レベル→事業ドメイン）。また，戦略ドメイン，市場ドメイン等とも表現される。

(3) 製品戦略

製品戦略(product strategy)は，典型的にはターゲット市場に個別の製品を提供するための戦略である。通常のマーケティングはこの戦略レベルにおいて主に展開されているものである。

戦略的マーケティングは，全社レベル・事業レベルに関わるものであるので，上記の企業戦略・事業戦略に該当する内容が課題領域となっている。

第2節　多角化戦略とPPM

企業がゴーイング・コンサーン[2]として存続し続けるためには，基本的には現状維持か成長かのどちらかを選択しなければならない。この場合，専業戦略では企業の存続は脆弱なものとなるリスクがある。1つの事業だけでは，環境変化に弱く，事業の不振がしばしば企業の存続の危機に直結することになるからである。その為，事業の複数化を進める多角化戦略がしばしば推進されることになる。

1　多角化戦略

多角化(diversification)とは，複数の事業を持つことで企業の成長や拡大を図る手段である。多角化戦略を推進することは本業とは異なる事業に進出し，運営していくことであるので，多角化自体もさまざまな困難を伴う。しかし，複数の事業を持つことは，企業の存続基盤を複数持つことを意味しており，これは大きなリスク分散になる[3]。

多角化戦略には，その方法として幾つかの基本タイプがあり，量的な程度と

---

[2] ゴーイング・コンサーン(going concern)は「継続企業の前提」「企業の存続可能性」などと訳される。企業が将来に渡って事業を継続していくという企業経営上の前提を指す。
[3] 垂直統合の場合は，異なる垂直段階に進出しても，結局は最終市場が同じである。その為，水平的方向での事業展開である多角化戦略ほどはリスク分散にはならない。

共に質的な差異も勘案した戦略類型が考案されている。量的な程度とは、多角化した各事業がそれぞれどの位の売上高比率を持つかを指し(最大の売上高を持つ事業の比率が本業比率である)、質的な差異とは、主に既存事業との関連性の有無と程度を指す。関連性はしばしばシナジー(synergy)と呼ばれる。シナジーとは経営資源を複合利用・多重利用できることを指している。

多角化戦略ないし多角化企業の類型には、代表的なものにルメルト(Rumelt, R. P.)の分類がある(図表8-1参照)。ルメルトは以下のように4種の類型を提示している(更にサブ・カテゴリーに分けられる)[4]。

① 単一事業企業:基本的に単一の事業だけを運営している企業。
② 主力事業企業:ある程度の多角化はしているものの、収益の大部分を単一事業部分から得ている企業。4つのサブ・カテゴリーに分類される。
a) 垂直的−主力企業:各種の最終製品を生産・販売する垂直的統合企業である。
b) 抑制的−主力企業:主力活動と関連した何らかの特定の強みや技術、資源に基づいて多角化した非垂直的主力事業企業。多角化活動の大部分は全て相互に関連しているか、或いは主力事業と関連している。
c) 連鎖的−主力企業:幾つかの異なる企業上の強み、技術、資源に基づいて多角化した非垂直的主力事業企業。多角化活動の大部分は主力事業と直接の関連はないが、各事業部門は他の何れかの事業部門と何らかの関連を有している。
d) 非関連的−主力企業:非垂直的主力事業企業であり、多角化活動の大部分は主力事業と関連性がない企業。
③ 関連事業企業:多角化した非垂直的企業であり、新事業を旧事業部門に関連づけている企業。2つのサブ・カテゴリーに分類される。
a) 抑制的−関連企業:主として新事業をある特定の中心的な技術や資源に関連づけることで多角化した関連事業企業。各事業活動は他の殆ど全ての

---

[4] 以下は、Rumelt〔1974〕訳書 pp. 42-43による。それぞれは、①垂直統合の程度を示す垂直率、②本業比率を示す専門化率、③関連性(シナジー)の程度を示す関連率を用いて厳格に区分される。また、取得型コングロマリット企業の条件にも詳細な定義がある。ここでは、分類の概要を紹介している。

図表 8-1　多角化企業の分類

多角化企業類型	サブ・カテゴリー
①単一事業企業	な　し
②主力事業企業	a) 垂直的－主力企業 b) 抑制的－主力企業 c) 連鎖的－主力企業 d) 非関連的－主力企業
③関連事業企業	a) 抑制的－関連企業 b) 連鎖的－関連企業
④非関連事業企業	a) 取得型コングロマリット企業 b) 受動的－非関連事業企業

出所：Rumelt〔1974〕訳書 pp. 42-43 より筆者作成。

事業活動と関連している。
b) 連鎖的－関連企業：既に企業が所有している強みや技術を新事業に関連づけることで多角化した関連事業企業。
④ 非関連事業企業：現行事業と関連性のない新事業によって多角化している非垂直的企業。
a) 取得型コングロマリット企業：関連性のない新事業を吸収することを目的とした攻撃的なプログラムを有する非関連事業企業。
b) 受動的－非関連企業：取得型コングロマリット企業とはみなされない非関連事業企業。

上記の分類において，「抑制的・連鎖的」の語は多角化における関連性（シナジー）のパターンの差異を示している。抑制的な場合は多角化事業間のシナジーが（本業を中心にして）相互に確保されていることを，連鎖的な場合はシナジーが隣接する事業間では確保されていることを指している。

多角化事業間のシナジーの強弱とリスク分散とは，しばしばトレード・オフの関係にある。シナジーが全くないと新事業に対する資源やスキルが不足し，企業は容易には競争優位を得られないことになる。しかし，緊密なシナジーがある事業群の場合は，それだけ関連性が強いことを意味するので，特定の環境

2　PPM[5]

多角化企業は全社的な視点から個々の事業の位置づけを明確にすると同時に，どのような優先順位に従って限られた経営資源を個々の事業に配分していくかを決定しなければならない。この観点で考案された手法が，PPM（product portfolio management）である。

PPM は，多角化企業における資金創出・配分手法であって，主に BCG（Boston Consulting Group）などの経営コンサルティング会社によって考案され導入されたものである。評価を少数の分析軸に集約することや視覚化図を用いることが特徴となっている。PPM では，各事業や SBU（strategic business unit：戦略事業単位）[6]は何らかの分析軸で評価され，視覚化図上にプロットされてそれぞれに投資育成，維持，収穫[7]，退出といった基本投資戦略が付与されることになる。

代表的な PPM として，BCG によって考案された BCG チャート[8]が知られている（図表 8-2 参照）。これは，縦軸に市場成長率，横軸に相対的マーケット・シェアをとって描かれる（市場環境，自社の競争力を縦軸・横軸それぞれ単一の変数に代表させている）。縦軸の理論前提は PLC，横軸の理論前提は経験曲線効果である。両者を総合して「高マーケット・シェアと低市場成長率が，コスト優位とキャッシュ・フロー創出を導く」という論理が導かれる。多角化企業の各事業（SBU）は 4 つの象限（セル）毎に①金のなる木，②スター，③問題児，④負け犬というユニークな呼称が与えられる。それぞれについて以下，説明する。

---

[5] PPM についてのここでの説明は，小宮路〔2006〕pp. 5-9（問題編），pp. 2-4（解答編），Day〔1975〕に依拠している。

[6] SBU は主に多角化企業の戦略策定対象となる区別単位を指す。通常は，複数の事業部ないし単独の事業部で構成されるが，戦略の区別単位になりさえすれば製品群や製品単位，ブランド単位で構成しても良い。

[7] 収穫は，追加投資を全く行わず放置することである。市場ポジションは次第に悪化するが，追加投資をしないので資金創出に寄与する状態を当面は確保できる。

[8] BCG4 セル・マトリックス，BCG マトリックス，BCG ポートフォリオ・チャート，BCG の事業ポートフォリオ・マトリックス，或いは単に BCG 図などさまざまに呼ばれている。

第 8 章　戦略的マーケティング―市場戦略とマーケティング―　　111

図表 8-2　BCG チャート

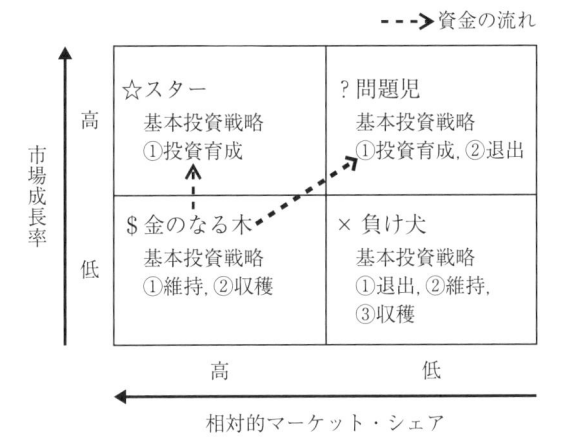

	高 ← 相対的マーケット・シェア → 低	
市場成長率　高	☆スター 基本投資戦略 ①投資育成	？問題児 基本投資戦略 ①投資育成,②退出
市場成長率　低	＄金のなる木 基本投資戦略 ①維持,②収穫	×負け犬 基本投資戦略 ①退出,②維持, ③収穫

---▶ 資金の流れ

出所：アベグレン，ボストン・コンサルティング・グループ〔1977〕p. 71
図 1 及び Day〔1975〕p. 9 Figure3 を参考に筆者作成。

(1) 金のなる木

　金のなる木(cash cow)は，市場成長率は低く，相対的マーケット・シェアは高い事業である。PLC において成熟期ないし衰退期初期と判断される市場を対象としているが，競争力は高い事業と判断される。市場自体の発展はもはや見込めないが，売上高は大きく，現時点では企業にとって収入の中核となっている。金のなる木に対する基本投資戦略としては，現在の市場地位を「維持」するか場合によっては「収穫」することになる。資金面では，①低成長市場であるので資金需要は小さく，②高マーケット・シェアであるので経験曲線効果が働き，低コスト構造が実現されているという特性がある。それ故，売上高の大きさと相まって，資金を大量に産み出す事業と位置づけられる。金のなる木から産み出された資金は，スター及び選別された問題児に投入されることになる。[9]

(2) スター

　スター(star)は，市場成長率は高く，相対的マーケット・シェアも高い事業で

---

[9] 他に新規事業立ち上げのための R&D 費用として投入されることになる。Day〔1975〕p. 8 を参照されたい。

ある。成長期と判断される市場を対象としており，しかも競争力の高い事業と判断される。市場の更なる発展が見込め，売上高も大きい。スターに対する基本投資戦略は，「投資育成」である。市場の成熟と共に次世代の金のなる木へと移行していくことが期待されている。資金面では，①売上高は大きいが，②高成長市場であるので資金需要も非常に大きく，③高マーケット・シェアであるが，市場が若く経験曲線効果の発動が十分ではないために低コスト構造には転換し切れていないという特性がある。それ故，資金面では収支がかろうじて均衡するか，資金不足に陥りがちな事業と位置づけられ，金のなる木からの資金の投入が行なわれる。

(3) 問 題 児

問題児(problem child)は，市場成長率は高いが，相対的マーケット・シェアは低い事業である。成長期と判断される市場を対象としているが，競争力は低い事業と判断される。疑問符(question mark)とも呼ばれる。市場は魅力的であるが，シェアは低く，売上高も小さい。この状態が継続すれば市場の成熟と共に負け犬へと転落していくことになる。問題児に対する基本投資戦略としては，選択的投資が行なわれる。すなわち，資金を投入してシェアを上げ，スターにして次世代の金のなる木となっていく道筋を追求する「投資育成」か，見切りを付けて市場から撤退する「退出」が行なわれる。資金面では，①高成長市場であるので資金需要は非常に大きいが，②それを賄うだけの資金は到底産み出せないという特性がある。それ故，常に深刻な資金不足状態にある事業と位置づけられる。投資育成に値すると選別された問題児には金のなる木からの資金の投入が行なわれることになる。

(4) 負け犬(dog)

負け犬(dog)は，市場成長率は低く(時にマイナス成長である)，相対的マーケット・シェアも低い事業である。成熟期ないし衰退期と判断される市場を対象としており，しかも競争力の低い事業と判断される。市場自体の発展はもはや見込めないし，売上高も小さい。負け犬に対する基本投資戦略は「退出」を基

本とし，時に「維持」「収穫」が行われる。資金面では，①低成長市場であるので資金需要は小さく，②低マーケット・シェアであるので低コスト構造は実現されていないという特性がある。売上高も小さく，低い水準で収支が均衡しているか，資金不足の状態にあるのが通常である。

　BCGによるPPMに対しては，①4セル図の単純さと共に②チャートの縦軸，横軸が単一の変数に代表されていること（例えば，市場環境は市場成長率だけでは判断できない）に批判が寄せられた。これに対して，GE（General Electric）では，GEグリッドと呼ばれる9セルのマトリックス図を考案し，導入したことが知られている。GEグリッドは，縦軸に「産業魅力度」，横軸に「事業の強み」[10]をとって描かれる。2つの軸は何れも市場要因，競争要因，技術要因，財務・経済要因などの諸変数を加重して作る合成尺度である。GEグリッド上にプロットされる各事業は，総合的魅力度高位の事業がGreen，中位がYellow，低位がRedに区分される（それぞれ青色事業，黄色事業，赤色事業とも称する）。

第3節　競　争　戦　略

　戦略的マーケティングにおける競争戦略は，事業レベルにおける戦略論である。多角化企業同士の競争は形式的には成立しても，実際の競争戦略は事業レベル（或いは製品レベル）で考えないと意味をなさない。市場で直接に競合していないとマーケット・シェアの争奪戦とはならないからである。この節では，①ポーターの競争分析と②コトラー（Kotler, P.）の競争地位類型の2つを取り上げ，説明する。

---

[10] 事業の強みは，事業地位，競争地位として説明されている場合もある。ここでは，GEのオリジナルに従い，事業の強みとしている。

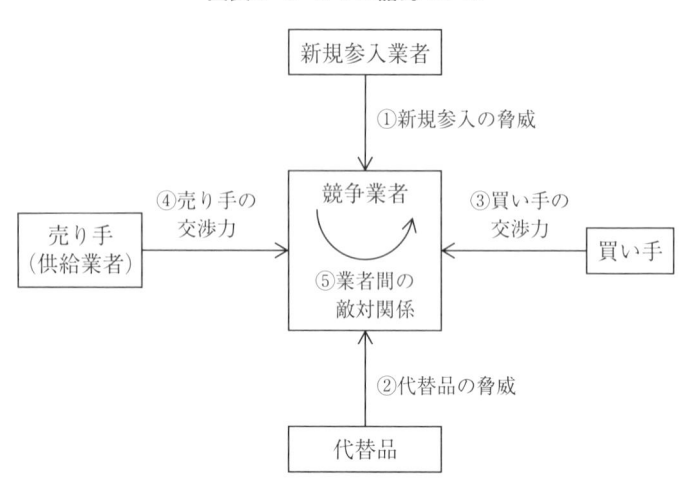

図表 8-3　5 つの諸力モデル

```
                    ┌──────────────┐
                    │  新規参入業者  │
                    └──────┬───────┘
                           │ ①新規参入の脅威
                           ↓
┌─────────┐  ④売り手の   ┌──────────┐  ③買い手の   ┌────────┐
│  売り手  │  交渉力      │ 競争業者  │  交渉力      │ 買い手 │
│(供給業者)│ ───────→   │          │  ←───────  │        │
└─────────┘              │ ⑤業者間の │              └────────┘
                         │  敵対関係 │
                         └─────┬────┘
                               ↑ ②代替品の脅威
                         ┌──────────┐
                         │  代替品   │
                         └──────────┘
```

出所：Porter〔1985〕訳書 p. 8 図表 1.1 を一部改変。

1　業界構造分析と 5 つの諸力モデル

ポーターは，産業組織論的な観点から業界の競争構造分析を行ない，業界の競争状況を規定する 5 つの要因を提示した[11]。これは「5 つの諸力モデル（five forces model）」と呼ばれる（図表 8-3 参照）。

① 新規参入の脅威：新規参入の脅威の度合いは業界の参入障壁によって規定される。参入障壁の源泉には，製品差別化の程度，規模の経済の大小，必要初期投資の大小，供給・販売チャネルへのアクセス度，政府規制の有無，退出障壁の程度などが挙げられる。

② 代替品の脅威：代替品の価格面での優位性，代替品への変更コストの大小などによって規定される。

③ 買い手の交渉力：買い手の数と製品差別化の程度，取引相手を変更するコストの大小，業界内企業の前方統合の脅威の度合い，買い手の後方統合の脅威の度合いなどによって規定される。

---

[11] 5 つの要因の説明は，Porter〔1985〕訳書 p. 9 図表 1.2 を参照している。

④ 売り手(供給業者)の交渉力：売り手の数と製品差別化の程度，取引相手を変更するコストの大小，業界内企業の後方統合の脅威の度合い，売り手の前方統合の脅威の度合いなどによって規定される。
⑤ 既存業者間の敵対関係：業界内の競争が厳しいものになるかどうかは，業界の成長率，競合者の数と製品差別化の程度，取引相手を変更するコストの大小，競合者の多角化の程度，退出障壁の程度などによって規定される。

　ポーターは，上記の参入障壁の概念を業界の内部構造分析へ直接に適用し，移動障壁の概念を得ている。つまり，移動障壁が低い場合は，業界全体での競争が激しくなり，高い場合は，業界全体ではなく移動障壁内での競争が専らとなる。また，同じ移動障壁内に存在する企業群を戦略グループと言い，これらの企業群は移動障壁の存在故に一貫した戦略を追求しているとされる。企業は戦略グループ間の競争と自身の属する戦略グループ内での競争を識別して，それぞれの競争戦略を考えることになる。

2　一般競争戦略

　ポーターは，業界の競争構造分析を行なうと共に3つの一般競争戦略を提示している。相反する①コスト・リーダーシップ(低コスト)戦略と②差別化戦略の一般戦略であり，加えて，競争スコープ(戦略ターゲットの幅)を絞り込み，特定の顧客層や製品の種類，市場等，より限られたターゲットに経営資源を投入し，競争優位を構築する③集中戦略である(図表8-4参照)。

　一般競争戦略で留意すべきは，企業は，コスト・リーダーシップ戦略と差別化戦略のどちらか一方に特化せねばならないことである(但し，集中戦略はそれぞれと両立可能とされる。図表8-4の3A，3B)。その理由は，基本的には，コスト・リーダーシップ戦略は製品の徹底した標準化などで低コストを追求し，差別化戦略は製品仕様や製品アイテム数の増加やこれらに対する個別プロモーションなどで必然的にコスト増をもたらすからである。加えて，それぞれの一般戦略に適した組織・管理システムが根本的に相対することによるものである。

図 8-4　一般競争戦略

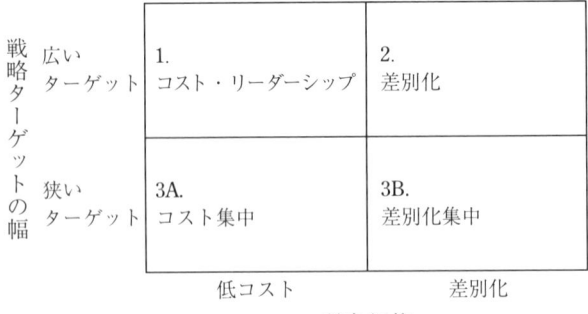

		競争優位	
		低コスト	差別化
戦略ターゲットの幅	広いターゲット	1. コスト・リーダーシップ	2. 差別化
	狭いターゲット	3A. コスト集中	3B. 差別化集中

出所：Porter〔1985〕訳書 p. 16 図表 1.3 を一部改変。

3　競争地位類型

コトラーは，競争地位分析に基づいて，以下に示す4つの競争地位類型を提示している(Kotler〔1988〕)。競争地位類型は，市場における地位(マーケット・シェア)によって，企業の基本的な戦略が異なるとする考えに基づくものである。すなわち，マーケット・シェアと企業の経営資源量とが比例し，マーケット・シェアが企業の相対的な競争力やコスト構造などの体質差を体現しているとの想定がある。

① リーダー(leader)：最大のマーケット・シェアを持つ業界最大手企業である。製品ミックスをフルライン化して市場全体をカバーし，市場規模の拡大と最大シェアを防衛する全方位型の戦略が基本となる。

② チャレンジャー(challenger)：業界の2番手，3番手に位置する追走企業である。マーケット・シェア拡大を目指して，リーダーに挑戦するが，リーダーとの差別化を図る戦略が基本となっている。

③ フォロワー(follower)：低位のマーケット・シェアを持つ企業群である。現状のシェアの維持を狙い，積極的には競争に加わらず，模倣に専心する戦略が基本となる。リーダーの代表的な製品を模倣し，低価格で提供するといったことが行なわれる。

④ ニッチャー(nicher)：低位のマーケット・シェアを持つ企業群である。業界の大手企業がターゲットとはしないような狭く小さな市場セグメント(ニッチ市場)に集中する戦略をとる。企業規模は相対的に小さいが，独自の能力や技術を持ち，対象とするセグメント内ではリーダーとなることを目指している。

【参考文献】
J. C. アベグレン，ボストン・コンサルティング・グループ編著〔1977〕『ポートフォリオ戦略』プレジデント社。
小宮路雅博〔2006〕『徹底マスター マーケティング用語』白桃書房。

Day, G. S.〔1975〕"A Strategic Perspective On Product Planning," *Journal of Contemporary Business*, Spring pp. 1-34. Graduate School of Business Administration, University of Washington.
Kotler, P.〔1988〕*Marketing Management: Millennium Edition, Tenth Edition*, Prentice-Hall, Inc.（訳書，恩藏直人監修・月谷真紀訳〔2001〕『コトラーのマーケティング・マネジメント』ピアソン・エデュケーション）。
Porter, M. E.〔1985〕*Competitive Advantage*, Free Press.（訳書，土岐坤・中辻萬治・小野寺武夫訳〔1985〕『競争優位の戦略』ダイヤモンド社）。
Rumelt, R. P.〔1974〕*Strategy, Structure, and Economic Performance*, Harvard University Press.（訳書，鳥羽欽一郎・山田正喜子・川辺信雄・熊沢孝訳〔1977〕『多角化戦略と経済成果』東洋経済新報社）。

(橋本　茉子)

第9章
生産財マーケティング

　本章では，消費財と対比しつつ，生産財の分類と諸特性について整理し，生産財マーケティングの主要課題として組織購買行動を取り上げ概説する。

第1節　生産財マーケティングとは

　財（経済財）には，消費財（consumer goods）と生産財（industrial goods）の大きな区分がある。この区分は，財を最終的な買い手が誰であるかによって分けたものである。消費財は，個人または家計のために財を購入し費消する消費者（最終消費者ないし一般消費者）が最終的な買い手となり，生産財は，自身の事業活動のために財を購入するメーカーなどの事業者（産業用使用者[1]）が最終的な買い手となる[2]。

　生産財のマーケティングを「生産財マーケティング」と呼ぶ[3]。これは，我が国で伝統的に industrial marketing の訳語として定着してきたものである。しかし，生産財マーケティングには他にもさまざまな呼称がある。例えば，以下が挙げられる。

① 　インダストリアル・マーケティング：industrial marketing をカタカナ表記したもの。生産財マーケティングの訳語を当てるよりもカタカナ表記の

---

[1] 産業用使用者とは，メーカー，建設業者，運輸業者，流通業者，飲食業・宿泊業等の各種サービス業者，病院・学校・官公庁等の各種組織を指している。
[2] ある財が，消費財であるか生産財であるかは，典型例においては当然に区分されるが（例えば，フォークリフトやベルトコンベアは直ちに生産財と言えよう），定義上，最終的な買い手が誰であるかによって決定づけられるため，厳密にはこの観点でのみ区分されることになる。例えば，小麦粉は製パン業者によって購入されれば生産財であり，消費者によって購入されれば消費財である。

ままの方が良いとの判断である。また，産業用市場(industrial market)に対するマーケティングの意味合いが込められている場合がある。

② 産業財マーケティング，ビジネス財マーケティング：生産財は，産業財，ビジネス財とも呼ばれる。その為，これらを冠した呼称が用いられることがある。

③ ビジネス・マーケティング：事業者向けマーケティング，ビジネス・ユーザー向けのマーケティングの意味合いで，このように呼ばれる。

④ B to Bマーケティング：事業者間(business to business)の取引に関わるマーケティングの意味で，このように呼ばれる。時にB to C (business to consumer)マーケティングと対置される。

上記の各呼称は，論者によっては特段の意図なり主張を込めて語られることがある。我が国においては一般的には，生産財マーケティング，産業財マーケティングのように財と冠するものは，物財の生産を念頭に語られることが多くは期待されるだろう。この場合，典型的に想定されるのは，売り手(売り手企業)としては生産に関わる設備・装置・機械メーカー，部品・半製品メーカー，原材料メーカーであり(これらの売り手はしばしば「サプライヤー」と総称される)，買い手(買い手企業)としては完成品組み立てメーカー(最終アセンブラー)である。一方，ビジネス・マーケティング，B to Bマーケティングの場合は，物財の生産だけでなく各種の事業者向けサービスも同じく語られることが多くは期待される。この種のサービスには，例えば，事業者市場毎のサービス(医療機関向けサービス，飲食業向けサービス，宿泊業向けサービス，学校向けサービスなど)，企業等のアウトソーシングの受け皿となる各種の事業者向け

---

[3] 対比すれば，消費財のマーケティングは「消費財マーケティング」と呼ばれることになる。しかし，生産財マーケティングとの対比以外では，この呼称は殆ど用いられることはない。これは，通常語られるマーケティング(マーケティング・マネジメント)の体系が(しばしば明示はされないが)消費財を想定して構成されているためである。つまり，通常の想定から外れる特別の領域である生産財マーケティングの呼称は用いられても，通常の想定内の消費財を冠した呼称はわざわざ用いる必要がないということである。同様の事態は，国際マーケティングと国内マーケティング(通常のマーケティングは国内市場を想定して構成されている)，サービス・マーケティングと物財マーケティング(通常のマーケティングは物財を想定して構成されている)，戦略的マーケティングと製品マーケティング(通常のマーケティングは戦略階層として製品(プロダクト)のレベルを想定して構成されている)などにも見い出すことができる。

サービス(情報処理サービス，物流サービス，福利厚生関連サービスなど)や各種の事業者向けプロフェッショナル・サービス(法務サービス，会計サービスなど)が挙げられる。

第2節　生産財の分類

　生産財は，事業者(企業や各種組織)の事業活動に用いられる財である。生産財マーケティングにおいては，典型的にはメーカー(最終アセンブラー)の生産活動に用いられる財が主に想定される。生産財は(消費財と同様に)多種多様であり，さまざまに分類される。例えば，次の①～⑥のような分類がなされる。[4]

① 　主要設備品(major equipment)：大型装置，生産設備，等
② 　補助ないし付属設備品(minor or accessory equipment)：フォークリフト等の各種作業用車両，ベルトコンベア，加工用工具，作業台，等
③ 　組立ないし組込部品(fabricating or component parts)：半製品，部品，等。製品の機械的な構成要素となるもの。一般に完成品においても(カバー等を外せば)その存在を見ることができるものである(例えば，洗濯機のモーター等)。
④ 　加工原料(process materials)：製造・加工に用いられる原料。製品の化学的な構成要素となるもの。一般に完成品においては，その存在を直接には見ることができないものである(例えば，シャンプーの原料薬剤等)
⑤ 　業務用消耗品(operating supplies)：保守・修繕・業務用品。潤滑油，床用洗剤・ワックス，蛍光灯，事務用品，コピー機トナー，等。これらは，通常は，MRO品目と呼ばれる汎用消耗品である。[5] もちろん，製品に組み込まれることはない。

---

[4] Hill et al.〔1975〕による分類(pp. 37-46)。但し，具体的な例示は補ってある。
[5] 単価が比較的に低く，標準化され，継続的・定型的に再購買される汎用の保守・修繕・業務用品をMRO品目(maintenance, repair, and operating items)と呼ぶ。MRO品目は，生産財市場における典型的取引品目であり，差別化されていないことが多い。また，インターネット上のeマーケットプレイスで取引されるものは，この品目であることも多い。

⑥ 原料（raw materials）：農産物，林産物，水産物，鉄鉱石，石炭，石油，等。生産活動を根底から支えるものである。第1次産業及び鉱業からもたらされる。

この分類では，物財のみが挙げられているが，これに関連の事業者向けサービスを加えることもできる。

⑦ 事業者向けサービス：生産・製造活動に関連する保守・点検サービス，輸送サービス，保管サービスなどが挙げられる。

また，生産財を生産・製造活動に対する基本機能の違いから基礎財，投入財，促進財の3つに大別することがある。基礎財（foundation goods）は生産工程を物理的に構成するもの，投入財（entering goods）は生産工程に投入され製品の構成要素になるもの，促進財（facilitating goods）は生産工程の円滑な進行を促すものを言う。これらに上記の①〜⑦を当てはめれば，以下のようになる。

　基礎財：①主要設備品，②補助ないし付属設備品

　投入財：③組立ないし組込部品，④加工原料，⑥原料

　促進財：⑤業務用消耗品，⑦事業者向けサービス

図表9-1は上記の①〜⑦について若干の特性の違いを整理したものである。各特性については例外もあり，項目毎の表現も比較相対的な高低等の表現となっている。従って，図表9-1は一般的な傾向を示したものと了解されたい。

なお，経済統計等では，生産要素として生産プロセスに直接に投入されるものを生産財（production goods）として扱い，ストックの性格を持つ設備品を資本財（capital goods）として扱うことがある。この場合，上位概念は産業財（industrial goods）となる。また，生産財を土地と資本財に分け，資本財のうち，原材料等フローの性格を持つものを流動資本財，ストックの性格を持つ設備品を固定資本財とする場合もある。このように生産財の概念と分類，呼称は文脈によって異なる。本章では，典型的な生産財として，主にメーカーの生産活動を構成する物財を想定している（上記の①〜⑥はこの観点での分類である）。

図表 9-1　生産財の分類と特性

	①主要設備品	②補助ないし付属設備品	③組立ないし組込部品	④加工原料	⑤業務用消耗品	⑥原料	⑦事業者向けサービス
基礎財／投入財／促進財	基礎財	基礎財	投入財	投入財	促進財	投入財	促進財
購買頻度	低	中〜高	高	高	高	中〜高	中〜高
単位当たり価格	高	多数	低〜中	低〜中	低	低〜中	低〜中
サプライヤーの数	少数	低	少数〜多数	少数〜多数	多数	少数	少数〜多数
毎回の取引の自動化の程度	低	低〜中	中〜高	中〜高	高	中〜高	中〜高
製品仕様における顧客適応の程度 [注1]	高	—	低〜高	低〜中	低	低	低〜中
リースの活用度	低	中〜高	—	—	—	—	—

注1：顧客適応とは、製品仕様や取引条件が買い手に合わせてカスタマイズされることを言う。製品仕様における顧客適応には例えば、専用部品の開発が挙げられる。

出所：筆者作成。

第3節　生産財の諸特性

　生産財は，(一般論として言えば)消費財とはさまざまな点で異なっている。生産財の持つ諸特性が，組織購買行動などの生産財マーケティングに特徴的な課題を産み出している。

　図表9-2は，生産財と消費財について①買い手の特性，②需要の特性，③取引の特性，④売り手企業と顧客間の関係性（リレーションシップ），⑤取引ネットワーク上の位置をそれぞれ対比したものである(もちろん，多くの対比項目について，どちらの財にも例外があるので，図表9-1同様，図表9-2も一般的な傾向を示したものである)

　図表9-2に示される生産財の諸特性のうち，特に注目すべき6点について以下，説明する。

(1) 合目的的購買

　生産財においては生産目的や業務目的に応じた合目的的購買がなされる。目的に照らしたコスト計算・リスク計算が重視され，一定の公式的手続きにより購買の意思決定がなされる。一方，消費財では個人の感性や個別の事情に基づく購入がなされる。例えば，「デザインがかわいいから」「周りで流行っているから」「お気に入りのタレントが広告に出ているから」といった購買動機は消費財ではさほど奇異ではない。

(2) 大規模購買

　生産財においては，大規模購買がなされることが多い。購買される品種はしばしば少数である(少品種大規模購買)。生産財の買い手は事業者であり，生産財の種類によっては買い手の数がごく限られる場合がある。一方，消費財では，多品種少量購買が通常であり，特に数量・金額において生産財と比して僅少である。消費財の買い手は一般の消費者(最終消費者)であり，多くの場合，小売店で購入する匿名の不特定多数である。

図表9-2 生産財と消費財の諸特性

	生産財	消費財
(1)買い手の特性	①顧客(買い手企業)はしばしば少数である。 ②顧客(買い手企業)はしばしば地理的に集中している。 ③ビジネス・ニーズに基づく購買がなされる。 ＊生産目的や業務目的に応じた合目的的購買がなされる。	①顧客(最終消費者)は通常は多数である。 ②顧客(最終消費者)は地理的に分散している。 ③パーソナル・ニーズに基づく購入がなされる。 ＊個人の感性や個別の事情に基づく購入がなされる。
(2)需要の特性	①大規模購買(大量・多額に購入)がなされる。 ②少品種を大量購買する。 ③基礎財は間欠的・低頻度需要である(設備品、等)。 ＊但し、投入財(加工原料等)、促進財(業務用消耗品等)は継続的・高頻度需要となる。 ④しばしば非弾力的需要である。 ＊業務遂行に不可欠な場合等、一般に価格に対して非弾力的である。 ⑤本質的に派生需要(2次需要)である。 ＊生産財に対する需要は、結局は最終需要によって派生的に引き起こされている。	①小規模購買(少量・少額に購入)がなされる。 ②多品種を少量購入する。 ③しばしば継続的・高頻度需要である(食料品、生活用品、等)。 ＊但し、自動車等の高額商品は間欠的・低頻度需要となる。 ④多くの場合、弾力的需要である。 ＊多くの場合、価格に対して弾力的である。 ⑤最終需要(1次需要)である。 ＊消費財に対する需要は、最終需要であり、本源的性格を持つ。
(3)取引の特性	①取引の長期継続性・取引実績がしばしば重視される。 ②取引に要する手間・時間は大きい。 ＊但し、投入財(加工原料等)、促進財(業務用消耗品等)は、毎回の取引が自動化され、手間・時間が最小化されることがある。 ③直接購買がなされることが多い。 ＊サプライヤー或いはサプライヤー系列の卸売業者(販社、代理店・特約店)から直接に購買される。	①取引の長期継続性・取引実績そのものは多くの場合、重視されない。 ②取引に要する手間・時間は小さい。 ＊但し、自動車等の高額商品の場合は手間・時間を多くかけることがある。 ③小売業者から購入することが殆どである。

		④複数の購買関係者が関与する組織購買が行なわれる。 ⑤文書化・公式的手続き(見積書,入札,等)が重視される。 ⑥顧客適応が求められることが多い。 　＊取引にはしばしばコンサルティングの要素があり,個々の顧客(買い手企業)の要望に合わせて製品仕様,取引条件がカスタマイズされる。 ⑦しばしば注文生産品が購買される。 ⑧リースの活用がなされる(補助ないし付属設備)。	④個人或いは家族等ごく少数の関係者により購入される。 ⑤文書化されないことが多い。即座に購入がなされる。 ⑥標準化されていることが殆どである。 　＊殆どの場合,大量生産品の単純購買であり,どの顧客(最終消費者)にも同じ商品が同じ取引条件(標準化条件)で販売される。 ⑦殆どの場合,見込み生産品が購入される。 ⑧購入し,所有権を得る場合が殆どである。
(4)売り手企業と顧客間の関係性		①リレーションシップの形成がしばしばある。 a)人的側面のリレーションシップ 　＊接待等による人的関係の構築や長期継続的な取引実績を通じた信用・信頼関係の構築が重視される。 b)資源面のリレーションシップ 　＊顧客(買い手企業)に供給する専用部品のための工場建設等,顧客とのリレーションシップに固定される資源が発生する。 c)活動面のリレーションシップ 　＊共同研究開発等,売り手企業と顧客(買い手企業)が一体となって継続的活動を行なう場合がある。 ②系列取引が時に行なわれる。 　＊資本系列等,売り手企業と顧客(買い手企業)間の既存の結び付きが取引を左右する。 ③売り手企業と顧客(買い手企業)の立場は時に入れ替わる。 　＊顧客が別の場面では売り手側となり,売り手企業は買い手側となる。その為に取引に互恵性の観点が入り込む余地がある。	①リレーションシップの形成は殆どない。 a)人的側面のリレーションシップ 　＊対面販売の場合は若干の人的関係の構築が想定されるが,セルフ・サービス方式においては殆どない。 b)資源面のリレーションシップ 　＊特定の顧客(最終消費者)のためだけに売り手企業の資源が固定されることは殆どない。 c)活動面のリレーションシップ 　＊売り手企業と顧客(最終消費者)とが一体となって継続的活動を行なうことは殆どない。 ②系列は通常,考慮されない。 　＊通常,売り手企業がどの資本系列にあるかは,顧客にとって考慮要因にはならない。 ③売り手企業と顧客(最終消費者)の立場が入れ替わることはない。 　＊顧客は売り手企業に対して常に買い手である。取引に互恵性の観点が入り込む余地はない。

	④売り手企業は，時に顧客(買い手企業)の内製の可能性を考慮する必要がある。 ＊顧客に内製(自社生産)という選択肢がある場合，売り手企業は，内製の可能性の高低，内製との競合度，内製を梃子にした買い手の交渉力の増大といった要因を考慮せねばならない。	④顧客(最終消費者)の内製の可能性は一般に低い。 ＊顧客に内製(自家生産)という選択肢がある場合でも，市場を構成する多数の顧客が一斉に内製に転ずる状況は一般に想定しにくい。
(5)取引ネットワーク上の位置	顧客(買い手企業)はしばしば取引ネットワークの中で中間点に位置し，同時に売り手でもある。 ＊買い手企業の購買活動は，しばしば自身の売り手としての販売活動(更にはその買い手の購買行動)によって影響を受ける。	顧客(最終消費者)は取引ネットワークの終着点に位置し，常に買い手である。 ＊通常，顧客自身の事情によってのみ購入が行なわれる。顧客にとって，自身の売り手としての販売活動は存在しない。

出所：筆者作成。

(3) 取引の長期継続性

　生産財では，取引の長期継続性や過去の取引実績がしばしば重視される。生産財は事業者の事業活動の目的で購買されるので，事業活動の円滑な継続の観点で投入財や促進財などの生産財の購買にはそもそも安定的・長期継続的な供給が求められる。これが生産財取引の長期継続性と取引実績の重視とを産み出している。また，合目的的購買を志向する観点では，新規サプライヤーをその都度，探索・比較して取引するコストよりも，継続性や取引実績のある既存サプライヤーから反復購買する方が低コストかつ低リスクとなる。この点においても生産財では長期継続的取引が合理的な選択となる。基礎財の場合も同様で，間欠的な購買となるが，金額規模が大きく非常に高リスクの購買となるため，過去の取引実績を重視することに高い合理性がある。基礎財においては，保守・点検サービスなども同時に購買されることが多く，この点でも取引の長期継続性が求められる。

(4) 組織購買

　生産財の顧客(買い手企業)は，メーカーなどの事業者である。彼らは，公式

組織としての購買を行なう。これを総称的に「組織購買(organizational buying)」と呼んでいる。組織購買においては、組織の複数の部門・人員(購買関係者)が関与する場合がある。一方、消費財においては、購買意思決定は個人或いは家族等ごく少数の関係者により行なわれる。

(5) 顧客適応

　生産財においては「顧客適応(customer adaptation)」がしばしば求められる。顧客適応とは、製品仕様や取引条件が買い手に合わせてカスタマイズされることである。顧客適応の対語は「標準化(standardization)」である。製品仕様における顧客適応には例えば、顧客(買い手企業)のための専用部品(非汎用部品)の開発が挙げられる。顧客適応には、他に支払い方法(支払いサイトの延長など)、納入・配送(即時配送・定時配送[6]、多頻度小口配送)、生産タイミング(受注生産)、付帯サービスの提供(訓練やインストラクション、保守・点検サービスなど)といったものが挙げられる。

　顧客適応が必要となり、また可能になるのは、買い手が消費財のように匿名の不特定多数ではなく、大規模購買を行なう(しばしば特定少数の)事業者であるためである。要するに数の限られた大口の買い手であれば何らかの顧客適応が必要であり、可能でもある(これは消費財であっても同様であるが、日常的な購買は通常は標準化条件で行なわれている)。また、専用部品の開発に代表されるように、生産財においては売り手と買い手の間に相互依存関係がある。

(6) 関係性と取引ネットワーク

　大規模購買をする買い手に対し、顧客適応をしつつ長期継続的に取引を行なう。生産財取引においては、売り手と買い手の間に長期継続的な関係性(relationship)が構築されることが多い。関係性は、図表9-2に示されるように①人的側面のリレーションシップ、②資源面のリレーションシップ、③活動面のリレーションシップの3つの側面に分けることができる[7]。また、生産財取

---

[6] 即時配送は顧客(買い手企業)の求めに応じて即座に配送すること、定時配送は顧客の指定する時刻に配送すること(例えば、毎日定時に顧客の全事業所に配送を行なう等)を指す。

引における売り手・買い手は，実際には垂直的な取引ネットワークの中に組み込まれている。例えば，生産財マーケティングで典型的に想定される売り手(サプライヤー)にも自身への売り手としてのサプライヤーが存在し，買い手(最終アセンブラー)にも更に顧客としての買い手(買い手企業)が存在する。従って，生産財取引における任意の売り手・買い手の関係性は，多数のプレーヤーから構成される取引ネットワークの中から焦点となる2者間の関係性として切り出されたものと解すべきである。

第4節　組織購買行動

　組織購買はどのように行なわれるか。その行動の解明は「組織購買行動(organizational buying behavior)[8]」として生産財マーケティングの主要な課題領域の1つとなっている。

　前述したように組織購買の特徴は，組織の複数の部門・人員が関与するところにある。組織購買の関与者を集合的に捉えて「購買センター(buying center)[9]」と呼んでいる。購買センターを構成する人々は，機能的に以下の6種の役割を(共有し或いは別々に)果たしている[10]。

① 　発案者(initiator)：購買の必要性を認識し，購買の発案をする人。

② 　影響者(influencer)：購買センターの他メンバーに購買に関して影響を与える人。

③ 　決定者(decider)：何をどの売り手からどのように購買するかについて最終的に決定する人。

---

[7] 関係性の3側面は，Ford et al. 〔1998〕pp. 76-79 に依拠している。
[8] 消費財マーケティングにおいて対応するのは，最終消費者の「消費者購買行動」である。
[9] 購買センターは「購買中枢」と訳されることもある。なお，購買センターは仮想上のものであり，そのような具体的な部署や集まりがあるわけではない。
[10] AMA（American Marketing Association：アメリカ・マーケティング協会）による。AMA web site (Resource Library-Dictionary) "buying roles" を参照されたい。また，Webster and Wind〔1972a〕p. 17, Webster and Wind〔1972b〕pp. 77-80 も参照されたい(何れも使用者，影響者，購買者，決定者，ゲートキーパーの5種の役割になっている)。

④ 購買者(buyer)：実際の購買業務を担当する人。
⑤ 使用者(user)：購買された製品・サービスを実際に使用する人。
⑥ ゲートキーパー(gatekeeper)：購買センターに対する情報や交渉の窓口となる人。

生産財マーケティングにおいては，顧客(買い手企業)の購買センターの範囲や構成を把握し，それぞれの役割に対応した働きかけをすることが求められる。

また，組織購買行動は生産財の購買状況によって大きく異なる。購買状況を類型化して，購買状況によって組織購買過程(プロセス)がどのように異なるかを説明するものを「購買状況モデル」と呼ぶ。購買状況モデルの代表的なものに，「購買類型モデル(バイクラス)」がある。これは購買状況を①意思決定者にとっての新規性，②考慮される選択肢の数，③購買状況の不確実性，④意思決定に要する情報の量・質の差異に着目して，以下の3つの購買類型(buyclass)に大別するものである[11]。

① 新規購買(new task purchase)：購買センターがこれまでに購買経験を全く持たない新規の購買である。
② 修正再購買(modified rebuy)：購買センターはこれまでに購買経験を持つ。しかし，前回の購買とは異なる購買先，購買対象，購買方法が検討される購買である。
③ 単純再購買(straight rebuy)：標準品の再購買である。例えば，MRO品目などの反復購買がこれに当たる。

新規購買においては，問題の認知と購買の必要性の認識から始まり，購買される製品・サービスの仕様決定やサプライヤーのリストアップと選択，実際の購買業務と事後の評価というように購買過程の各段階が最初から順にクリアされる。意思決定の数は多く，しばしば購買に関与する部門・人員の数と範囲も大きくなる。影響者やゲートキーパーも含め，購買センターの把握と働きかけが最も求められる状況である。一方，単純再購買・修正再購買においては，こ

---

[11] AMAによる。AMA web site (Resource Library-Dictionary) "buyclasses" を参照されたい。購買類型モデルは Robinson et al. 〔1967〕によるものである。Robinson et al. 〔1967〕pp. 23-32 も参照されたい。

れまでの購買経験があるため，購買段階を最初から辿ることはない。顧客(買い手企業)にとっては，価格条件や納期の正確さ，保守点検などの関連サービスの水準等が最大の関心事となる。直接の購買部門(購買センターにおける購買者)が再購買に専ら関与する。単純再購買は，典型的にはMRO品目など差別化されない標準品の定型的(ルーティン)な反復購買を指している。単純再購買では毎回の取引はしばしば自動化され，手間・時間が最小化される(自動発注システムなどが導入されることもある)。修正再購買は，状況の変化や従来の購買先について何らかの問題や不満がある場合に行なわれる。他サプライヤーなどの新たな選択肢が探索されるが，解決すべき問題状況は新規購買と比較すれば限定的である。

【参考文献】

小宮路雅博〔2010〕「商品と流通」(小宮路雅博編著『流通総論』同文舘出版，第6章所収，pp. 79-103)。

高嶋克義・南知惠子〔2006〕『生産財マーケティング』有斐閣。

Ford, D., Lars-Erik Gadde, H. Håkansson, A. Lundgren, I. Snehota, P. Turnbull and D. Wilson〔1998〕*Managing Business Relationships*, John Wiley & Sons Ltd.（訳書，小宮路雅博訳〔2001〕『リレーションシップ・マネジメント―ビジネス・マーケットにおける関係性管理と戦略―』白桃書房）。

Hill, R. M., R. S. Alexander and J. S. Cross〔1975〕*Industrial Marketing, fourth ed.*, Richard D. Irwin, Inc.

Robinson, P. J. and C. W. Faris and Y. Wind〔1967〕*Industrial Buying and Creative Marketing*, Allyn & Bacon, Inc.

Webster, Jr. F. E. and Y. Wind〔1972a〕"A General Model for Understanding Organizational Buying Behavior," *Journal of Marketing*, Vol. 36（April）pp. 12-19.

Webster, Jr. F. E. and Y. Wind〔1972b〕*Organizational Buying Behavior*, Prentice Hall, Inc.

AMA：Resource Library-Dictionary　　http://www.marketingpower.com/

(小宮路　雅博)

第10章
ロジスティクス

　企業活動におけるモノの流れを扱う言葉としては，物流，ロジスティクス(logistics)，或いはサプライチェーン・マネジメント(supply chain management：SCM)といった用語が使われている。ここでモノの流れというのは，単に完成した製品を動かすことだけではなく，原材料や工場内の半製品を移動させたり，保管したりすることまでを含んでいる。また一企業内だけでなく，取引関係にある複数企業間におけるモノの流れを対象とする場合もある。

　本章で扱うロジスティクスとは，原材料や製品を調達する段階から，最終的に消費者へ販売する段階までのモノの流れをつなぎ目のない一本の線と捉え，その流れの線を統合的にマネジメントする活動である。どれだけ素晴らしい製品を開発できたとしても，その製品が顧客のところへ届かなければ意味をなさない。モノの流れを適切にマネジメントできるかどうかというロジスティクスの能力は，現代の企業にとって事業全体の成功を左右する重要な課題となっている。ここでは，マーケティング活動の競争力において，モノの流れに関わる仕組みづくりがいかに重要な役割を果たすかについて考えてみたい。

第1節　物流とロジスティクス

　物流とは，輸送や保管といったモノの流れに関わる諸活動を統合した概念である。一方，ロジスティクスとは，企業経営における物流活動をマネジメントするための概念である。すなわち，物流は経済や経営における特定の機能や領域を示すものであるのに対して，ロジスティクスは企業内の物流活動を最適な状態へと導くための経営概念であると言える。従って，物流をカタカナで表記

したものがロジスティクスではなく，また物流の発展的な考え方がロジスティクスなわけでもない。この2つの用語はそれぞれに異なる意味を持っているということに注意したい。

しかし，我が国においては物流という言葉が定着しているため，本来はロジスティクスと呼ぶべき内容であっても物流と表現されていることが多い。例えば，物流業，物流部，物流センターといったような表現は良く見られるものである。物流とロジスティクスという言葉は明らかに混在して用いられている。先ずは物流をマネジメントするための概念や方法がロジスティクスである，ということをしっかりと理解する必要がある。

1 物流を構成する活動

ここでは物流の主な活動を検討する。物流と呼ばれる領域は，モノを移動するための輸送と時間を調整するための保管を中心にして，荷役，包装，流通加工を含めた5つから構成されている。

(1) 輸　　送

輸送(transportation)とは，生産地点と消費地点の間にある空間的なギャップ(経済的懸隔)を橋渡しすることである。通常，ある製品を作っている場所とその製品を消費する場所は異なっている。従って，輸送を行ない，場所と場所の間にある隔たりを解消する必要がある。具体的には，物流拠点(施設)間における製品(貨物)の移動が輸送活動であると言える。

輸送に利用される手段(輸送機関)には，自動車，鉄道，船舶，航空機がある。それぞれの輸送機関には長所と短所となる特徴があるので，輸送の便利性・安全性・正確性・費用・時間などを考慮した上で，最適な輸送機関を選択し，組み合わせることが重要である。

また，輸送活動の中で「短距離・小口(少量)」のものは，一般に配送(delivery)と呼ばれる。配送は，自動車(トラック)を利用し，顧客の集まった地域内を巡回するといった活動として行なわれることが多い。

(2) 保　　管

保管(storing)とは，生産時点と消費時点の時間的なギャップを調整するために，製品を物理的に保存することである。一般的に，製品が作られてすぐにその場で消費されるということは殆どない。従って，保管を行ない，実際に消費される時までその製品を待機させておく必要がある。現代の企業においては，注文生産ではなく，売れるであろうという見込みの下で生産されることが通常である。このような見込生産を行ない，流通の各段階で製品を保管しておくことによって，消費者は必要となったその時にその製品を入手することが可能となる。

(3) 荷　　役

荷役(materials handling)とは，製品の輸送や保管に伴って発生する，積込み，積卸し，積換え，仕分け，ピッキング，荷揃え，運搬，移送などの作業を言う。物流の過程においてはさまざまな橋渡し的な役割を果たす細かな作業が必要であり，それらを総称して荷役と呼んでいる。

荷役の作業を効率化させるために，パレット，コンテナ，フォークリフトなどといった機器が利用される。パレットとは木・鉄・プラスチックなどで作られた荷物を積み上げるための板であり，フォークリフトのフォークを差し込むための口がついている。この板を用いることによって，パレット単位での荷物の移動や保管が可能となる。

(4) 包　　装

包装(packaging)とは，輸送や保管などを行なうため，その製品に適切な材料や容器などを施す技術，及び施した状態のことを言う。主な目的は，①価値及び状態を保護し，②取り扱いを容易にし，③製品価値を高めることである。

包装は個装(individual packaging)，内装(inner packaging)，外装(outer packaging)という3種類に大別される。個装とは個々の製品に施される包装であり，内容物の保護を主たる目的とするが，各種のデザインや情報を付加することによって製品価値を高めるという機能も持ち合わせている。内装とは貨物

内部の包装であり，内容物を保護するための詰物類や防湿材料のことである。外装は貨物外部の包装であり，製品をまとめる箱や缶といった容器やその為の技術を指す。

(5) 流通加工

　流通加工(distributive processing)とは，流通の過程において製品の形状などに軽度の加工を施すことを言う。具体的な内容としては，切断，小分け，再包装，詰め合わせ，塗装，組立，値札付け，ハンガー掛け，等級付け，箱詰め，ラベル貼りなど，さまざまな活動を挙げることができる。実際の流通加工は，流通センター，輸送中，店舗バックヤード，販売時点などにおいて施される。流通加工は人手に頼るものが多いために手間とコストのかかる活動であるが，流通段階における競争の激化に伴いその重要性は高まっている。

2　ロジスティクスの考え方

　モノを流すために行なわれる活動が物流であり，その流れ全体を統合的にマネジメントすることがロジスティクスである。英語でロジスティクスは「兵站（へいたん）」を意味している。兵站とは軍事用語であり，戦場の前線に武器や食料といった必要な物資を補給するために行なわれる後方支援の活動全般を指す言葉である。そのような状況において後方支援活動を適切に実行するためには，調達，輸送，保管といった活動をそれぞれ別々に行なうのではなく，全体を1つのものと捉えて効果的かつ効率的にマネジメントすることが重要となる。

　このロジスティクスの考え方が，1950～60年代のアメリカにおいて企業経営にも用いられるようになる。但し，ロジスティクスという言葉が使われるようになった目的は，企業全体としてモノの流れを包括的に管理するためであり，軍事で開発された技術を企業経営へ導入するということではない。当初は「ビジネス・ロジスティクス」や「マーケティング・ロジスティクス」などとして軍事用語と区別されていたが，すぐに「ロジスティクス」と呼ばれるようになり普及していく。

この時代にロジスティクスという概念が導入された背景には，輸送や保管といった諸活動を1つの経営機能として統合し，戦略的に捉えようとする思考上の変化があったと言える。単に物流という概念の下では，個々の活動におけるコストの削減や効率化のみが注目されてしまい，経営戦略やマーケティングの観点からその流れを管理するという発想は生まれにくい。一方，ロジスティクスの本質的な狙いはモノの流れの体系をマネジメントすることにある。具体的には，企業の経営戦略に基づいて製品の動きに関わる体系を構築し，その体系を構成する活動，施設，組織を組み合わせ，経営目標を達成すると同時に最大の効率性を発揮することを意味する。すなわち，ロジスティクスという考え方が用いられることによって初めて，製品の物理的な動きに関わる経営機能の存在(必要性)が企業内で意識されるようになったと言える。

第2節　ロジスティクスのマネジメント

　現代の企業経営においては，物流も経営戦略の重要な要素として認識されている。モノの流れにおける戦略性とは，物流に関わる活動がどのような役割を果たし，何を行ない，いかにあるべきかを考えることである。すなわち，ロジスティクス・マネジメントの課題は，物流の諸活動における個々の効率性をいかに高めるかといったレベルを超えて，企業全体の目標に対してモノの流れがどのような効果をもたらすかを考えることである。

1　物流管理とロジスティクス

　ロジスティクスとは，物流管理に「効果と効率」という2つの観点を盛り込んだ概念と捉えることもできる。図表10-1は，我が国における物流管理とロジスティクス・マネジメントの違いを分かり易く比較している。取引関係にある複数企業間はもちろん一企業内であっても，無駄な在庫や重複する活動が存在する可能性は高い。このような組織間や部門間におけるコストを削減し，全

図表 10-1　物流管理とロジスティクス・マネジメント

	（ロジスティクス以前の）物流管理	ロジスティクス・マネジメント
目　　標	物流の効率化 （コスト削減）	市場適合 （戦略に基づく 効率・効果のバランス）
対象と領域	物流活動 生産（仕入れ）から 顧客まで	物流体系 調達から販売物流および 最終顧客まで
内　　容	○プロダクト・アウト ○熟練的・経験的管理 ○輸送および拠点中心 ○コスト・コントロール ○戦術重視	○マーケット・イン ○科学的管理 ○情報中心 ○インベントリー・コントロール ○戦略重視

出所：中田〔2003a〕p. 114 表 5-1。

体最適に向けた利害の調整を行なって，効果的かつ効率的なモノの流れを構築しようとする考え方がロジスティクスである。

　ロジスティクスという考え方が企業活動において注目される理由として，次の3点を挙げることができる。[1]

① 物流を効率化や能力拡大という狭い領域の問題ではなく，企業全体の戦略や社会における役割を意識した広い意味で捉える必要が出てきた。

② 企業戦略において注目されているサプライチェーン・マネジメントを実行する場合，物理的な財の流れを包括的にマネジメントすることがその中心となる。

③ 物流管理の立場で個々の活動を管理するのではなく，企業戦略に応じてモノの流れの体系を管理するという考え方が生まれてきた。

　これらは，物流活動をコストや効率からだけではなく，競争優位を獲得する手段としてサービスや効果という側面から戦略的に捉えた見方である。また，近年におけるPOS（point of sales）やEOS（electronic ordering system）といったICT（情報通信技術）の急速な進展は，物流に関わる情報システムの高度化をもたら

---

[1] 中田〔2004〕pp. 4-5 による。

しており，物流管理の精度を向上させるだけでなくロジスティクスの可能性を拡大させる一因ともなっている。

2　ロジスティクスの領域

　ロジスティクスによってマネジメントされる対象は，モノの物理的な流れ（フロー）である。輸送，保管，荷役，包装といった物流活動を個別に管理することと，モノがどのように流れるかというフローを想定し，そのフローを効果的かつ効率的にマネジメントするという発想は大きく異なる。個々の物流活動は目に見えるものであり，具体的に状況を確認しながら管理することができる。それに対してフローは抽象的な概念であり，調達から販売に至る全体を目で見ることは困難である。すなわち，ロジスティクス・マネジメントを行なうためには，モノが流れる体系を頭の中で考え，具体的なフローを作り上げていくことが必要となる。

　実際のロジスティクス・マネジメントにおいては，第一に物流活動が適切に管理されていなければならない。効率的な物流管理が行なわれていることを前提として，次にモノが流れる全体の体系を考えていく。そしてその体系におけるフローを設定し，日々変化する市場の動きに適合するようにそのフローをマネジメントしていくこととなる。従って，ロジスティクスの実行に際しては，モノが流れるフローの体系を確定することが求められる。図表10−2に見られるネットワークは，ロジスティクス・マネジメントの対象となる体系の例である。

　物流管理という発想においては個々の活動を効率的に管理することが中心であり，モノが流れる体系を明確に設定する必要性は低かった。しかし，ロジスティクス・マネジメントを行なうためには，その対象となる体系をはっきりさせなければならない。ここでのフローの体系は与えられるものではなく，それぞれの企業が自社にとっての望ましいモノの流れのあり方を考えて構築すべきものである。

　フローの体系を確定する場合には，ロジスティクス・マネジメントの対象と

図表10-2　モノが流れる体系の例

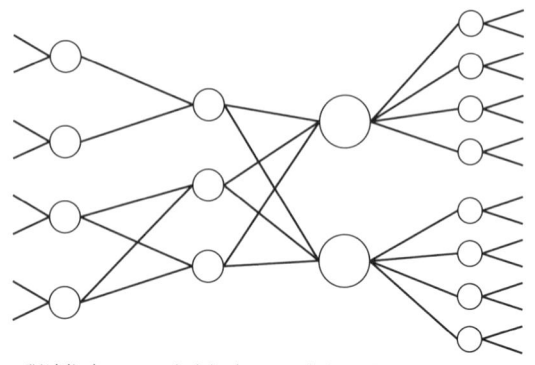

調達拠点　　生産拠点　　集約拠点　　配送拠点

出所：中田〔2003b〕p.130 表6-4を一部改変。

図表10-3　物流の4つの領域

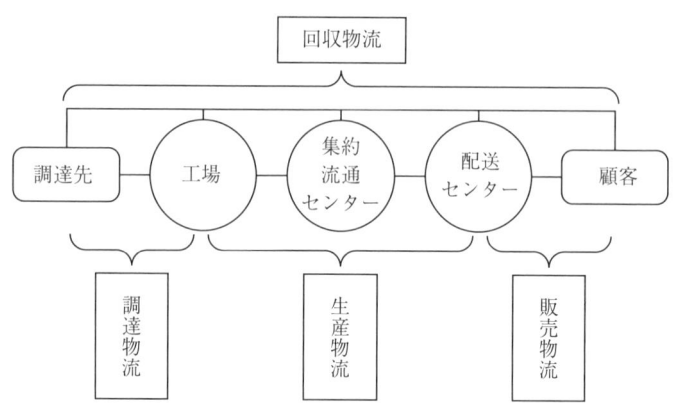

回収物流

調達先　工場　集約流通センター　配送センター　顧客

調達物流　　生産物流　　販売物流

出所：中田〔2004〕p.55 図表2-1を一部改変。

なる領域を設定することが必要となる。本来，ロジスティクスは物流の全領域を統合的に対象とするものであり，全領域とは「調達物流」「生産物流(社内物流)」「販売物流(市場物流)」「回収物流」の4つから構成される(図表10-3参照)。調達物流と生産物流の間には製造過程があり，販売物流と回収物流の間には消費過程がある。すなわち，物流の全領域が対象ということは，調達，生産，消費を経て回収に至るまで，全てのフローを考えて体系を構築するということを

意味している。

　但し，これら全ての領域を統合することはあくまで理想的な姿である。現実的には，それぞれの企業が置かれた状況に合せて部分的な統合から検討することになる。例えば，良く知られているトヨタ自動車のカンバン方式は，市場の需要に合わせた生産計画に基づいて調達物流と生産物流を結び付けたものであり，この領域において最も適切なフローの体系を構築したものと言える。

3　マーケティングとロジスティクス

　軍事用語であったロジスティクスが企業経営の概念として導入されるようになったのと同じ頃，マーケティングの考え方も顧客志向を基本理念とする性格を強めるようになった。2つの概念が同じ時期に企業経営において活用されるようになったことは偶然ではなく，むしろロジスティクスはマーケティングの一要素として，顧客志向を実現するための手段と位置づけられていたと言って良い。

　ロジスティクスを考える基本はマーケット・イン(market-in)の発想であり，マーケット・インはマーケティングの中心的発想と言える。顧客すなわち市場が出発点となって企業活動の仕組みを考える「市場ありき」の考え方がマーケット・インである。このとき，市場を起点として，製品の物理的な流れを組み立てていこうという考え方がロジスティクスの領域になる。ロジスティクスの目標は，一方で「市場適合の高度化」を行ないつつ，他方で「物流効率の追求」をするという複合的なものであり，言い換えれば最高レベルで市場に適合しつつ，最も効率的なプロセスでその製品供給を実行することと表現することもできる。

　ロジスティクスはマーケティング活動の中で展開されるものであり，その基本は顧客サービスとなる。ロジスティクスによってどのような顧客サービスが提供できるかを決定することによって初めて，その為の効率的な物流活動を検討することができる。すなわち，物流における効率化のみを追求している企業においては，適切なロジスティクス・マネジメントから得られる顧客満足とい

う成果を期待することができない。

　ロジスティクスによって提供される顧客サービスは多様であるが、中心的な尺度としてその製品の入手可能性を示すアベイラビリティー(availability)が挙げられる。アベイラビリティーとは、顧客が欲しい時に、欲しい場所で、欲しい量を入手できる可能性であり、ロジスティクス・マネジメントの課題はその精度をどれだけ高めることができるかにあると言える。

第3節　ロジスティクスとサプライチェーン・マネジメント

　現在、ロジスティクスはサプライチェーン・マネジメント(SCM)と呼ばれる活動の中核的な要素として認識されるようになっており、経営戦略における重要性を一層高めている。1990年代末、QR (quick response) や ECR (efficient consumer response) といった生産と販売に関わる新たな取組みの概念が基礎となって、SCM の考え方が展開されてきた。SCM とは「価値提供活動の初めから終わりまで、つまり原材料の供給者から最終需要者に至る全過程の個々の業務プロセスを、1つのビジネス・プロセスとして捉え直し、企業や組織の壁を越えてプロセスの全体最適化を継続的に行ない、製品・サービスの顧客付加価値を高め、企業に高収益をもたらす戦略的な経営管理手法」などと定義される。[2]

　しかしながらロジスティクスと SCM の違いは必ずしも明確ではない。上記の定義によれば、ロジスティクスは製品の物理的な流れを対象とし、SCM はビジネス・プロセス全体を対象とするという点で両者を区別することもできる。また、ロジスティクスは一企業内を対象とし、SCM はそれを複数企業間に拡張したものといった考え方も見られる。但し、どのレベルにおける最適化を対象にするかという違いはあるにせよ、これらの取組みが、顧客ニーズを満たす店頭品揃えの実現を目的として、迅速かつ効率的な製品供給を行なうための一連の仕組みを構築しようとする点では一致している。

---

[2] サプライチェーンカウンシル日本支部ウェブ・サイトを参照。

1　QR と ECR

　QR とは，1980 年代半ば，アメリカのアパレル業界がアジアを中心とした安価な輸入製品に対抗するための目的で導入した経営概念である。取組みの内容は，製品の企画段階から店頭に並べられるまでのリードタイムを短縮し，必要な時に必要な量を必要な場所（適時適量適所）へ供給できるような体制を構築することである。その目的は，販売機会の損失や売れ残りを減らすことで効率性を高めると共に，売れ筋の製品を素早く供給することによって顧客満足度を高めることにある。

　アパレル業界は，製品の企画，紡績，染色，縫製など，それぞれの活動が多段階の企業に分化しているという特徴がある。その為，小売レベルでの発注から実際に製品が納品されるまで極めて長い期間がかかり，更に段階毎に生産や販売の情報が遮断されることが一般的であった。これに対し，ICT を活用して販売動向や生産計画といった情報の共有化を図り，各活動を同期化することによって市場への迅速な対応を実現しようと試みたものが QR である。具体的には，POS や EOS といった ICT のシステムをベースとして調達から販売に関わる諸企業を結合し，情報の共有に基づく効果的かつ効率的な製品供給の仕組みを作ることを意味している。

　一方，ECR は QR における成功をアメリカの加工食品業界へ適用したものである。小売業者やメーカーが協力して食品スーパー店頭の棚を効率的に運営し，魅力的な商品を低価格で提供できるような仕組みを構築しようというものである。ECR とは「効率的な消費者対応」を意味しており，その基本コンセプトは「効率的品揃え」「効率的な在庫補充」「効率的なプロモーション」「効率的な製品導入」という 4 つのプロセスとして示される。ECR の目的は，消費者を起点とした実需の情報を製・配・販（メーカー・卸売業・小売業）において共有し，それぞれの活動を同期化することによって全体として効率的な製品供給を実現することにある。

2 サプライチェーン・マネジメント(SCM)

SCMとは，QRやECRといった，迅速かつ効率的な顧客(消費者)対応能力の獲得に関わる考え方を統合した概念である。QRやECRにおける目標は，消費段階への高度な適合を通じた顧客満足の獲得であり，その実現に向けていかに適切に製品の供給活動を実行できるかどうかが問題となる。すなわち，SCMを成功させて顧客の満足を得るためには，モノの流れを扱うロジスティクスの能力が大きな役割を果しているといえる。

サプライチェーンとは「原材料の確保から最終消費者に至るまでの財と情報の流れに関わる全活動」などと定義される。このサプライチェーンを統合的にマネジメントすることがSCMである。図表10-4に示されるような取組みを成功させることによって，無駄なコストを削減し，付加価値を増加させ，そして顧客満足を高めることが可能となる。具体的には，POSなどから得られるリアルタイムの販売データを基点としてより正確な需要予測を行ない，生産や在庫の状況をその予測へ柔軟に対応させ，売り切れや売れ残りのリスクをできる限り回避することが目標となる。

SCMの実行において対象となる領域は，①情報システムの活用，②適切な在

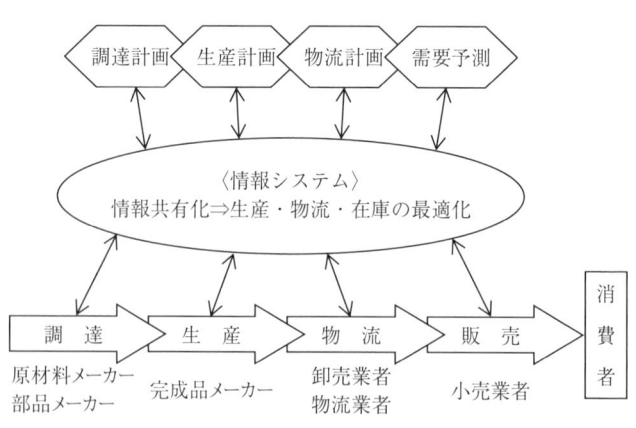

図表 10-4 SCMの取組みのイメージ

出所：渡辺〔2010〕p. 143 図表5-4を一部改変。

庫管理，③良好な組織間関係の構築という3つに大別できる。実際の取組みでは，EDIなどの情報システムを活用して原材料メーカー，完成品メーカー，卸売業者，小売業者，更に物流業者といった製品の供給に関わる全ての企業がそれぞれの情報を共有し，サプライチェーン全体で一貫したモノの流れをつくることが目指される。従って，望ましいSCMを実現するためには，原材料の調達から最終的な販売に至る全ての企業間において，信頼に基づくパートナーシップの関係を構築することが極めて重要となる。

3 ジャスト・イン・タイムと多頻度小口配送

さまざまな業界においてSCMと同様の狙いを持った概念が実行されている。例えば，自動車業界におけるジャスト・イン・タイムやCVS（コンビニエンス・ストア）業界における多頻度小口配送といった取組みはその代表例である。

ジャスト・イン・タイム（just-in-time：JIT）とは，必要なモノを必要な時に必要な量だけ調達することを言い，具体的には部品在庫を持たずに効率的な生産を行なうための仕組みである。JITの原型はトヨタ自動車の「カンバン方式」であり，この名称は部品の発注や納品にカンバンと呼ばれるプレートが利用されることに由来している。真に効率的なJITを行なうためには，高度な情報システムを活用した細かな発注作業と正確な在庫管理が不可欠である。

また，多頻度小口配送は，このJIT方式を小売業へ応用したものである。CVSなどのように，小規模な店舗にも拘わらず多品種の商品を扱う場合，店舗内には十分な在庫を確保することができない。その為，商品の種類によっては1日に複数回の小口（少量）納品が必要となる。この多頻度で小口という配送方式は，消費者ニーズへのより高度な対応を実現するために考えられたものであるが，1日に何度も配送を行なうことは非効率であり，更に交通渋滞，排気ガス公害，労働力不足など引き起こすとして問題視される場合もある。多頻度小口配送による高いサービス水準を確保しながらも望ましい物流効率を実現するためには，共同配送や一括納品といった計画的かつ統合的な取組みが求められる。

4　サードパーティー・ロジスティクス

　ロジスティクスやSCMを実行する場合において，近年，サードパーティー・ロジスティクス(third-party logistics：3PL)と呼ばれる概念やそれに関わる業者の活動が注目されている。物流業務は専門的な活動が多いため，荷主が自ら管理するよりも，高度なノウハウや経験を持つ外部の業者に任せる方が効率的かつ効果的な管理を期待できる。3PLは物流業務のアウトソーシング(outsourcing)という流れの中に位置づけることができ，現在，急速かつ広範に進展が見られるようになっている。

　アウトソーシングとは「自社内で行なっていた経営活動を外部委託する」ことを指す。これまでも物流活動においては，運輸業や倉庫業といった業者に委託されることが一般的であった。しかし近年，物流領域で見られるアウトソーシングの内容は，輸送や保管といった物流活動を個々に委託することではなく，物流管理業務まで含んだ全体を一括して専門業者に任せるような形態であることが多い。先進的な物流業者はこの3PLビジネスを新たな機会として積極的に採用しており，荷主側もロジスティクス活動の更なる改善へ向けて彼らの展開に一層の期待を高めている。

　3PLとは荷主でも物流業でもない第三者によるロジスティクスという意味であるが，その担い手となる専門業者を指して3PLと呼ぶ場合もある。3PL (業者)は自社が開発したロジスティクス・システムを荷主に提案し，複数の荷主から輸送，保管，在庫管理といった物流業務を包括的に請け負うという形をとる。その特徴は，高度な情報システムを用いて適切な処理を行なうことにより，荷主単独では難しい専門的なロジスティクス・サービスを提供することにある。3PLと呼ばれる業者が従来の物流業と大きく異なる点は，輸送や保管といった部分的な活動ではなく，荷主が求める複合的な物流サービスを一括して受託し，荷主に代わって物流活動全体を管理するところである。SCMといった高次のロジスティクス活動を展開する過程において，専門的な知識を持つ3PLのビジネスは急速に拡大しており，その発展が大いに期待されている。

【参考文献】

齋藤実・矢野裕児・林克彦〔2009〕『現代ロジスティクス論』中央経済社．
塩見英治・齋藤実〔1998〕『現代物流システム論』中央経済社．
中田信哉〔2003a〕「マネジメントとしてのロジスティクス導入」（中田信哉・湯浅和夫・橋本雅隆・長峰太郎〔2003〕『現代物流システム論』有斐閣，第5章所収，pp. 103-122）．
中田信哉〔2003b〕「物流管理とロジスティクス・ネットワーク」（中田信哉・湯浅和夫・橋本雅隆・長峰太郎〔2003〕『現代物流システム論』有斐閣，第6章所収，pp. 123-144）．
中田信哉〔2004〕『ロジスティクス入門』日本経済新聞社．
渡辺達朗〔2010〕「進展する流通チャネルの再編成」（原田英生・向山雅夫・渡辺達朗〔2010〕『ベーシック流通と商業［新版］』有斐閣，第5章所収，pp. 117-147）．

サプライチェーンカウンシル日本支部　http://www.supply-chain.gr.jp/

（八ッ橋　治郎）

第11章
サービス・マーケティング[1]

　サービス(サービス財)は，物財とは異なる特性を持っている。本章では，サービスの諸特性について整理し，サービス・マーケティングにおける諸課題について概説する。[2]

第1節　サービスの諸特性

　財(経済財)はしばしば「財とサービス」として対置して分類される。この分類において，財は物財(物理的な実体のある財)を指しており，サービス(役務)は無形財(それ自体に物理的な実体はない財)を指している。サービスの語は，日本語の日常語では「無償の奉仕」や「無料での提供」といった意味でも用いられるが，ここでは「対価を伴う直接の取引対象としてのサービス(サービス財)」について扱うこととする。従って，物財の販売に伴って提供されるさまざまな付帯サービス(消費財を念頭に置けば，例えば，買い上げ商品の包装・袋詰め，配達・配送，商品説明，等)は本章のテーマではない。上記を先ず，確認されたい。

1　サービスの4つの基本特性

　従来，サービス研究においては，サービスの(特に物財と比較しての)基本特

---

[1] 本章の内容は小宮路〔2010〕に基づき構成されている。
[2] 本章は伝統的なgoods-dominant logicに基づいている。すなわち，「サービス(services)」には物財(goods)のそれとは異なる特徴的な価値創造の仕組みがあり，物財と対比させつつ特性論を出発点に説明を行なうものである(サービス・マーケティングという章を立てている以上，このようになる)。

性として，以下の4つが指摘されてきている。これらはサービスの特性を把握する上で有用な枠組みとなっている。

① 無形性(intangibility)：サービスそのものには物理的実体がなく，触知できないことを言う。この点を捉えて，サービスを「無形財」と呼ぶことがある。これに対し，物財には物理的実体があり，触知可能であるので，「有形財」と呼ばれる(物財の有形性)。

② 変動性(variability)：主にサービスの生産側・消費側の人的要因により，提供されるサービスがいつでも同一のものになるとは限らないこと，また，いつでも同一のものと知覚されるとは限らないことを言う。異質性(heterogeneity)，多様性(variety)，多義性(ambiguity)とも表現される。これに対し，物財は多くの場合，得られる機能や効用は一定であり，(とりわけ工業製品であれば)同一の品質が期待できる(物財の一定性・固定性)。

③ 消滅性(perishability)：サービスは本質的に行為・活動・パフォーマンスであるので，サービス提供のその時その場でのみ存在し，物理的な意味での在庫ができないことを言う。これに対し，物財には物理的実体があり，在庫が可能である(物財の継続性)。

④ 同時性(simultaneity)：サービスの生産とデリバリー(流通)[3]，消費は同時になされるものであり三者は不可分であることを言う。サービスの不可分性(inseparability)とも表現される。これに対し，物財の場合は生産，流通，消費は別々の時間・空間で分離して遂行可能である(物財の分離性)。

2 サービスの8つの基本特性

無形性，変動性，消滅性，同時性の4特性は，サービスの基本特性として現在も頻繁に言及される重要な枠組みである。ここでは，4特性を踏まえた上で

---

[3] サービスは，生産と消費が同時に起こるので，物財のような意味での生産と消費間の経済的懸隔は発生しない。生産され，直ちに「デリバリー(delivery)」され，消費されることになる。ここでは物財が想起されがちな「流通(distribution)」の語に代わって，デリバリーの用語が使われていることに留意されたい。

図表11-1　サービスの8つの基本特性

```
(1) サービスとは場・空間ないし行為・活動・パフォーマンスの利用である。
(2) サービスそのものは無形である。
(3) サービス取引においては主に利用権が取引される。
(4) サービスの提供には有形要素を必ず伴う。
(5) サービスのインプット，アウトプットは変動することが多い。
(6) サービスは在庫できず，サービス提供にはしばしば時間的・空間的な制約がある。
(7) サービスの生産・デリバリー・消費は分離できない。
(8) サービスの提供には顧客の存在と役割が重要である。
```

出所：筆者作成。但し，Lovelock and Wright〔1999〕p. 15. Figure1. 3 を参照している。

図表11-1に示すような8つの基本特性を提示する(ここで挙げられている8特性は，(1)〜(4)が無形性，(5)が変動性，(6)が消滅性，(7)(8)が同時性に当たる)。これらの8特性は，サービスとは何かをより詳細に考える上で有用である。以下，8特性について順に説明する。但し，8特性も依然一般化された基本特性であって，あらゆるサービスに全て等しく当てはまるものではないことに留意されたい。

(1) サービスの基本特性1：サービスとは場・空間ないし行為・活動・パフォーマンスの利用である。

　提供されるサービスそのものは，典型的には，人や装置・設備の行為・活動・パフォーマンスの利用である(例えば，美容院に行き髪をカットしてもらう)。或いは，サービスを生み出す場・空間や装置・設備の利用が提供されることもある(例えば，スポーツクラブに通い運動をする)。サービス提供には，外食のように時に物財の提供・消費を伴うが，提供される物財は場・空間や人・装置・設備の行為・活動・パフォーマンスの利用と不可分である。

　本質的な次元では，サービスの取引とは言わば「素のままの機能ないし効用の取引」である。これに対し，物財も同様に機能を持つが，常に機能を生み出す物理的存在物そのものが直接に取引されると言うことができる。例えば，自動車や加工食品や衣服といった物財を買う時には，理屈上は，それらがもたらす機能に価値があり(この次元では物財もサービスも同じである)[4]，これを購入しているわけであるが，実際には自動車など物理的存在物そのものを直接に購

入し，しかる後に物理的存在物から機能を引き出すことになる。従って，物財の取引の中心的課題は，物理的存在物の所有権移転と物理的移転に関わる事柄であり(それぞれの流れが商流，物流である)，サービスの取引の中心課題は，「素のままの機能ないし効用」の創造(生産)と移転に関わる事柄であると言うことができる。

　結局のところ，サービスは機能や効用のみが分離されて取引されるが，物財は機能や効用がそれを生み出す物理的存在物と分離されず，不可分なまま物理的存在物そのものとして取引される。先にサービスの同時性の説明の中で「サービスには不可分性，物財には分離性がある」ことを示したが，ここでは別の意味合いで「サービスには分離性，物財には不可分性がある」ことが理解されるだろう。

(2)　サービスの基本特性2：サービスそのものは無形である。

　提供されるサービスそのものは，場・空間や人・装置・設備の行為・活動・パフォーマンスの「利用」であるが故にそれ自体は無形である。サービスはこの点で，物理的な存在物ではない。無形であることは，購入前に品質の評価が困難となることを意味する。実物を見たり，触ったり，手に取ってみることができないためである。無形性は，顧客にとってサービスの購買リスクを物財以上に高めることになる。この点で，サービスの提供には「顧客の購買リスクの削減」の観点が求められることになる。

　ここで，ネルソン(Nelson, P.)の消費財の区分を援用すれば，サービスは物財と比較してより経験財(experience goods)としての特性が高く，物財はサービスと比較してより探索財(search goods)としての特性が高いと言えるだろう。[5] 物財は，購入対象が物理的に存在するので，顧客はこれを直接に吟味する(探索する)ことができるが，サービスは形がなく，更に言うならば(同時性により)厳密

---

[4] この次元では，物財とサービスの差異は存在せず，「財とサービス」という二分法も意義を失うことになる。また，ショスタック(Shostack, G. L.)は，財を二分法で捉えるのではなく，有形性の強弱による連続体上に位置づけることを主張している(Shostack〔1977〕)。ショスタックによれば現実の市場には純粋な物財やサービス財は少なく，多くの財は有形性と無形性の双方を併せ持っている。物財かサービスかの区分は実は有形と無形の要素のどちらが優勢かの程度の問題なのである。

には購入前には存在しないので，顧客はサービスを事前に吟味することができない。また，サービスは，購入し消費した後でも，依然として顧客がその品質を評価するのが困難ないし不可能な場合もある。例えば，高度医療や法務等の専門的なサービスがこれに当たる。このような特性を持つ財は信頼財(credence goods)[6]と呼ばれている。上記に見るようにサービスは，経験財，信頼財としての特性が強い。[7]顧客の購買リスクの削減は，先ず，サービス提供に探索的な要素をいかにして付加するかに求められると言えるだろう。

また，サービスの品質評価は，物財のように物理的・化学的な特性・性能や工学的な数値において補助されることは通常ない。評価は，もっぱら顧客自身の体験の側面で行なわれる。サービスの品質とは顧客がサービスの体験(サービス・エクスペリエンス)において感じ取る品質(知覚品質：perceived quality)に他ならず，それ故に，顧客各人の情緒面・感覚面・主観面に大きく傾斜した評価が行なわれることになる。

(3) サービスの基本特性3：サービス取引においては主に利用権が取引される。

物財の取引は，売買であろうと物々交換(バーター)であろうと物理的存在物の所有権の移転をそのまま意味する。これに対し，サービスの取引においては，利用が取引対象となる。外食のように時に物財の提供・消費を伴うが，この場合も，提供される物財は場・空間や人・装置・設備の活動・パフォーマンスの利用と不

---

[5] ネルソン(Nelson, P.)は，消費財を探索的特性を持つもの(探索財)と経験的特性を持つもの(経験財)に分類している(Nelson〔1970〕，Nelson〔1974〕)。経験財は更に耐久経験財と非耐久経験財に分けられる。探索財は，消費者が購入に先立って探索により財の評価をすることができるものを言う。例えば，服は購入を決める前に手に取ったり試着したりすることができるので，探索的特性を持つ。この場合，消費者の探索に資するための情報提供的なプロモーションが重要となる。経験財は，財の評価が購入し消費した後で可能になるものである。例えば，缶詰は開けてみなければ品質が分からない。この点で，経験財では，信用と評判が重要であり，消費者の購入決定に影響を与えるべく，説得的なプロモーションが重要となる(口コミも購入決定を左右する重要な要素となる)。しかしながら，耐久経験財と非耐久経験財で考えてみると，耐久経験財の場合は，購買頻度が低く，消費者の自己の経験を通じた学習の機会が少ないのに対し，非耐久経験財の場合は，購買頻度が高いため，消費者はどの財が満足いく品質であるかを経験する機会が多いことになる。

[6] 品質評価できないので，サービス提供者の権威等を拠り所にして，信頼するしかないという意味合いである。

[7] 物財は探索属性(search attributes)が高く，サービスは経験属性(experience attributes)，信用属性(credence attributes)が高いと表現されることもある。

可分であり，場・空間や装置・設備ないし人そのものを所有するわけではなく，生み出される働きを利用するだけである。サービスの取引は，物財の取引のように所有権移転を必ず伴うのではなく，本質的には利用の許諾によって特徴づけられる。つまり，サービスの取引は，この点で利用権の取引を行なうことに他ならない。

(4) サービスの基本特性4：サービスの提供には有形要素を必ず伴う。

　提供されるサービス自体は無形であるが，サービスを提供する場・空間や人・装置・設備等は，物理的な存在である。例えば，美容院に行く場合，美容院という物理的な店舗・設備があり，美容師(サービス従業員)がいる。つまり，サービスそのもの(髪をカットしてもらうという行為)は無形でも，そこには有形の物理的存在物を必ず伴う。この有形の物理的存在物は排除できない。従って，サービスの取引においては，サービスの無形性のみが強調されてはならず，サービスそのものという無形要素と共に有形要素(サービス提供に必ず伴う物理的存在物)が重要となることが理解されねばならない。

　物財の場合は，取引対象の物財そのものが自身の存在を雄弁に物語る。しかし，サービス自体には形が無いため，自身の存在を「直接に示す方法」が無い。従って，サービスの提供上，求められるのは提供するサービスがいかなるものかを顧客に「間接的に示す方法」にある。これは，「サービス提供に伴う有形要素をして，いかに提供される無形のサービス内容を語らせるか[8]」や「サービスを象徴的に示す適切な有形要素をいかにして付加するか[9]」という課題となる(後者は「サービスの有形化」や「サービスの可視化」と表現できる)。上記の

---

[8] 例えば，高級レストランでは，相応しい上品な店構えや洗練された調度品が上質なサービスが提供されることを示す(十分条件ではないが)必要条件となるだろう。

[9] 例えば，ホテルではベッドメイクや部屋の掃除がきちんとなされていることが必須である。きちんとなされていること自体はなかなか分かりにくいので(なされてないことは顧客にとって遥かに分かり易い)，その証(あかし)として，ベッドの上にはメイク係のネームカードや一言メッセージを残し，備え付けのコップは殺菌済みであることを示すラップで包み，トイレの便座には滅菌済みとの紙が巻かれることになる。また，法務や会計，高度医療等の専門的なサービスでは，高水準の技術や技能，知識(これら自体は無形である)を示すために国家資格認定書や学位等の資格証明書を顧客に示していることがある。これも一種の「サービスの可視化」と言えるだろう。

機能を持つ有形要素はフィジカル・エビデンス(physical evidence:物的証拠)と呼ばれている。

(5) サービスの基本特性5:サービスのインプット,アウトプットは変動することが多い。

　サービスの生産側・消費側の諸要因(主にインプット,アウトプットの人的要因)により提供されるサービスはいつでも同一のものになるとは限らない。また,たとえ同一のサービスが供給されても,サービスの受け手の側が各自さまざまに感じ取り,同一の評価をしないことも多い(顧客の知覚品質)。ここから,提供サービスの品質管理の問題が生じる。すなわち,「サービスの変動性をなるべく排除し,標準化し反復に耐えることを目的とした品質管理」である。これは例えば,①サービス提供のマニュアル化や②サービス提供を機械化・自動化し人的要素をなるべく排除することで対処される。こうした取り組みをレビット(Levitt, T.)は「サービスの工業化」と呼んでいる(Levitt〔1976〕)。

　ここで,サービスの変動が元々期待されている場合もあることも留意されるべきである。例えば,ライブハウスでの演奏やスポーツの試合は,毎回同一の標準化内容が期待されているわけではない。物財では,(インプットと共に)アウトプットの変動は一般に望まれないが,サービスではそれが歓迎され,むしろ(良い意味で期待を裏切る)変動こそがサービスの価値を生み出していることもある。この場合は,どのようにして「望ましい変動」を継続的に生み出すかが問題となる。この場合は,言わば「変動性を促進し,毎回異なるようにすることを目的とした品質管理」が求められることになる。

　また,サービスに望ましい変動を確保する仕組みの1つにサービス従業員に対するエンパワーメント(empowerment)とイネーブルメント(enablement)がある。[10] エンパワーメントは,(サービス・マーケティングの文脈では)顧客と直接に接するサービス従業員(CP:contact personnel)に広範な職務権限を委譲することを意味している。これは,サービス提供の現場では,従業員が上司の指示や

---

[10] エンパワーメントとイネーブルメントについての説明は,Lovelock and Wright〔1999〕pp. 330-331 に依拠している。

許可をいちいち仰いだり，マニュアルのままに機械的に行動したりせずに自分の判断で自信を持って個々の顧客に適応的に応対することが顧客の満足やロイヤルティの保持，顧客維持(customer retention)につながるとの考えに基づいている。また，イネーブルメントとはエンパワーメントに際し，従業員に必要な技能，ツール，資源を付与することを指している。

(6) サービスの基本特性 6：サービスは在庫できず，サービス提供にはしばしば時間的・空間的な制約がある。

　サービスは，物財のように物理的な意味での在庫ができない(物財であれば予め生産し備蓄できるし，今日売れ残っても明日売れるかもしれない)。サービス提供のための場・空間，装置・設備や人員は予め準備でき，待機させることができる。しかし，生み出されるサービスそのものは，予め生産しておくことはできない。例えば，生徒の来ない英会話学校では，(たとえ教室や講師が準備され待機していても)サービスを生産し提供することはできない。同様に，離陸してしまった旅客機の空席は，顧客不在の状態であって，(顧客がいれば)提供できた筈のサービスと得られた筈の収益は永遠に失われてしまったことを意味する。これらは何れもサービスが在庫できないことから生じる事態である。

　サービス提供の時間(日時)や空間(場所)の柔軟性・可変性が高い場合は，在庫ができない点も緩和される。しかし，サービスには時間ないし空間，また時間・空間の双方の点で言わばピンポイントで提供されるものも多い。多くのサービスで，物理的なサービス提供施設を備え，顧客に対しサービスの生産とデリバリーを行なう物理的な「サービス・ファクトリー」が構成されている。例えば，ライブハウス，野球場，レストラン，学校の教室等がサービス・ファクトリーに当たる。旅客機のようにサービス・ファクトリーが移動する場合もある。サービス・ファクトリーという決められた場所で，しばしば決められた時間にのみサービス提供が可能になる。このことは，物財の場合と比較してサービスの需給のマッチングをとりわけ困難なものとするだろう。これは後述する「サービスの需給問題」として知られる課題である。

(7) サービスの基本特性7：サービスの生産・デリバリー・消費は分離できない。

　物財には生産，流通，消費の分離性があり，生産→流通→消費の一方向に進行する通常は不可逆的な流れがある。サービスの提供においては，サービスの生産・デリバリー・消費は同時に起こる。サービスを提供する場・空間や人・装置・設備・人員は予め準備できるが，提供されるサービスそのものは，生産に際し，顧客の存在が不可欠であり，生産されそのままデリバリーされ消費されることになる。この分離できない3要素は一体となって1つのシステムを形成することとなる。この「サービスの生産・デリバリー・消費システム」をここでは「サービス・システム(service system)」と呼んでいる[11]。サービス・システムの具体的な現れがサービス・ファクトリーである。サービス・ファクトリーには，サービスを提供する場・空間や装置・設備，サービス従業員が予め準備され待機しており，ここに顧客が訪れてサービス・システムが稼働することになる。

(8) サービスの基本特性8：サービスの提供には顧客の存在と役割が重要である。

　サービスの提供においては，サービスの生産・デリバリー・消費が同時に起こる。サービス・システムにおいては，生産の現場に顧客が居合わせることが殆どであり，生産やデリバリーに消費の側が深く関与することになる。生産・デリバリーが顧客との共同作業として進行することも多い。例えば，美容院においては，髪のカットは美容師が行なうが，顧客の全面的な協力が必要であり，英会話学校においては，レッスンを行なうのは英会話講師であるが，生徒のやる気と熱心な取り組みが求められ，活発な会話を交わしてこそ，生徒の英会話力も向上することになる。この点で，サービス・システムにおいて顧客とは実質的にはサービス提供の「共同生産者(co-producer)」[12]であって，サービスの生

---

[11] サービスの提供は，しばしばサービス・デリバリー・システム(service delivery system)或いはサーバクション・システム(servuction system)として説明されるが(servuctionはservice + productionから創られた混成語である)，ここでは，生産・デリバリー・消費の分離できない一体システムとしての説明からサービス・システムという包括的な呼称を採用している。

産と消費とはしばしば双方向的な行為(インタラクション)となる。[13]

　顧客のサービスに対する満足／不満足は重要な事柄であるが，実際のところ顧客自身がサービスの生産・デリバリーに適切な役割を果たすことができるか否かが，顧客の満足／不満足を決定づけていることも多いだろう。サービス・システムにおいては，サービスを提供する側(サービス従業員)とサービスを受ける側(共同生産者たる顧客)の双方が一定の役割を果たし，適切な行動をとることが求められる。ここに後述する「サービス・スクリプトの設計問題」と共に，従業員と顧客の双方に対する「サービス・スクリプトのエデュケーション(教育)」の必要性が生じることになる。

第2節　サービス・マーケティングの諸課題

　前節で見たようにサービスは物財とは異なる諸特性を持っている。サービスの持つ諸特性からサービス・マーケティングに特徴的な諸課題が産み出される。ここでは，課題領域として①サービス・システムと顧客のマネジメント，②サービス・スクリプトとサービス・エデュケーション，③サービス・コスト，④サービスの需給問題とマネジメントの4つを取り上げ概説する。

1　サービス・システムと顧客のマネジメント

　サービスの提供は，生産，デリバリー，消費が一体となったサービス・システムにおいて行なわれ，多くの場合，顧客はサービス・システムにおける体験としてのサービスを受けることになる(サービス・エクスペリエンス)。顧客の

---

[12] 顧客とは，実質的にはサービス提供の「部分的従業員(partial employee)」であるといった表現もなされる。

[13] 顧客は実質的にサービス提供の共同生産者である。同様の理屈で，サービス従業員も実質的にサービスの共同消費者(co-consumer)である。部分的顧客(partial customer)と捉えることもできる。こうして，サービス提供においては，しばしば顧客に対するマーケティングと共にサービス従業員に対するマーケティングが必要とされる。前者はエクスターナル・マーケティング(external marketing)，後者はインターナル・マーケティング(internal marketing)と呼ばれている。

サービス・エクスペリエンスがどのようなものになるかは，サービス・システムの各要素がどのように機能し，マネジメントされるかに依存している。

(1) 劇場のアナロジーとサービス・システムの構成要素

サービス・システムは，幾つかの構成要素からなっている。サービス・システムは，しばしば「劇場のアナロジー」を用いて説明される（劇場アプローチ）。サービス・システムを劇場になぞらえると以下の要素が挙げられるだろう。

① バックステージ：サービス生産とデリバリーを支える舞台裏である。観客（顧客）から通常，隠されている部分を指す。バックステージ要員（バックステージのサービス従業員）とさまざまなバックステージの舞台装置が置かれる。

② フロントステージ：フロントステージ（舞台）では，役者（サービス従業員）が配役に合わせ，舞台衣装（制服）をまとい演技をする。舞台では大道具や小道具が用いられる。他のさまざまなフロントステージの舞台装置も置かれる。

③ 観客：顧客自身。

④ 他の観客達：他の顧客達。

⑤ スクリプト（台本）：劇場では，スクリプトに沿って演劇（サービス提供）が進行することになる（スクリプトはサービス・スクリプトと呼ばれる）。

上記をレストランに当てはめると次のようになる。

① バックステージ：厨房とそこで働くシェフ等の調理担当者や食材調達・管理システム，店舗運営システムがこれに当たる。

② フロントステージ：来店客に食事が提供されるホールである[14]。役者に当たるのはウエイター等の接客担当者（サービス従業員）である。ホールには顧客が食事をとるためのテーブルや椅子，その他の設備・調度品が置かれる。

③ 観客：顧客（来店客）自身。

---

[14] ホール（hall）は，飲食店の客席部分を指す。厨房・調理場（kitchen）に対する用語。

④ 他の観客達：他の顧客(来店客)達。
⑤ スクリプト(台本)：レストランのサービス・スクリプトに沿って料理が提供され，食事をする。

　劇場のアナロジーは，サービス・システムを理解する上で有用である。多くのサービス・システムが劇場になぞらえて構成部分を識別できるからである。サービス提供プロセスを演劇の進行にたとえて描写することも可能となる。

(2) **サービス・システムにおける顧客のマネジメント**

　サービス・システムにおいては，サービス提供側だけでなく顧客自身や他の顧客達もシステムの構成要素となっている。顧客は，サービス・システムにおける重要な要素であって，しばしば顧客自身或いは他の顧客達の振る舞いがサービス・エクスペリエンスを決定づけている。例えば，レストランにおけるサービス・エクスペリエンスは，料理の美味しさやサービス従業員の振る舞いだけでなく，居合わせた他の顧客達にも依存している。隣のテーブルにマナーをまるで守らない客がいれば，レストランでのサービス・エクスペリエンスは愉快とは言えないものとなるだろう。時には顧客の要素がサービス生産そのものの阻害要因となることもある(物財では生産の現場に顧客は通常，居合わせないので，この事態はサービス固有である)。例えば，クラシック・コンサートを素晴らしいものとするには観客のマナーが重要となる。演奏中に歩き回る観客や私語を止めない観客がいたり，携帯電話の着メロが鳴り響いたりするようでは，演奏そのものに大きな支障が生じるだろう。

　顧客の要素がサービス・エクスペリエンスを時に左右する。ここに，サービス・システムにおける顧客マネジメントが求められる理由がある。顧客に何らかの資格要件を設けたり，禁止条項を設けているサービスも存在する。例えば，コンサート等で年齢制限を設けている場合，レストラン等でドレスコードを設けている場合である。システムに相応しい顧客がサービス・ファクトリーを訪問し，サービス・スクリプトに沿った相応しい行動をとるよう工夫される必要がある。

2　サービス・スクリプトとサービス・エデュケーション

　サービス・システムにおいては，サービス従業員と顧客がそれぞれ一定の役割を果たし，適切な行動をとることが求められる。特にサービス・ファクトリーにおける人対人のサービス提供の場合は，両者の行動が対面的・即応的に調和することが課題となる。サービス提供における従業員や顧客の行動の流れは「サービス・スクリプト」と呼ばれるものである。

(1)　サービス・スクリプトとは

　スクリプトには「台本・脚本，行動計画」といった意味があるが，ここでいうスクリプトは認知心理学の用語である。シャンク(Schank, R. C.)とエイベルソン(Abelson, R. P.)は，典型的な出来事の系列(シナリオ)に関する人の知識をスクリプトと呼んでいる(Schank and Abelson〔1977〕)[15]。人は学習の結果，例えば，レストランで食事をする，電車に乗る等，さまざまな場面でのスクリプトを持っている。人の日常的行動の多くは，熟慮の結果や外界からの情報を積極的に処理したりして生じるのではなく，何らかの手がかりで活性化されたスクリプトに基づいて行なわれている。

　サービス・スクリプトはサービス提供場面における従業員，顧客のスクリプトを指している(それぞれ従業員スクリプト，顧客スクリプトと呼ぶ)。例えば，ファースト・フード店では，ファースト・フード店のスクリプトに基づき，従業員と顧客がそれぞれ振る舞い，言葉を交わしている。このスクリプトは，高級レストランにおけるスクリプトとは異なることは容易に理解できるだろう。それぞれのサービスに相応しいスクリプトに基づき，従業員と顧客の両者が行動することでサービス・システムは円滑に稼働することになる。

---

[15] スクリプトは人が持つ体制化された知識構造の1つであり，スキーマ(schema)の一種であるとされる。スキーマのうち，特定の典型的な状況下で生じる出来事の系列についての知識はイベント・スキーマと呼ばれる。このイベント・スキーマをシャンクとエイベルソンはスクリプトと呼んでいる。

(2) サービス・スクリプトの設計とエデュケーション

　スクリプトは学習されるものである。サービス・スクリプトもこの例外ではない。ファースト・フード店における従業員スクリプト，顧客スクリプト，何れも学習の結果として得たものである(従業員スクリプトは訓練やマニュアルにより強化・補強されている)。ある社会に一般的に普及したサービスであれば，当該社会ではサービス・スクリプトは多くの人々が学習済みである。例えば，現代の日本でファースト・フード店でどうしたら良いか分からず戸惑うお客は殆どいないだろう。サービスの提供側に立てば，サービス・スクリプトはサービス・システムを設計する上で重要な要素となっている。ここで，以下の点が考慮されるべきである。

① 　サービス・スクリプトについて，その社会で多くの人々が学習済みであれば，当該スクリプトに沿ったサービス・システムが円滑に機能することになる。この場合は，スクリプトのメンテナンスと新規顧客の中でスクリプトに馴染みのない者のケアが求められる。また，スクリプトから大きく逸脱し，サービス・システムの破壊要因となる「ジェイカスタマー(jaycustomer：問題顧客)[16]」については，排除なり矯正なりの対応が必要となる。

② 　その社会で多くの人々が学習済みのサービス・スクリプトから大きく外れる設計は，従業員の訓練コストを高め，顧客の側にも戸惑いをもたらすだろう。従って，通常は既存のスクリプトに沿った設計を行なうか，既存のスクリプトをベースに新しい要素を付加したり置き換えたりしてスクリプトの変化・進化を図っていくことになる。前者の場合はサービス・スクリプト上の差別化は断念されることになり，後者の場合は，顧客の学習能力・速度に応じたスクリプトの漸進的な変化・進化が図られることになる。

---

[16] jaycustomer は米語の jaywalker（交通法規を無視して道路を横断する人）の連想から創られた造語である。jay には「愚か者，田舎者」といった意味合いがある。ジェイカスタマーは，サービス・システムにおいて，極端に思慮に欠ける，理性に乏しい，悪意がある等の理由で問題行動をとる顧客である。例えば，社会ルールを守ることができない，器物や備品を盗む，器物や備品・設備を壊す，ささいなことで激昂する，酔って暴れる，他の顧客と争い騒乱になる等である。こうした顧客の存在は，システムの稼働を妨害し，他の顧客の不満足と離反(customer defection)を招く。時には，ジェイカスタマー自身やその場にいる他の人々を危険に晒すこともある(例えば，旅客機を想起されたい)。ジェイカスタマーの概念と類型については，Lovelock and Wright〔1999〕pp. 116-121 を参照されたい。

③ サービス・スクリプトの変化・進化を図る場合，また，その社会(或いはターゲット市場)に馴染みのないサービス・スクリプトを導入する場合は，サービス提供側はスクリプトのエデュケーションを積極的に行なう必要がある。[17] エデュケーションは「教育」の意味であるが，ここでは，スクリプトの学習を促進するさまざまな工夫を行なうことを意味している。例えば，顧客スクリプトについては，「サービス・プレビュー(service preview)[18]」を工夫する，スクリプトを示す掲示や配布物を用意する，広告表現の中でスクリプトを意識的に描いて見せる，と言ったことが行なわれる。従業員スクリプトは教育訓練を通じて学習されるが，一般論としては，顧客スクリプトがその社会に浸透していけば，新規に採用される従業員もスクリプトについての基本は学習済みになっていくと言うことになる。上記のエデュケーションは，「サービス・エデュケーション」と呼ばれている。

3 サービス・コスト

　サービスには同時性があり，サービス・ファクトリーという決められた場所で，しばしば決められた時間にのみサービス提供が可能になることが多い。顧客は決められた時間に決められた場所までわざわざ出向く必要がある。例えば，スポーツの国際試合を観に行く場合，顧客は決められた時間までに(しばしば遠い)競技場に行かねばならない。また，多くのサービスは顧客自身にとっての体験でもある(サービス・エクスペリエンス)。顧客は自身のサービス・エクスペリエンスについてさまざまな心配や不安を抱くものである。例えば，海外旅行について「旅行には行きたいが，飛行機が怖い」「治安が悪いかも」「言葉が通じないから不安」「食べ物が口に合わないかも」といった思いを抱く人もいる

---

[17] 我が国では現在は殆どの人がファースト・フード店のスクリプトを学習済みであるが，ファースト・フードというサービスが日本社会に導入された当時(昭和40年代後半)はそうではなかった。ハンバーガー・チェーンのマクドナルドがそうしたようにスクリプトのエデュケーションが行なわれていく必要があった。
[18] 提供されるサービスがどのようなものであるかを事前に顧客に示すためのデモンストレーションをサービス・プレビューと呼ぶ。通常，サービス・システムにおいて顧客がいかに振る舞うべきかのスクリプトのインストラクションを兼ねている。

だろう。

　上記はサービスを受ける場合に，顧客がサービスの直接の対価以外にさまざまなコストを支払わねばならないことを示している。物財においてもこの種のコストは発生するが，サービスがサービス・ファクトリーにおける顧客自身の体験である場合には顧客にとってより強く意識されることになる。この種の知覚コスト（perceived cost）は「サービス・コスト（サービス受給に際し顧客が負うコスト）」と呼ばれており，サービス・コストの削減ないしトレード・オフ問題はサービス・システム設計上の大きな課題となっている。

(1)　サービス・コストとは

　顧客はサービス購入において，サービスから得られる便益（ベネフィット）とサービス・コストとを比較考量している。サービス・コストには以下の6つがある。[19]

① サービスの直接の対価。
② その他の金銭的コスト：サービス受給に要する他の金銭的コスト（サービス・ファクトリーへの交通費等）。
③ 時間的コスト：サービス受給に要する時間（サービス・ファクトリーへの往復時間も含む）。
④ 身体的コスト：サービス受給に伴う肉体的疲労・労苦等（サービス・ファクトリーへの往復も含む）。
⑤ 心理的コスト：サービス受給に伴う心理的疲労・不安・心配等。
⑥ 感覚的コスト：サービス受給に伴うマイナスの感覚（痛み等）。

　例えば，歯医者に行く場合，治療費（①）と共に交通費がかかる（②），治療時間や待ち時間，移動時間を要する（③），肉体的に疲れる（④），治療への不安や恐怖感がある（⑤），実際に歯を削られて痛い思いをする（⑥）と言うことになる。サービス・コストは，サービスの金銭的コスト（①②）とサービスの非金銭的コスト（③～⑥）に二分することができるだろう。

---

[19] サービス・コストについてのここでの説明は，Lovelock and Wright〔1999〕に依拠している。pp. 224-226及びp. 225のFigure11.1を参照。

(2) サービスの価値とサービス・コスト

顧客が得るサービスの価値は，実際のところ「サービスから得られる便益 − (マイナス) 各種サービス・コスト」となっている。従って，各種サービス・コストについて削減を図ることが，サービスの価値(純価値(ネット・バリュー))を高めることになる。単純な対応は，サービスの直接の対価を引き下げることであろう。しかしながら，顧客がサービス・コストのどれをどのように見積もり，重みを置くかはさまざまである。直接の対価だけがいつでも問題となるわけではない。例えば，旅客機のビジネス・クラスに乗る人は，サービスの直接の対価よりも時間的コストや身体的コスト，心理的コストの削減の方を重視していることになる。[20] 海外旅行ツアーには行き帰りがビジネス・クラスであることを顧客への訴求点としているものもある。ビジネス・クラスの例のように，サービス・コストの中でサービスの直接の対価とその他の(特に非金銭的)コストがトレード・オフの関係になっている場合がある。両端を対比的に言えば，①低い対価であれば各種コストの増大は構わない顧客層と②各種コストを削減できればより高い対価でも構わない顧客層が存在すると言うことになる。サービスの価値を高める上でこのトレード・オフは重要な要素となる。

(3) 結果品質と過程品質，サービス・コスト

旅客機の場合は，「目的地に着く」という点では，どの搭乗クラスの乗客も結果として受けるサービスは言わば同一である。しかし，クラスにより言わば「サービス・エクスペリエンスで受けた扱い」が大きく異なる。これは，サービスの結果品質(outcome quality)は同一であるが，サービスの過程品質(process quality)は異なると表現できよう。サービスの提供側にとっては，結果品質で差別化できない時は，過程品質での差別化を図ることになり，顧客にとっては過程品質における差異こそが選択の基準となる。ここに過程品質別のマーケット・セグメンテーションとサービス提供が成り立つ。その際に「どのサービス・コスト要素をどのように削減するか」や「サービスの直接の対価と他のコ

---

[20] エコノミー・クラスと比較して，優先的な搭乗や手荷物の受取り，ゆったりとした座席，グレードの高い機内食，高い機内サービス水準といった顧客の各種コストの削減につながるメリットがある。

スト要素とのトレード・オフをどのように設計するか」といった問いかけが有用となるだろう。

4　サービスの需給問題とマネジメント

　サービスには消滅性があるため，物財の場合と比較して需要と供給能力のマッチングがとりわけ困難になる。サービスの需給問題(サービスの需要と供給能力のマッチング問題)とその対処のための需給マネジメントについて説明する。

(1) サービスの需要と供給能力の基本特性

　サービスの需給問題は直接にはサービスの持つ消滅性からもたらされるが，以下に示すようなサービス需要(service demand)とサービス供給能力(service capacity)の基本特性の乖離がこれを増幅している。

① サービス需要の変動性：サービスに対する需要は，経時的に見た場合大きく増減するのが通常である。例えば，シーズンスポーツや旅行等においては，季節や月単位での需要変動が大きい。1日の中でサービス需要が大きく変動する場合もある。例えば，レストランでは，昼のランチには短い時間の間に需要が集中し，夜のディナーには昼ほど短い時間ではないがやはり需要が集中する。それ以外の時間帯では需要はさほど期待できない。また，増減は繰り返しのサイクルをなしていることも多い(サービスの需要サイクル)。上記の例では需要が季節単位や時間単位で繰り返しのサイクルを形成していることが見い出される。

② サービス供給能力の固定性：サービスの供給能力は，固定化されている要素が多く，サービス需要の変動に対して十分に可変的ではない。例えば，ホテルの客室数や宴会場の収容能力，旅客機の乗客定員数，レストランのテーブル・客席数は，需要の変動に応じて柔軟に増やしたり減らしたりすることは(時に非常に)難しい。この種のサービス提供の場・空間や装置・設備は一旦，設置されれば簡単には動かせなくなる。[21]

サービス需要は大きく変動するが，それに応じるべきサービスの供給能力は固定化傾向が強い。このことは，サービス提供を的確に行なうことを困難なものとしている。とりわけ，サービスを受ける対象が人間である場合は，この傾向は一層顕著となる。生身の人間の持つ需要(の変動)はそう簡単にタイミングをずらしたり，平準化させたりすることは難しいからである。[22]

(2) サービスの需給マネジメント

サービス需要と供給能力の基本特性の乖離のため，多くのサービス・システムで以下のような状況が発生している。

① 需要ピーク時に十分に対応できるよう供給能力を備えるとオフピーク時に供給能力が余りにも過剰となる。

② と言って，供給能力をオフピーク時に合わせるとピーク時需要に全く対応できない。

③ 結局は，供給能力をそれなりに備えることになるが，これは需要ピーク時には十分に対応しきれず，オフピーク時には供給能力が十分に稼働しないまま待機する結果となる。

④ こうして需要ピーク時には，顧客の需要に応じきれず，或いは混雑の中，顧客に労苦を強いることになる。サービス従業員も懸命に働くが供給能力を超えて殺到する需要は満たされないままである。これでは顧客のサービス・エクスペリエンスは劣悪なものとなるだろう。一方，オフピーク時は供給能力の過剰感がぬぐえない。サービス従業員も一転，時間をもて余すようになる。供給能力の過剰はサービス提供側にとって大きなコスト負担になる。

上記の状況はそのまま放置されるべきではないだろう。サービスの需給マネジメントは，この状況を(完全な解決はできないが)緩和する上で有用なものと

---

[21] 人(サービス従業員)の要素は比較的可変的である。しかし，需要の変動に合わせて柔軟に人の要素を動かそうとするとフルタイムの雇用形態を維持することはしばしば困難になる。
[22] サービスを受ける対象が物財であれば，ある程度は待機させることが可能である(物品の修理サービス等)。物財であれば，タイミングをずらしたり待ったりすることは，生身の人間よりも「苦」ではないだろう。

なる。サービスの需給マネジメントとは，サービスの需要と供給能力の乖離をなるべく近づけるよう努力し，需給マッチングを図ることである。これには，基本的に2つの側面がある。サービスの需要マネジメントと供給能力マネジメントである。

(3) サービスの需要マネジメント

　サービスの需要マネジメントは，需要をあるがままに放置せず，コントロールすべき対象として考えることである。サービス需要についての理解を深め，コントロールすることが図られる(コントロールは主要な需要サイクルを対象に行なわれる)。端的には，需要変動の緩和が工夫される。この工夫には例えば，以下が挙げられる。

①　需要が過剰な時は需要減少を図り，過少な時は需要拡大を図る。これは多くの場合，価格(サービスの対価)による直接的な需要誘導によってなされる(差別価格)。需要減少は，単に減少を図ることから，需要を他のタイミングに移行することや他のタイミングに別の需要の山を創り出すことでなされる。これは，非ピーク時の需要拡大を図ることでもある。非ピーク時の需要拡大は，サービス提供のバリエーションを増やす等の方策もとられる。

②　需要ピーク時の需要の質を誘導し(通常は多様性が削減される)，サービス供給能力の方を相対的に高めることも工夫される。例えば，レストランではランチタイムにはグランドメニューではなく少数のセットメニューだけの提供となっていることがある。これは少数のセットメニューに誘導することで，需要を均質化して供給能力を高める方策である。

③　予約システム(reservation system)によって事前コントロールを行ない需要の平準化を図る。予約は予め需要を確定し，需要変動の不確実性を削減するのに有用である。過剰な需要の減少を図ることができ，非ピーク時への誘導も同時に行なうことができる。

④　行列システム(queuing system)によってピーク時の過剰な需要の保持と秩序化を図る。行列(待ち行列)は，過剰な需要の言わば水際的なコント

ロールの方策である。需要を一時的に待機させて,需要保持を図ることができる。行列には需要保持機能があるが,顧客にとってはサービス受給の順番保証としての機能が重要である。従って,行列には公正さと秩序とが求められ,この確保はサービス提供側が行なうべきである。

(4) サービスの供給能力マネジメント

サービスの供給能力マネジメントは,供給能力をあるがままに放置せず,コントロールすべき対象として考えることである。サービス供給能力についての理解を深め,需要変動に対応してコントロールすることが図られる。端的には供給能力の固定性の緩和(可変性の向上)が工夫される。この工夫には例えば,以下が挙げられる。

① 固定性の緩和は,先ずは人の要素に関して行なわれる。サービス提供の場・空間や装置・設備は一旦,設置されれば簡単には動かせなくなるが,人(サービス従業員)の要素は比較的可変的である。具体的にはパート従業員等の活用により,需要ピーク時に供給能力を一時的に向上させることができる。

② 最大収容定員を増やすことで,需要ピーク時の供給効率を一時的に高める(サービス・ファクトリーの全体供給能力は最大収容定員×顧客の回転率である)。例えば,JRでは通勤ラッシュ時には座席を収納できる車両を導入しているし,逆に観光バスでは補助イスを装備して急な需要拡大に対処している。ホテルの部屋でもエクストラベッドが準備されることがある。

③ 顧客の回転率を上げることで,需要ピーク時の供給効率を一時的に高める。例えば,ランチタイムのレストランにおいては,オーダー取りや料理のサーブ,空いた皿の片付け,請求書の提示等を迅速かつタイミング良く行なうようにすることで,来店客が不必要に長居しないように工夫することができる。顧客の回転率を上げることは,しばしばサービス提供時間を縮小することを意味する。単純に縮小すると顧客のサービス・エクスペリエンスを損なうことになるので,サービス提供時間のどの部分を縮小・削減するかが課題となる。通常は,上記の例のように補足的なサービス要素

の縮減が先ず工夫されることになる。その一方で，コア・サービス部分（この場合は食事）の時間の単純な短縮につながらないように十分に配慮せねばならない。

④　サービス提供の時間単位をコントロールする。サービス提供を受ける時間単位を顧客任せにすると供給能力が長時間占有されてしまう場合がある。これを回避することも供給能力の向上につながる。例えば，映画館では需要過剰時には完全入替制を実施し，食べ放題等で人気のレストランでは時間制限が設けられる。

⑤　供給能力の一部を顧客に担ってもらう。例えば，多くのリゾートホテルでは朝食はセルフ・サービス方式となっている。この場合は，顧客の側にサービス・スクリプトと自身の役割に対する理解が求められる。

【参考文献】

小宮路雅博〔2010〕「サービスの諸特性とサービス取引の諸課題」『成城大学経済研究』187号成城大学 pp. 149-178。

Levitt, T.〔1976〕"The Industrialization of Services", *Harvard Business Review*, September-October, pp. 63-74.

Lovelock, C. H. and L. K. Wright〔1999〕*Principles of Service Marketing and Management*, Prentice-Hall, Inc.（訳書，小宮路雅博監訳，高畑泰・藤井大拙訳〔2002〕『サービス・マーケティング原理』白桃書房）。

Lovelock, C. H. and L. K. Wright〔2001〕*Principles of Service Marketing and Management, 2nd ed.*, Prentice-Hall, Inc.

Nelson, P.〔1970〕"Information and Consumer Behavior", *Journal of Political Economy*, vol. 78, pp. 311-329.

Nelson, P.〔1974〕"Advertising as Information", *Journal of Political Economy*, vol. 82, pp. 729-754.

Schank, R. C. and R. P. Abelson〔1977〕*Scripts, Plans, Goals and Understanding : An Inquiry into Human Knowledge Structures*, L. Erlbaum.

Shostack, G. L.〔1977〕"Breaking Free from Product Marketing", *Journal of Marketing*, April, pp. 73-80.

（小宮路　雅博）

第12章
観光マーケティング

　本章においては，観光という行動の持つさまざまな特性について整理し，そこから導かれる観光に特有のマーケティングについて，特にマーケティング主体が複数となる地域の視点について説明する。

第1節　観光マーケティングとは

　観光マーケティングについて語る前に，そもそも「観光」とは何であるかを明らかにしておく必要があるだろう。これまでにもしばしば言及されているが，「観光」という言葉は，中国の古典である四書五経の1つ，『易経』にある記述「観国之光，利用賓于王」に由来する。その国や地域の優れたものや素晴らしいものを，賓客に見せておもてなしをするのは良いことである，という意味である。つまり，他の地域からの来訪者が，自身の日常生活圏内には存在しないものを見ることに価値があるということが，観光の根幹にある考え方となる。

　一方で観光に類する言葉はさまざま存在する。旅，旅行，或いは外来語としてのレジャー，レクリエーション，ツーリズム，トラベル，更には英語ではtravel, tourism の他に sight seeing という用語もあり，何れも観光に関係した意味を持っている。こうした多くの概念については，これまでの研究でかなり整理されてきている。紙幅の関係から詳細についての説明は省くが，ここでは日本語となっている表現についてまとめておくこととする（図表12-1参照）。

　但し，実際にはこれらの用語が厳密にこの分類に従って用いられているわけではない。こうした用語が実際に用いられる場面では，多少曖昧な点もあるのが現実である。一例として，レクリエーションは厳密には観光とは異なる概念

図表 12-1　観光にまつわる用語の整理

ツーリズム	ビジネス・トリップ				余暇(活動)・レジャー
	旅行・トラベル	友人・知人・親戚訪問			
		観光・レクリエーション	観　光		
			レクリエーション	(定住圏外)	
				(定住圏内)	

出所：溝尾〔2003〕p. 13 及び前田〔2006〕p. 104 を参考に著者が作成。

と捉えられることが多いのであるが，観光マーケティングを論じる際には，類似した特性を持つために同一に扱われる。そして，ここでは仕事上の出張，すなわちビジネス・トリップについては除外する。これは我々が「観光」として考える要素には「他から強制される」という状況は当てはまりにくく，仕事での出張が「楽しみのためになされる」という考え方からは大きく外れていることが多いからである。また，友人や知人，親戚の訪問，そして定住圏内におけるレクリエーションについても，考察の対象からは外す。知己を頼っての旅行は，その相手の所在地によって訪問先が決まってしまうなど，マーケティング主体側の操作性が極めて低いし，移動がないか少ない定住圏内での活動については，観光マーケティングではなく，サービス・マーケティングで考察した方が理解し易いためである。

　すなわち，ここでは，我々が普通に考える観光地への「観光」と特定の活動であるレクリエーションとを含むいわゆる「観光レクリエーション」のマーケティングについて考えていく。

　さて，このように観光の概念が明らかになると，次に観光マーケティングとは何かについて述べねばならない。観光マーケティングという概念は，観光という行動を消費者が起こすための関係性構築であると言えるが，ここで重要なのは，個別企業単位の視点と地域的な視点との双方が存在するということである。観光に関係する諸産業におけるマーケティングを対象とするのは個別企業単位の視点である。例えば，とある山奥の旅館にいかにして来客してもらうか，或いは新しく開業するテーマパークをどのようなマーケティング戦略の下で運営して来客を促すか，これらは個別企業単位の視点となる。一方，何らかの観光資源がある地域への入込客数を増加させるにはどうするか，或いは我が国へ

のインバウンド増大のためにはどうすれば良いか，これらは地域的な視点となる。

何れにせよ，観光客に対してどのようなアプローチをして，観光という行動を実現するように方向づけるかという点では同じであるが，前者が個別の主体におけるマーケティングについて考えるのに対し，後者は複数の主体の集合体におけるマーケティングについて考えるという相違点がある。前者については第11章の「サービス・マーケティング」において述べられている考え方が中心となってくるため，本章では取り扱わない。

本章では，観光マーケティングと言われるさまざまな理論のうち，地域を単位としたマーケティングの視点について述べ，また，その中でも中心的な役割を果たしてきたと考えられる旅行業にスポットを当てて，その対象とする市場の変化と，これまでになされてきた対応策について考えることを通じて，観光マーケティングについて理解することを目指したい。

地域を軸としていかに観光客を増やすかという問題に対しては，「地域ブランド」や「デスティネーション・マーケティング」といったアプローチが有効である。これらは，当該地域をブランドとして確立し，他の地域との差別化を実現した上で，それに対して域外からの来訪者を増加させるためのマーケティングである。

このようなマーケティングでは，特に国際観光に見られるような世界規模での観光の場合，税負担を非居住者に転嫁することも可能となる。国家や地域によっては，こうした観光を通じた域外からの税収によって，当該国民や住民の所得税がない，或いは著しく税率が低い場合もある[1]。また，観光客自身が土産物などに支出して，自身で持って帰ることによって，その地域から域外への事実上の輸出にもなっている。これらは観光によるメリットの側面であると言える。

しかしながら観光にはデメリットとなる面も存在する。他文化圏の人々が多数流入することで，それまでの生活習慣や価値観に何らかの変質が生じたり，

---

[1] 例えばバミューダでは，外貨収入と税収入の半分以上が観光によるものである（Kotler, Bowen and Makins〔1996〕訳書 p. 736）。

観光客の増加による急激な仕事の変化によって，人間関係にさまざまな軋轢が生じたり，既存のコミュニティが破壊されたりしてしまうことも多い。また，その地域での人間の絶対数が増加することによって，廃棄物の増加を始めとした自然環境の悪化や，多数の人間が接することによる観光資源の損耗という問題点も内在している。こういう場合には，地域の経済的な繁栄と「地域の文脈」の維持とのジレンマとなってしまっていると捉えられる。[2]

こうしたメリットとデメリットとが，その地域の内外に散らばっているということを踏まえて考えていくことが，観光マーケティングを理解するポイントである。地域内の主体Aにとってはメリットとなることが，他の主体Bにとってはデメリットとなってしまうことがある。地域として，こうしたことをどのように整合性をとるかがポイントとなってくる。

第2節　観光の要素と観光市場の諸特性

観光が成り立つためには，幾つかの要素が必要となる。観光をする主体，つまり観光客である「観光主体」，その観光の対象となる「観光対象」，そしてそれらを結び付ける「観光媒介」である。[3] 以下，これらについて説明しつつ，観光という財と観光市場について説明していく。

1　観　光　主　体

そもそも観光をする主体である「観光主体」がいなくては，観光市場は成り立たない。観光主体がなぜ観光をするかというと，観光に対するニーズが生じるからである。このニーズが生じる理由についてはさまざまな要因がある。一例として，コトラー(Kotler, P.)らによれば，観光需要を生起させる心理的要因は

---

[2] 「地域の文脈」については，徳江〔2010〕に詳しい。
[3] 観光の要素の分類法には幾つか種類が存在する。例えば須田〔2006〕では，「観光者」「観光動機」「観光資源」「観光(支援)基盤」の4つに分類している。本章では，動機を持った上で観光しようとする者を「観光者」と考え，3つの分類とした。

図表 12-2　観光における心理的要因

プレステージ	プレステージの高さは，旅行者，特に遠距離旅行者に常についてまわる。多くの旅行は，旅行者の心の中だけかもしれないが，旅行者にある程度高い威信を与える。
逃避	人が日常生活のリズムから一時逃れたいという欲望は，基本的な人間の欲求の1つである。逃避という言葉がしばしば用いられる魅惑的な広告からも伺える。
出逢いの機会	旅行は，以前から魅力的な人々と出逢う手段として考えられてきた。これは，大西洋横断旅行，オリエント急行および川下りの旅の遺産の1つでもある。
教育	旅行それ自体は歴史的に，視野を広げるものとして考えられてきた。旅行の深層心理は，費用，危険，ストレスにまさる旅行の教育的効果によって覆い隠されている。
交流	見知らぬ人々に出会い，交流する機会は，旅行を動機づける強力な要因となる。リゾート地や船旅は，一般にこの欲求に訴えかけるものである。
家族のつながり	旅行産業にとって，家族の集まる旅行は，重要なセグメントになっている。一方で，大人と子供とが別個の活動をしていたら，家族が選ぶ旅行はいつも家族のつながりを強くするとは限らない。
リラクゼーション	人間や動物の観察をしている人によると，人間は成人になっても遊び続けるたった1つの，あるいはごく限られた種なのだという。リゾート地やクルーズ船は遊びの欲求を満たす最も良い例である。
自己発見	多くの人にとって，旅行は"自己を見つける"機会を提供してくれる。離婚や家族の死のような人生の劇的な出来事の後で，多くの人々がとる行動がその証である。いわゆる未開の文化を含め多くの文化は，若者に自己発見のために一人旅に出ることを促したり，強要さえもした。世界中のユースホステルは，自己発見を求める多くの旅行者達にサービスを提供している。リゾート地でアルバイトをする人達の中には，自分自身が何者なのか，将来どうなりたいのかについて深く考えようと，その地にやって来た人がたくさんいる。"ホリスティック・バケーション(holistic vacation)"という概念は，自己発見を求める人々のために創られたものである。

出所：Kotler, Bowen and Makins〔1996〕訳書 p.744 を一部改変。

大きく8つの要因に分けられている（図表12-2）。

他にも観光マーケティングにおいては，観光主体の絶対数の増減やその構成，すなわち団体なのか小グループなのかといった要素についての把握が必要となる。これらは観光マーケティングの前提となる需要構造を決定するためである。

2　観光対象

次に観光主体が観光の対象とする客体，すなわち「観光対象」が存在する必要がある。この観光対象には，素材そのものとしての「観光資源」とそうした「観光資源」を軸として観光主体の欲求を充足させるための観光施設とが存在する。

観光資源も，更に自然観光資源と人文観光資源とに大別され，また，これらの何れもが含まれるような複合観光資源というものも存在する。そしてそれぞれの観光資源は，有形なもの，無形なものとも大別される。有形な自然観光資源としては，海や山の景観が代表的である。また，無形な自然観光資源としては，厳しい冬の寒さのような気候や白夜などが挙げられよう。有形な人文観光資源としては，遺跡や歴史的建造物が，また，無形な人文観光資源としては，伝統的な音楽や民話，演劇，そして最近ではイベントなどが挙げられる。複合観光資源はこれらが特定地域内に集積しているもので，国立公園や都市での観光が当てはまる。

ここでのポイントは，時間経過に従って観光資源としての価値が減じてしまうものが存在していることである。これは時間経過による物理的な劣化以外にも，外部の社会文化的環境の変化による陳腐化といったものがその原因として考えられる。

観光施設には，泊まるための宿泊施設や遊ぶためのレクリエーション施設が挙げられる。有名観光地にある宿泊施設のように，近隣の観光資源を訪れるための補助的な要素であることもあるが，一方でテーマパークやレジャーランドといったものは，この観光施設が観光対象のほぼ全ての要素となる。滞在型のリゾートの場合も同様である。

3　観光媒介

観光主体と観光対象とを物理的に，或いは情報などで結び付けるものが「観光媒介」となる。自動車や鉄道，航空といったものは移動のための媒介である。

観光主体の日常生活圏と観光対象との間には距離があるため，この距離を移動のための媒介によって埋めることになる。モノとしての製品も，通常は生産地と需要地とは離れており，工場から流通経路を経て小売店に並んだ状態を消費者は購買する。当然のことながら観光対象の多くは流通することができないため，逆に消費者がその場所まで行く必要が生じてくる。

　もう1つは情報面での媒介である。各種のメディアの発達により，訪れたことのない場所の情報が容易に手に入るようになった。特にテレビでの旅番組は，あたかも自分がその場所で観光をしているかのような気分になることができる。こうした刺激は，観光への欲求を生じさせる大きな要因であるが，この状況に拍車をかけたのがインターネットの発達である。インターネットを通じて我々は，テレビの視聴のように受動的にではなく，能動的に「バーチャルな観光」を行なうことさえできるようになっている。例えば遠くヨーロッパの美術館を訪ね歩くことも簡単にできてしまう。こうして見知らぬ土地のさまざまな情報が提供され，擬似的に観光をしている気分になることで，消費者は観光の欲求が掻き立てられ，観光主体となる。そしてもちろん，こうした媒介を通じた各種観光情報の獲得も，どんどんと容易に行なえるようになってきているのである。

　実はこうした観光媒介の発達が，観光の大衆化につながっている。交通機関の高速化，低廉化は，移動におけるさまざまなコストを下げ，多くの人が気軽に観光をすることができるようになった。かつては徒歩で行ける距離が移動の全てであったのであるが，鉄道や航空機の発達によって，世界中へと観光できるようになったのである。また，情報手段の発達によって，観光の欲求がより一層掻き立てられ，容易に観光に関わる情報を手に入れることができるようになった。観光市場の拡大は，所得の増加などのような観光主体そのものの変化も重要であるが，観光媒介の発達も大きな鍵となっている。

　このように観光主体，観光対象，観光媒介と観光に関わる要素が分けられることが示されたが，あらゆる観光の要素がこれらの何れかに分類ができるというわけではない。例えば豪華寝台特急での移動や自動車でのドライブは，観光媒介でもあるが，その移動そのものも観光対象として考えることができよう。

客船でのクルージングも同様である。逆に言えば、このように分類することで、観光媒介を観光対象化するといった、新しい商品提供の機会も垣間見える。これらの分類は、あくまで概念整理のためのものであり、絶対的なものではないということを忘れてはならない。

第3節　観光マーケティングの諸手法

　観光においても、市場を細分化し、どの市場セグメントをターゲット市場とするかを決定し、競争環境におけるポジショニングを決めることには変わりはない。但し、観光主体が観光対象に赴くという特性から、通常のマーケティングにおけるマーケット・セグメンテーションのための変数はそのまま利用できない。そこで、観光主体の分類法を幾つか確認しておきたい。

1　観光主体の分類

　観光市場を細分化する前提としての観光主体の分類法としては、基準をどこに置くかでさまざまな方法がある。マーフィ(Murphy, P. E.)はそれまでの先行研究を整理し、観光主体と観光対象の存在する地域社会との相互作用の点から見た「相互作用モデル」と観光主体のモティベーションの点から見た「認知－規範モデル」とに大別している(Murphy〔1985〕)。何れも観光主体を細分化し、それぞれの特徴について論じられている。

　しかし、こうした観光客の分類では、消費者のニーズの変化に対応したマーケティングを行なうことが困難となってきた。すなわち、一般的なマーケット・セグメンテーションがデモグラフィック基準、ジオグラフィック基準だけでは対応できなくなってきてサイコグラフィック基準が登場してきたように、観光市場においても例えば図表12-3のように、ライフ・スタイルを軸とした細分化も試みられるようになってきた。

　このように細分化された市場セグメントに対して、前項の観光対象において

図表 12-3　(財)日本交通公社調査(1989年)によるライフ・スタイル分類

1. センシティブ創造派	8.1%	・感性による差別化へのこだわりが大きく，積極的に自己の生活を拡大しようとする。・慣習，習慣に拘らず，自己の価値基準で生活を送ろうとする。・新しさや風俗情報への関心が高く，簡素な生活よりも多様な生活を楽しみたい。・家族より自分自身，将来よりも今を大切にし，自己を律する儒教的価値観への関心は低い。・感性，理性ともに高いカルチャーリーダー。
2. ファッション追随派	9.2%	・感性による差別化意識は大きい。・雷同意識が比較的強く，自ら慣習，習慣を打破していこうという思いはない。・新しさ，風俗など皮相的な生活をエンジョイしたいと思い，それなりに実践するが，決して枠を超えない。・簡素化より多様化を求め，本質よりもオシャレを志向するファッションリーダー。
3. 未成熟反社会派	13.6%	・感性差別化への志向はほどほどに高い。・新しさ，風俗等の関心はあるが，社会との関わりへの拒否感が強く，全体的に未成熟なイメージで物事や生活に対して前向きに取り組もうという姿勢が見られない。
4. 知的積極社会派	12.0%	・積極的に自己を拡大達成していこうとする。・道徳・習慣に縛られることなく，自らの価値基準と判断力に拘り，それに則った生活を送ろうとする。・決してはねっかえりではなく，バランス意識があり，関心は社会全般から風俗に至るまで幅広い。・情報収集には非常に積極的。・物財，行動を賭して自らの感性，生活を多様にエンジョイしようとするオピニオンリーダー。
5. 良識調和派	11.1%	・儒教的価値基準に沿った，良識ある生活志向。・積極的に自らの生活を切り開いていこうという意識は低いが，社会と調和し，社会の一員として，ほどほどに恵まれた生活を送れることが，人生の幸福と思っている。・生活に余裕ができるにつれ，自己の主張，感性表現をリスクのかからない範囲で楽しみたいと思い始めている。
6. 夢見る願望派	13.6%	・感性欠乏派同様，既成の枠の中で自己達成を図っていこうとする。・新しい風俗や物事への関心も低く，自己の感性に対する興味が低い。・感性欠乏派ほど社会・風俗に批判的ではなく，どちらかというと通俗的な現状肯定派。
7. 感性欠乏派	9.6%	・知的積極社会派同様に自己達成志向は高いが，彼等ほどには積極的に新しい風俗や物事には溶け込めず，既成の価値基準の枠の中で習わし，風俗を批判したり，評価したがる現状否認型。・自己の感性，センスには自信がなく，従って物財，行動を賭して自らの感性，センスを表現していこうという関心は低い。
8. 意欲欠乏派	12.2%	・何に対しても消極的。・今の生活に満足しているわけではないが，改善意欲がない。・自分自身，生活に対する期待値が低く，現状の生活で仕方がないと思っている。
9. 生活困窮派	10.6%	・他のクラスターと比べて最も生活レベルが低く，生活や物の購入をエンジョイしたりする余裕を殆ど持てない。・生活の中で唯一の楽しみは家族との接触とテレビと食べ物。

出所：佐藤〔1997〕p.114 表 5-1 を一部改変。

より強みを発揮し得る要素が対応することになる。例えば，図表 12-3 の「センシティブ創造派」や「ファッション追随派」「未成熟反社会派」「知的積極社会派」「良識調和派」「意欲欠乏派」は，「日常生活や都会生活からの解放」といった観光への動機を最も強く持つのに対し，「夢見る願望派」や「感性欠乏派」は「保養，休養」といった観光への動機を最も強く持っている。観光への動機は通常，1 つの動機のみで生じるわけではないため，こうした動機が複数組み合わされると，実際の観光の希望が具体化してくる。例えば，「センシティブ創造派」「未成熟反社会派」は「離島での海水浴」を最も強く希望し，「ファッション追随派」「知的積極社会派」「良識調和派」「夢見る願望派」「感性欠乏派」「意欲欠乏派」は「味覚旅行」を最も強く希望する。また，「生活困窮派」は「温泉に滞在して保養」を希望するが，実際にはなかなか実現できない。

　こうした観光に対する欲求を充足する観光対象には，当然国内外に競合する他の観光対象が存在する。その中で当該の観光対象を消費者に選択してもらう前提として，観光対象の情報や関連する情報を，観光媒介を通じて消費者に届けなければならない。その場合，観光対象のブランド力が高ければ，当然のことながら消費者に選択してもらい易くなる。観光においては，個別施設のブランド力ももちろんだが，その地域全体の観光におけるブランド力も関係してくることになる。そこで，以下では地域に焦点を当てた観光マーケティングについて説明する。

2　地域と観光マーケティング

　観光主体が観光対象を選択する際には，単一の観光資源や観光施設を選択するよりも，一定の地域における観光対象全体を選択していると言える。その為に，観光における他地域との競争を意識すると，当該地域は観光としての地域ブランドが確立され，それが観光主体に受け入れられることによって，競争優位が生じることになる。

　本来的には地域ブランドそのものが観光に結び付くわけではないし，逆に観光地としての魅力がそのまま地域ブランドを形成するというわけでもない。こ

れらは車の両輪のように，互いに影響し合うものとして把握するべきである。

かつては，地域の名産品などが中心となって地域ブランド化が目指されてきた。しかしながらモノに焦点を当てた場合には，その商品が流通してしまう以上，観光という視点での需要喚起にはなかなかつながらないし，地域全体の価値向上にもつながらない。その為，近年ではこうした名産品も含めた「地域」全体でのブランド化が意識されるようになってきている。この背景にある他の要素として，地域のアイデンティティの低下に対する危惧や，若者を中心とした海外旅行離れによる国内観光地の相対的競争力向上，更には地域ブランドや地域マーケティングの体系化が進んだことによる，地域ブランド形成に対する観光の役割の明確化なども挙げられよう。

何れにせよ，観光対象となる地域における観光資源や観光施設について，魅力的な形で消費者に伝え，観光主体として来訪してもらうことが地域を軸とした観光マーケティングの目的となるのである。その為の大前提としては，さまざまな観光資源や観光施設の情報をきちんと把握した上で，消費者の記憶に残るように発信する必要がある。消費者が知らないままでは，どんなに素晴らしい観光資源であったとしても，それは実際の観光につながらないからである。ここで，情報を軸として，観光マーケティングにおいてマーケティング主体が分類されることについて考えてみたい。

観光施設については，それぞれの経営主体や運営主体が情報発信をすれば良いが，観光資源に関しては必ずしも主体が存在しない場合がある。特に自然観光資源の場合には主体的な意思が存在しないため，他の主体が情報発信をする必要が生じる。つまり，こうした情報は，その発信の主体によって幾つかの種類に分かれることになる。

最も個別性が高いのは，観光施設が独自に広告物を作成したり，インターネットを通じた情報提供を行なったりすることである。この場合には自社に有利な情報を流せるが，地域としての情報についてはやや少なくならざるを得ない。次に，こうした観光施設が所在する自治体や加盟している各種協会や組合などによる情報提供も存在する。これらは個別施設によるものよりも広範な観光対象についての情報を提供することができる。そして場合によっては，国家単位

での情報提供も行なわれる。ここでは極めて広範に渡る情報が提供されることになるが，逆に個別の情報については切り捨てられてしまうことになる。

　また，旅行業という代理業者を通じた情報提供によって，観光主体の立場から整理された情報も流れる。旅行業を通じた場合には，観光主体のライフ・スタイルに合ったパッケージとしての情報の提供も可能であり，観光主体はより観光に対する欲求を生じ易いとも言える。

　他にも，直接は観光に関係ない立場であるマスコミを通じた情報提供や，最近では一般の個人を通じた直接的な口コミやインターネットを利用した情報提供も重要なポイントとなっている。マスコミを通じた情報提供は，広告以外では掲載決定権や編集権がないため，観光施設側ではコントロールしにくいという問題点が存在するが，消費者にとっては信頼度の高い情報となり易い。一般個人を通じた情報提供では，更に信頼度が高まる傾向もある。

　このように，観光マーケティングにおいては，マーケティング主体によって統制可能要因と統制不可能要因とが異なってくる。他の要素でも，例えばアクセスを容易にするために，高速道路を造ってもらったり鉄道の駅を設置してもらったりするための陳情は，個別の企業によってではなく，協会や組合，場合によっては自治体によって行なわれる。これは，そうした活動が個別企業では余り成果につながらず，一方でその効果が広範に渡るためでもある。高速道路の開通や，駅の開設によって，観光主体側では観光にかかるコストの低減が実現され，地域としての競争力が増加することによってさまざまな効果が生じるであろう。

　以上をまとめると，地域の視点による観光マーケティングにおいては，マーケティング主体毎に異なる統制可能要因について整理した上で，地域全体としての視点から，マーケティング主体毎に観光主体との関係構築と関係のマネジメントを行なっていく必要がある。

【参考文献】
佐藤喜子光〔1997〕『旅行ビジネスの未来―旅行産業経営論―』東洋経済新報社。
須田寛〔2006〕『新しい観光』交通新聞社。

徳江順一郎〔2010〕「『和』リゾートの新潮流」『高崎経済大学論集』第53巻第3号　高崎経済大学経済学会 pp. 41-54。
前田勇〔2006〕『現代観光総論　第3版』学文社。
溝尾良隆〔2003〕『観光学―基本と実践―』古今書院。

Kotler, P., J. Bowen and J. Makins〔1996〕*Marketing for Hospitality & Tourism*, Prentice-Hall.（訳書，ホスピタリティ・ビジネス研究会訳〔1997〕『ホスピタリティと観光のマーケティング』東海大学出版会）。
Murphy, P. E.〔1985〕*Tourism：A Community Approach*, Routledge.（訳書，大橋泰二訳〔1996〕『観光のコミュニティー・アプローチ』青山社）。

（徳江　順一郎）

第13章
スポーツ・マーケティング

　近年，スポーツ・マーケティング(sports marketing)という言葉が聞かれるようになってきた。書籍・論文数も次第に増えている。また大学のカリキュラムにおいてもスポーツ・マーケティング・コースという名称を冠した専門教育が始まるなど，スポーツ・マーケティングはマーケティング研究の特定領域の1つを形成しつつあると言っても過言ではない。

　しかしながら，スポーツ・マーケティングはスポーツという言葉の持つ意味の広さから，その対象領域が曖昧な分野であるとも言える。極端な言い方をすれば，スポーツに少しでも関わっていればスポーツ・マーケティングの領域に含まれるとの考え方も可能であるかもしれない。本章では，スポーツ・マーケティングとは一体どのようなものなのか，その対象領域と内容について概説する。

第1節　スポーツ・マーケティングの台頭

1　スポーツとマーケティング

　これまで，マーケティングの分野ではスポーツは直接には余り扱われてこなかったと言って良いだろう。もちろん，スポーツ用具やウェアといったスポーツ関連用品の製造・販売については，通常のマーケティングの枠組みの中で扱われ，論じられてきた。またプロスポーツに関しても，大会や試合などイベントとしての意味合いからの研究は幾つかみられた。しかしながら，これらスポーツに関する研究や議論は，マーケティングにおける特別な一領域を直ちに

形成するものではなかった。

　マーケティングの分野でスポーツが余り扱われてこなかった理由としては，スポーツには歴史的な経緯から，アマチュアリズムがその中核にあったことが挙げられるだろう。多くのスポーツはアマチュアのものであり，ビジネスとか利益，商業というものとは相容れないと認識されてきた経緯がある。実際に，現在では想像しにくいが1970年代までは，多くのスポーツでプロとアマチュアが厳格に区別され，プロの選手がオリンピックに出場するなどということは考えられもしなかった。一部のプロスポーツを除き，スポーツとビジネスは同じ次元で語られるものではなかったのである。では，何故，近年に至り，スポーツが現代的なマーケティングのテーマとして大きく登場してきたのだろうか。その最大の理由は，スポーツがビジネスの魅力的な対象として位置づけられるようになったことに求められるだろう。

2　ロサンゼルス・オリンピックとスポーツ・マーケティング

　それまで乖離した存在とみなされていたスポーツとビジネスの関係が密接なものとなる契機となったのは，1984年に行なわれたロサンゼルス・オリンピックであったと見る論者は多い。ロサンゼルス・オリンピックは，初の民活五輪とも言われ，オリンピックの運営面から見ると一大転換点となり，その後のオリンピックの方向性を決定づけるものであった。当時のオリンピックを取り巻く状況を振り返ってみると，このロサンゼルス・オリンピックが従来のオリンピックと一線を画さざるを得なかった最大の理由は，経済的な要因であったことは間違いない。

　国際オリンピック委員会(International Olympic Committee：IOC)の記録によれば，1984年にオリンピック開催都市として立候補していたのはロサンゼルスのみという状況であった。現在のように，多くの都市がその開催を巡って競合するという状況ではなかったのである。不人気であった最大の理由は，経済的に見合わないイベントであったからに他ならない。オリンピック開催地としての名誉が得られる一方で，スタジアムや付帯施設の建設に多額の投資が必要であ

り，加えて，施設を建設しても，その後の維持・運営等が難しいなどといった多くの問題点が指摘されていた。オリンピック開催という名誉と観戦客の一時的な観光収入ではとうてい見合わないという考え方が一般的だったのである。また，運営費がほぼ全て開催国の国民の税金で賄われるシステムであったこともあり，開催したくても，手を挙げることのできる国はそれほど多くはなかったことも指摘されている。

　こうしたオリンピックの危機的状況を打破するために，ロサンゼルス・オリンピックでは，従来にはないさまざまな手法が取り入れられることになった。ロサンゼルス・オリンピックが，従来のやり方と比べて画期的だった点として，主に①オリンピックを1つのソフトないしコンテンツとして捉え，関連する権利を販売するというビジネスモデルを確立したこと，②プロ解禁に向けての流れを作ったこと，の2点を指摘することができるだろう（図表13-1参照）。以下，この2点について説明する。

(1) ビジネスモデルの確立

　オリンピックにおけるビジネスモデルの確立において，最も大きな変革は「テレビ放映権料の市場化」である。それまでも放映権は販売されていたが，ロサンゼルス・オリンピックでは従来とは比較にならない約2億2,500万ドルで売却された。1976年のモントリオール・オリンピックが約2,500万ドル，1980年のモスクワ・オリンピックが約8,500万ドルであったことをみてもその高騰ぶりが分かるだろう（何れもアメリカのTVネットワークが支払った放映権料。詳細は，図表13-4を参照されたい）。

　もう1つの大きな柱はスポンサーシップ制度の見直しによる協賛金の獲得である。それまであらゆる業種から多くのスポンサー企業を募ってきたことを止め，公式スポンサーを1業種1社とした。これによりスポンサーシップの希少価値が高まり，スポンサー料も高騰していくこととなった。ロサンゼルス・オリンピックではペプシコーラとコカ・コーラのスポンサー争いが大きな話題となった。加えて，TVネットワークなどのメディアとの連携強化によって，入場料収入や関連グッズ，記念グッズの販売も大幅に拡大した。こうした変革によ

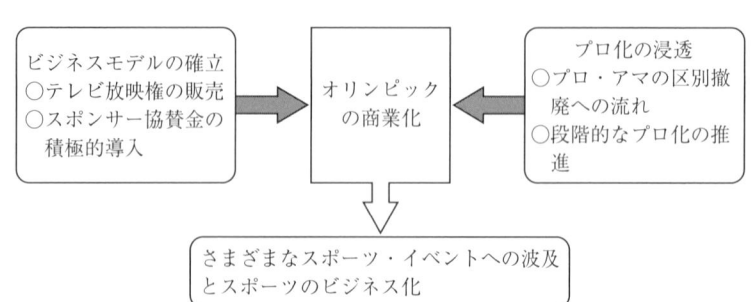

図 13-1　ロサンゼルス・オリンピックの商業化とその波及

```
┌─────────────────┐      ┌─────────┐      ┌─────────────────┐
│ ビジネスモデルの確立  │      │         │      │ プロ化の浸透        │
│ ○テレビ放映権の販売  │ ───▶ │オリンピック│ ◀─── │ ○プロ・アマの区別撤  │
│ ○スポンサー協賛金の  │      │ の商業化 │      │   廃への流れ       │
│   積極的導入       │      │         │      │ ○段階的なプロ化の推  │
│                 │      │         │      │   進              │
└─────────────────┘      └────┬────┘      └─────────────────┘
                              │
                              ▼
                    ┌──────────────────────┐
                    │ さまざまなスポーツ・イベントへの波及 │
                    │   とスポーツのビジネス化        │
                    └──────────────────────┘
```

出所：筆者作成。

り,赤字が当たり前であったオリンピックにおいて,ロサンゼルス・オリンピックは最終的に約2億1,500万ドルとも言われる巨額の黒字を記録することになった。

　この大会以降のオリンピックでは,必ずと言って良いほど経済効果や収益とセットで開催が語られるようになり,それと比例するように開催の立候補都市も激増していった。更にこうした傾向は,サッカーのワールドカップを始め,さまざまなスポーツ・イベントにも波及し,スポーツが巨大な利益を生み出すビジネスとしての意味を持つようになっていった。

(2)　プロ化の浸透によるスポーツ・ビジネスの変化

　オリンピックの商業化への転換は,その後も更に強化されていくことになるが,その影響はオリンピックの仕組みと共に,競技内容そのものにも多大な影響を及ぼすこととなった。高騰したテレビ放映権料は買い手であるメディア(TVネットワーク)の発言力を強め,テレビ放映時間に合せた競技開催が増加し,それがプロ導入の推進にも一層結び付いていくこととなった。つまり,プロ・アマの区別撤廃である。テレビの放送コンテンツとしての魅力を高め,視聴率を上げるためには,当然にスター選手の活躍と自国の選手やチームの勝利が何よりも有効であることは言うまでもない。巨額の放映権料を支払っている以上,TVネットワークはそうした要求を強めていくことになる。それまでは4年に1回の大会毎に,メダルを狙えそうなアマチュア選手をスターに仕立て,フォ

ローすることでスターが生まれてきたが，元々，プロスポーツの受け皿が多いアメリカを中心とした西側諸国では，多くの有力選手はメダル獲得後にプロに転向するケースが圧倒的に多かった。こうした状況の中で，アマチュアの選手のみではメダルの獲得が難しいのであれば，プロの選手の参加を認めるべきではないかとの声が大きくあがることとなった。

　もっとも，こうした動きが活発化した背景には，もう1つ別の次元の理由が存在する。当時，東側諸国と西側諸国の対立という冷戦構造の中で，アマチュアリズムの考え方が大きく揺らいでいたことがある。1970年代以降，オリンピックを始め，世界レベルの大会では，多くの競技で東側諸国のスポーツ選手がメダルの大部分を獲得する傾向が顕著になっていた。東側諸国の選手は，建前上はあくまでもアマチュアであったが，実態は職業的に訓練を受けていたいわゆるステートアマや軍人アマと呼ばれた選手達であった。東側諸国では，メダルを獲得すれば国の英雄となり，特に金メダルを獲得すれば一生の生活が保障された。当然，西側の選手とはモティベーションの面でも大きな差が生じることとなった。東側諸国が国家の威信をかけてステートアマの育成に注力していった結果，旧ソ連，旧東ドイツなどの国々は，1960年代からベルリンの壁崩壊に至るまで，メダル獲得数では常にトップクラスにあった。こうして育成された東側諸国の「アマチュア選手」に西側諸国が対抗するためには，プロ選手の参入を促進せざるを得なかったのである。

　ロサンゼルス・オリンピックでは，モスクワ・オリンピックの影響で東側諸国の多くが参加をボイコットしたこともあって具体的な動きは無かったが，オリンピック商業化の流れを受けて，プロ解禁への流れは，その後，決定的なものになっていった[1]。1990年にはオリンピック憲章そのものが改定され，プロ・アマの区別が原則撤廃されたことによって，プロ解禁が名実共に現実のものとなった。1992年のバルセロナ大会では，バスケットボール競技でアメリカのNBA（National Basketball Association）[2]所属の選手による「ドリームチーム」が結

---

[1] 1980年に開催されたモスクワ・オリンピックでは，ソビエト連邦のアフガニスタン侵攻（1979年）に対する抗議としてアメリカが呼びかけた結果，多くの西側諸国が不参加となった。それを受けて，1984年のロサンゼルス・オリンピックでは，東側諸国の多くが不参加（公式の理由は1983年のアメリカのグレナダ侵攻に対する抗議）となった。

成され，金メダルを獲得し大きな話題となったのは，その最たる例と言って良いだろう。

　巨大な利益が生まれるところにはビジネスが生まれ，そこにはマーケティングが存在する。スポーツは，人々を熱狂させることができる場であり，世界的に耳目を集めることのできる大きなチャンスでもあり，良質なコンテンツを提供してくれる。スポーツを取りまく環境が大きく変化し，巨大な利益を生むようになったことが，スポーツ・マーケティングが拡がっていく大きな理由となったわけである。

第2節　スポーツ・マーケティングの対象領域と内容

　スポーツ・マーケティングが台頭し，その必要性が叫ばれていることは確かであるが，現在のところ，理論としてはまだ十分に確立されたものではなく，その定義や範囲は不明確であると言わざるを得ない。その理由は，①スポーツという言葉の意味が広いためにその対象領域が不明瞭なこと，②スポーツ・マーケティングの歴史がまだ浅く研究の蓄積と発展が不十分なことにあるだろう。スポーツ・マーケティングに関する文献を幾つか調べてみても，定義がそれぞれになされており，統一した見解はないようである。[3]

　上記を踏まえ，本章では，スポーツ・マーケティングの対象領域を①するスポーツ，②観るスポーツ，③プロモーション・メディアとしてのスポーツ，④コンテンツとしてのスポーツの4つに大きく分類して説明を加えることとする(図表13-2参照)。

---

[2] 北米においては，NBA，野球のMLB（Major League Baseball），アメリカンフットボールのNFL（National Football League），アイスホッケーNHL（National Hockey League）の4つが4大メジャースポーツ・リーグと呼ばれる。これら4リーグの経済規模はプロスポーツの中で群を抜いて大きなものとなっている。

[3] Pitts and Stotlar〔2002〕訳書 pp.134-136，原田編〔2008a〕pp. 24-27 を参照されたい。

1 するスポーツ

　先ず「するスポーツ」に焦点を当てて見ていこう。「するスポーツ」に対するマーケティングとは，端的には人々が実際にスポーツを行なうことをサポートしようとするものである。これには，単にスポーツ用品を売るだけではなく，当該スポーツをプロ・アマ共に振興して競技人口を増やすことも含まれる。

　図表13-3は「するスポーツ」と次項で説明する「観るスポーツ」を物財／サービスの提供という視点から整理したものである。

　図表13-3において，「するスポーツ」における物財セクターのマーケティングは，主にスポーツ用具やウェアといったスポーツ関連用品の提供に関わるものである。これらの用品販売については，これまで従来の物財を対象とした

図表13-2　スポーツ・マーケティングの4つの対象領域

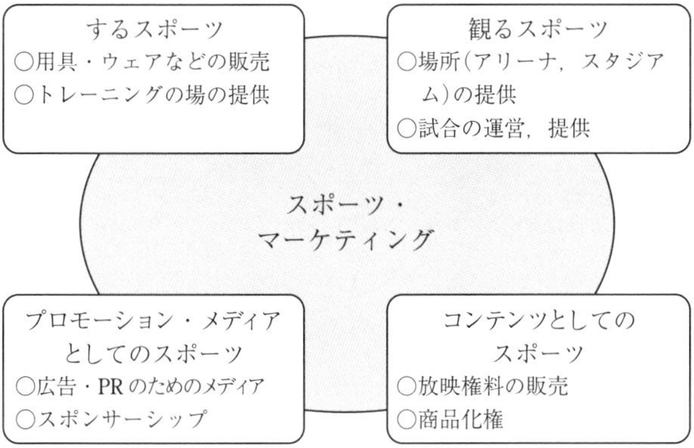

- するスポーツ
  - ○用具・ウェアなどの販売
  - ○トレーニングの場の提供
- 観るスポーツ
  - ○場所(アリーナ，スタジアム)の提供
  - ○試合の運営，提供
- プロモーション・メディアとしてのスポーツ
  - ○広告・PRのためのメディア
  - ○スポンサーシップ
- コンテンツとしてのスポーツ
  - ○放映権料の販売
  - ○商品化権

出所：筆者作成。

図表13-3　するスポーツと観るスポーツ

	物財セクター	サービス・セクター
するスポーツ	用具やウェアなどスポーツ関連用品の提供	トレーニングに関わるサービスの提供／スポーツ教育の提供
観るスポーツ	スポーツ観戦グッズの提供	スポーツ観戦機会の提供

出所：筆者作成。

マーケティングの中でも広く扱われてきたし，今後も従来のマーケティングの枠組みが機能し得る領域であると考えられる。

「するスポーツ」において注目すべきは，近年特に伸張しているサービス・セクター領域である。我が国では，健康ブームと相まって，消費者自身がスポーツを行なうためのトレーニング・ジムやスポーツクラブなどといった施設の提供は1990年代のバブル経済崩壊後の落ち込みから立ち直り，2000年以降，継続的に増加している。手軽にできるジョギングがブームとなり，ウェアやスニーカーだけでなく，最近では，就業前や就業後に走る人のために，有料のシャワー施設や休憩所などといった新たなサービス施設も出てきている。また近年，ブームとなったフットサル場の数が多くなってきているのも，するスポーツの興隆の好例と言える。人々の「するスポーツ」の実践が増加するのに伴い，スポーツに関する教育，レッスンなどの提供量も増加してくる。インストラクターやコーチと呼ばれる職に就く人が増え，多くの地域でスポーツ教室が開かれ，トレーニングの方法から正しいフォームの教育などといった技術的な指導が行なわれている。その領域は，ゴルフやサッカーというメジャーなスポーツにとどまらず，ヨガやダンスといった領域まで広がりをみせている。こうした「するスポーツ」におけるサービス・セクター領域については，サービス・マーケティングの枠組みが適用できるだろう。

また，スポーツ・マーケティングにおいては，実際のところ「するスポーツ」と「観るスポーツ」は表裏一体の関係にあると言って良い。競技経験があれば，ルールや試合の見所も良く分かり，そのスポーツを観ることにも関心が高まるだろう（するスポーツ→観るスポーツ）。その為，スポーツを観に来てもらうためには，そのスポーツの競技人口を拡げることが必要になる。野球やサッカー，ゴルフ，バスケットボールなどにみられるように，学校や地域でのスポーツ活動の普及と育成の支援もここでの重要な課題となる。一方，スポーツ観戦などの経験を経て，「面白さが分かった」「あの選手に憧れる」「自分もやってみたい」としてスポーツを始める場合も多い（観るスポーツ→するスポーツ）。良い試合をして，スポーツ観戦を魅力的なものにすることは，観るスポーツだけでなくするスポーツの振興にもつながる。上記の「するスポーツ」と「観るスポー

ツ」の相互作用の解明と促進は，スポーツ・マーケティングにおける重要なテーマと捉えられるものである。

2　観るスポーツ

　次に「観るスポーツ」について見てみよう。「観るスポーツ」の主たるマーケティング課題は，①観客をどうやって動員するか，②観戦してくれた観客の満足度をいかに高めていくのか，③観客のリピート化をどうやって促進するか，という3点にある。我が国では，プロ野球を筆頭に，Jリーグ，バスケットボールなど従来からさまざまなプロスポーツが存在してきた。プロスポーツである以上，試合に観客を集め，入場料収入を得ることが主たる収入源になる。プロスポーツのクラブやチームにとって，観客数を確保し，更にその最大化を目指すことは必須のことである。

　図表13-3に示すように「観るスポーツ」を物財セクター及びサービス・セクターの視点から見てみると，物財セクターでは，直接にはスポーツ観戦用のグッズの提供が主たるビジネスのテーマとなる。こうした応援グッズは観客の一体感を醸成し，スポーツ観戦の臨場感を高める機能を持つものである。具体的には，応援するチームのカラーで作られたシャツやメガホン，フラッグやタオル，風船など試合を盛り上げるための道具の提供などがこれに当たる。例えば，2010年に南アフリカ共和国で行なわれたFIFAワールドカップ（第19回大会）で一躍有名になったブブゼラという楽器は，観客の多くが持参もしくは購入し，観客は試合中それを吹いて応援することで，観客の一体感を醸成しただけでなく，あの音が大会の代名詞になったと言っても過言ではない。こうした参加意識の形成のための仕組みづくりは，観客動員を増加させるためには不可欠なものである。

　次にサービス・セクターから見ると，いかに観客に試合を観に来させるかが重要な課題となる。単に良い試合を心がければ観客が増えるというものではない。観客を観に来させる工夫，そして観に来てくれた観客の満足度を高め，もう一度観に来ようという気持ちにさせる仕組みが不可欠となる。とりわけス

ポーツ観戦をレジャーの1つとして捉えると，テーマパーク来訪や旅行など各種のレジャー行動との競合があり，これらに負けない魅力づくりをして，観客（特にリピーター）を獲得することが必要となる。

　では，実際に試合を観に来てもらうには，いかなるマーケティング方策を講じるべきであろうか。この点について，ここでは観客の満足度という観点から捉えてみよう。スポーツ観戦における観客の満足度を形成する要素としては主に以下の4つの要素が考えられる。

① 試合そのものの面白さ：スポーツ観戦において，先ず求められるのは試合の面白さである。とりわけ好きな選手が活躍して，応援するチームが勝利するのを観ることで観戦の満足度は大きく高まる。その意味において，活躍する選手の育成・獲得と共に強いチーム作りを目指すことは不可欠の要素となる。

② 試合の前・中・後などに行なわれるイベントや選手との触れ合いなど：例えば，マスコットの応援や，チアリーダーの応援，そしてサインなどのプレゼントの提供はコアなファンの形成に資するだけでなく，エンターテインメントとしての面白さをアピールすることができる。観客は，試合そのものに加え，付随するさまざまな楽しみに対する期待も抱いている。スポーツ観戦は試合や競技だけで構成されているのではなく，それに付随する各種のエンターテインメントの集合体であることを強く意識する必要がある。

③ スタジアムや会場のハード・ソフトに関する諸要素：建物・施設としての機能や清掃の実施などはもちろんのことであるが，会場の立地や最寄り駅からの案内の有無・内容，入退場の際の管理，会場運営などで不満を持つ観客は少なくない。実際に，幾つかの観客へのアンケート調査を見ると，会場のトイレの数や喫煙所など設備に対する不満や，係員の接客態度などに関する不満が多い。こうした課題について非常に評価の高い東京ディズ

---

[4] もちろん，スポーツと各種のレジャーとの間には，競合だけでなく協働もある。例えば，スポーツを題材にしたテーマパークやスポーツ観戦等のためのパッケージ旅行（sports tourism）などが挙げられる。
[5] 筆者は2007年から2年に渡って，日本プロバスケットリーグ（bjリーグ）において観客の満足度調査を実施したが，その際にも同様の意見が数多く寄せられていた。

ニーリゾート(TDR)は，キャスト(従業員)の教育を徹底することによって，接客技術(接遇技術)を高めると共に，ゲスト(来場者)の不満を収集し，設備の改善に活かしている。スポーツの領域でもこうした心配りは必要であり，まだまだ他のレジャー産業から学ぶべき点は多いと言えよう。
④　上記3つの要素を補足する諸要素：これには，例えば，その試合を観に行かなければ手に入らないグッズの販売・提供やそこでしか食べることのできない食事やお弁当の提供などが含まれる。試合場を満席状態にするためのあらゆる方策がここに含まれることになる。

　満席のスタジアムやアリーナは，試合観戦の熱気に包まれる。この種の空間は，日常生活から離れた非日常の空間となる。実際に5万人が入ったスタジアムではそれだけで地鳴りのような音がおこり，その場で観客の多さを目にするだけでも観客の興奮と満足度は劇的に向上する。そうした非日常の異空間を創造するためには，観客が何を求めて会場に集まるのかを十分に検討し，より多くの観客を動員できる仕組みを意識的に創ることが不可欠である。

3　プロモーション・メディアとしてのスポーツ

　「プロモーション・メディアとしてのスポーツ」とは，スポーツに関わるさまざまな要素を広告やPR活動のためのメディアと捉えるものである。例えば，スポーツの試合は多くの人が観戦に訪れ，或いはテレビでの観戦において，会場の看板やロゴ，選手のユニフォームやスポーツ用具など，さまざまな物的要素を目にすることになる。これらを全てプロモーションのためのメディアとして捉え，これを自社のプロモーションに結び付けるものである。この領域は，スポーツ・マーケティングの4つの対象領域のうち，伝統的なマーケティングの枠組みの中で位置づけられてきたプロモーション戦略に最も近いものであると言える。

---

[6]　同上のアンケート調査において，自由記述欄で多かった意見は，試合会場の設備に関するもので，とりわけ女性からの不満が多く寄せられていた。逆に試合内容や，チームに関する意見は殆ど見られなかった。

スポーツ・マーケティングにおいて，プロモーション・メディアとしての活動は，主に，スポーツの大会や試合，スポーツ・イベント，クラブやチーム，各選手をサポートするスポンサーシップから構成される。スポンサーシップは，大会や試合そのものをスポンサードする場合や，クラブやチームをスポンサードする場合など，そのやり方はさまざまである。スポンサーとなった企業は，ユニフォームや競技場などに自社の名前を掲示するのと同時に，自社の名前の入ったユニフォームを着た写真や動画を，テレビCMや店頭での販売促進，ウェブ・サイトでの掲載などさまざまなメディアで多重活用をしていくことになる。従って，このプロモーション・メディアとしてのスポーツは，観るスポーツとの関連が大きい。

スポーツの競技シーンや選手を広告表現やPRイベントに登場させることは，以前から盛んに行なわれ，既存のプロモーションの枠組みの中で数多く論じられてきた。スポーツには元々，爽やかで健康的といったプラスのイメージが多く含まれていることから，多くの企業はそうしたイメージを自社のイメージとを重ねるために多額の広告料を投入してきたことは紛れも無い事実である。これは，有名人気チームのユニフォームに付けられた数多くの企業名やスポーツ中継に観られる看板の多さ，そして多くの有名企業が人気のあるスポーツ選手を自社のCMに起用し，それを自社のブランド・イメージの形成に活用してきたことからも明らかである。

こうした使われ方は今も変わりはないが，ロサンゼルス・オリンピック以降，テレビ放映権料と同様にスポンサーシップをめぐる動きは大きく変化してきた。スポンサーシップは，ロサンゼルス・オリンピックにおける1業種1社の公式スポンサー制度の導入によって，急激に高騰し，その後のスポーツにおけるプロモーション活動にも大きな影響を与えている。スポンサーシップは，より具体的には，協賛金を出して大会を開催するという金銭面でのいわゆるパトロン的なスポンサーシップの他に用具などの物品サプライヤーとしてのスポンサーシップなどがある。金銭面でのスポンサーシップとしては，その企業やブランドの名称を冠した冠(かんむり)大会の開催などが挙げられ，我が国でもゴルフやサッカーなどで〇〇カップ（〇〇部分には企業名やブランド名が入る）などといった

冠大会が行なわれている。また，スタジアム等のネーミング・ライツ（naming rights：命名権）が挙げられる。

　更に最近では，スポンサーシップの展開において日本よりもそのバリエーションが豊富なアメリカのプロスポーツを見ると，商標やロゴ・マークの使用といった，従来からあった権利だけでなく，ライセンシングや商品化に関わる権利まで全てをパッケージしたスポンサーシップも増えるなど，スポンサーシップの領域は拡大傾向にある。

4　コンテンツとしてのスポーツ

　最後に「コンテンツとしてのスポーツ」について考えてみよう。これは，スポーツそのものをコンテンツとして捉え，コンテンツとしての権利を売買するものを指している。その対象としては，試合や大会のテレビ放映権，チームや選手に関わる商品化権（merchandising rights）などがある。上記のうち，とりわけ突出して大きなものがテレビの放映権料である。テレビ放映権料は，ある意味でスポーツ・ビジネスの主役と言っても過言ではない。それはその取引金額の大きさ故である。

　図表13-4は，アメリカのTVネットワークが支払っているオリンピック放映権料の推移を示したものである。単体のイベントに対するものとしては，最も高額な放映権料を支払っているものとされる。

　アメリカでの放映権料は，その金額の大きさから最初に交渉が開始され，その決定は，他の国々の放映権料の目安となるもので，その金額の推移は特に注目されている。アメリカのTVネットワークがこうした高額な放映権料を支払う理由は，ソフトとしてのコンテンツ確保にある。この推移を見ると，年々増加傾向にあったことは確かであるが，図を見ると特にロサンゼルス・オリンピック以降の急騰ぶりが良く分かる。ロサンゼルス・オリンピック以降の放映権料の高騰は，他のあらゆるスポーツ・イベントに波及しており，オリンピックと双璧をなす世界的イベントであるワールドカップでも，その急騰ぶりは明らかである。この放映権料の高騰は，近年問題視され始めており，行き過ぎた放

図表13-4　アメリカ・TVネットワークにおける放映権料の推移

開催年	開催地	放映権料(単位：ドル)
1964	東京オリンピック	1,000,000
1968	メキシコ・オリンピック	8,500,000
1972	ミュンヘン・オリンピック	13,500,000
1976	モントリオール・オリンピック	25,000,000
1980	モスクワ・オリンピック	85,000,000
1984	ロサンゼルス・オリンピック	225,000,000
1988	ソウル・オリンピック	300,000,000
1992	バルセロナ・オリンピック	401,000,000
1996	アトランタ・オリンピック	456,000,000
2000	シドニー・オリンピック	705,000,000
2004	アテネ・オリンピック	793,000,000
2008	北京オリンピック	894,000,000

出所：新潮社編〔2000〕p.399及びIOC資料などを参考に筆者作成。

映権料の高騰は，スポーツ・ビジネスの足かせとなる危険性がある。これまでは，参加国の殆どがオリンピック放送を観ることができてきたが，このままのペースで高騰が続いていくと，テレビ中継から撤退せざるを得ない国が出てきたり，番組視聴そのものに課金したり，CSなどの有料チャンネルでしか観られなくなる事態も考えられる。その結果，スポーツそのものの人気が低迷することも考えられなくはない。オリンピックで行なわれるスポーツが，一部の人だけしか観られない特別なものになることはスポーツ・ビジネスの自殺行為とも言える。

次に，チームや選手に関わる商品化権とは，選手のアドバイスや監修の下に「○○選手モデル」と言ったスポーツ用品を製造し販売する権利，背番号や選手名・チーム名の入ったウェア類を製造し販売する権利などを指す(他に選手の人形やフィギュア製作・販売，キャラクター化や似顔絵，写真やサインを販売

する権利などがある)。商品化権は選手やチームにとって権利料収入となる。商品化権を得たスポーツ用品やウェア類の製造・販売は，強力な販売促進につながるが，同時に「するスポーツ」や「観るスポーツ」の用具として活用され，機能していることも多い。

第3節　スポーツ・マーケティングの課題

　最後にスポーツ・マーケティングの今後の課題について述べておこう。

　第1点は，理論的な研究体系の更なる整備である。多くの研究者が指摘しているように，スポーツ・マーケティングの歴史は浅く，研究面での蓄積が少ない。定義ですら，まだ定まったものがなく，各研究者がその対象領域によって，各自で定義をしている状態である。現在，スポーツ・マネジメント系の学会が組織され，さまざまな視点からの研究が増え，次第にその成果は充実し深化してはいるものの，理論的な体系を整備し成熟した領域に達するためには更に時間が必要となろう。

　第2点は，我が国のスポーツ産業はまだそれほど巨大な産業ではないという点である。世界のプロスポーツの収入と比較してみると，日本で最も巨大な組織であるNPB（プロ野球）ですら，かなり小さなものであることが分かる。更に，スポーツをレジャーの1つとして捉えた場合，テーマパークや映画産業などといった他のレジャー産業と比較するとその規模は決して大きくない。我が国のプロ野球全体の年間観客数よりも，東京ディズニーリゾートの年間入場者数の方が多いというのが現状である。

　更に問題なのは，これまで我が国のプロスポーツを牽引してきた企業スポーツが衰退傾向にあることである。近年，景気低迷から多くの実業団のアマチュアスポーツクラブが縮小や廃部を余儀なくされてきている。また，マイナースポーツではオリンピックでメダルを獲得したような選手ですら，企業スポンサーが付かず，練習場にすら困っているという現状がある。

　プロスポーツチームの多くが恒常的な赤字に悩まされている状況下では，ス

ポーツ・マーケティングの隆盛は望めない。スポーツ・マーケティングがより機能していくためには，スポーツ産業の成長が不可欠であり，スポーツがより人々に受け入れられることが求められる。その為にはよりスポーツを楽しめるような環境づくりとそれを実現させていくマーケティングの展開が必要である。より多くの人がスポーツに魅力を感じ，スポーツ産業とスポーツ・マーケティングとが相互に好影響を与え合う正のスパイラルを創造していくことが求められている。

【参考文献】

上原征彦〔1999〕『マーケティング戦略論』有斐閣。
嶋口充輝〔1994〕『顧客満足型マーケティングの構図』有斐閣。
新潮社編〔2000〕『WINNWES 2000』新潮社。
玉木正之〔1999〕『スポーツとは何か』講談社現代新書。
原田保・三浦俊彦編〔2002〕『e マーケティングの戦略原理』有斐閣。
原田宗彦編〔2008a〕『スポーツマーケティング』大修館書店。
原田宗彦編〔2008b〕『スポーツマネジメント』大修館書店。
山根節〔2001〕『エンタテインメント発想の経営学』ダイヤモンド社。
和田充夫〔1999〕『関係性マーケティングと演劇消費』ダイヤモンド社。

Elearn Training Company〔2009〕*Reputation Management Revised ed.* Worldwide Learning Limited by Elearn Limited.（訳書，小宮路雅博訳〔2009〕『イメージとレピュテーションの戦略管理』白桃書房）。
Pitts, B. G. and D. K. Stotlar〔2002〕*Fundamentals of Sport Marketing 2nd ed.*, Fitness Information Technology.（訳書，首藤禎史・伊藤友章訳〔2006〕『スポーツ・マーケティングの基礎〔第2版〕』白桃書房）。

（木村　剛）

第14章
インターネット・マーケティング

　本章では，インターネット・マーケティングについて説明する。具体的には，マーケティング・サイトの構築，インターネット・マーケティング・コミュニケーション・ツールの種類と特徴，そしてネット・ショップについて取り上げる。なお，インターネットの世界は今なお着実に進化し続けており，本章の内容はあくまで執筆時のものであることをご理解いただきたい。

第1節　バーチャル世界とマーケティング

1　バーチャル世界の誕生

　インターネットという通信ネットワークがバーチャル世界を生み出した。バーチャル世界はリアル世界を模倣することで形作られてきた。その方がユーザーにとって親しみ易いからである。従って，バーチャル世界はリアル世界と似ている。しかしながら，当然異なる部分もある。更に，技術の発展によって，バーチャル世界は独自の発達を遂げつつある。その方向性もスピードもリアル世界のものとは異なっている。こうした状況下においては，バーチャル世界でのマーケティング，すなわちインターネット・マーケティングもまた，リアル世界のマーケティングとは異なる発展を見せている。

2　ウェブ・サイトの分類とマーケティング

　インターネットは無数のウェブ・サイト(web site)によって構成されている。

このウェブ・サイトは営利目的か非営利目的かで先ず大きく分けられる。また，運営の主体から，個人によるものと，企業・組織によるものに分けることもできる。営利目的の中でも，その具体的運用目的（機能）から，①ニュース等をコンテンツとする情報サービス・サイト，②インターネット関連サービス・サイト，③マーケティング・サイト，④ECサイト(ネット・ショップ)[1]等に分けることができる。更に取引相手によって，対消費者取引（B to C：business to consumer），事業者間取引（B to B：business to business），消費者間取引（C to C：consumer to consumer）[2]に分けることができる。

　実際にはこれらの分類方法を組み合わせることによって，そのサイトが何であるかが分類されることになるわけだが，例えば，マーケティング・サイトとECサイトの両方の機能を持つサイトや，B to C と B to B の両方を扱うサイトもある。また，例えば，個人の非営利目的のサイトであっても，アフェリエイト・プログラムに参加していれば，厳密にはそのサイトには営利活動が含まれることになる。つまりウェブ・サイトは自由度が非常に高いのである。その為，ウェブ・サイトの厳密な分類は難しい。

　とは言え，こうした分類が全く不要であるということではない。例えば，サイトを設計する際には，特にこうした分類が意識されなければならない。このサイトは何のために，誰に向けて，何を発信するのか。こうした枠組みがなければ，サイトの目的，或いは存在意義が薄れてしまう。枠組みなしに優れたサイトを設計し運営するのは不可能である。

3　インターネット・マーケティングのツール

　ウェブ上でのマーケティング手法は現在も次々と新しく開発されているが，大別すると①自社ウェブ・サイト(マーケティング・サイト)の運営，②各種インターネット・マーケティング・コミュニケーション・ツールの活用，③ECサイト(ネット・ショップ)の運営に分けることができる。

---

[1] EC は electronic commerce の略。「電子商取引」と訳される。
[2] 消費者間取引の代表例としてはネット・オークションが挙げられる。

インターネットはさまざまなサイトが結び付いて形成されている。その為，ウェブ・サイトは相互にさまざまな影響を及ぼす。すなわち自社ウェブ・サイトだけを検討課題とするだけでは不十分である。インターネット・マーケティングにおいては，内部的要素(自社ウェブ・サイト)のマネジメントと共に，外部的要素(外部ウェブ・サイト)のマネジメントが必要である。

第2節　マーケティング・サイトの構築

1　企業に必須のマーケティング・サイト

　現在，主要企業はもちろん，中小企業であっても自社ウェブ・サイトを持たないところは殆どないと言って良い。既に企業にとって自社ウェブ・サイトは必須となっているのである。ウェブ・サイトは企業の概要を示す場であり，バーチャル世界における代替的な本社ビルであり，すなわち自社の顔である。その為，企業のウェブ・サイトの多くは，マーケティング・サイトとしての機能を有している。

　マーケティング・サイトの内部は，その目的によってコーポレート機能サイトとマーケティング機能サイトに分けることができる。前者は主にコーポレート・コミュニケーションを担い，後者は主にマーケティング・コミュニケーションを担う。

　コーポレート機能サイトは主にコーポレート・ブランド(企業ブランド)の確立・維持をその目的とし，自社のステークホルダー全てをそのターゲットとするものである。IR情報や採用情報等はコーポレート機能サイトの主要コンテンツである。一方，マーケティング機能サイトは主にマーケティング戦略の一端を担うことになる。新製品情報やマーケティング・キャンペーン等がマーケティング機能サイトのコンテンツの代表例である。

　上記の2つの機能サイトのターゲットはオーバーラップする部分もあるが基本的には異なる。その為，マーケティング・サイトは，それを意識したサイト

づくりがなされなければならない。場合によっては，コーポレート機能サイトとマーケティング機能サイトが完全に別々にデザインされる場合もある。これは，リアル世界のコーポレート部門(或いはPR部門)とマーケティング部門の立場の違いを思い浮かべれば分かり易い。

　企業によって，上記2つの機能サイトの重要性(優先度)は異なる。従って，ウェブ・サイトの設計においては，自分達がどのような目的で自社サイトを構築するのかを吟味し，その目的達成のためにはどのような構成にすれば良いのかを十分に検討しなければならない。

2　マーケティング・サイトの設計とSEO対策

(1) SEO

　ウェブ・サイトの設計において重視されているものの1つにSEO（search engine optimization/search engine optimizer：検索エンジン最適化／検索エンジン最適化プログラム)がある。SEOとは，検索サービス(検索エンジンと呼ばれるソフトウェア・プログラムを用いてウェブ・サイトをキーワードによって検索することを可能にするサービス)において，当該ウェブ・サイトが検索され易くなるようにさまざまな技術的手段を講じることを言う。インターネットにおいては，ユーザーの行動が「検索」という行為から始まることは多く，SEOはウェブ・サイトを設計する上で必須の技術となっている。

(2) 検索エンジン

　SEOを理解するためには，先ず検索エンジンを理解しなければならない。検索エンジンは自動化されたプログラムによる検索用リストを作成する。クローラー(crawler)或いはボット(bot)等と呼ばれるプログラムが自動的にウェブ・サイトのリンクを辿りながら情報を収集しリストを作り上げる。この作業はある一定のアルゴリズム(algorithm)によって制御されるわけだが，このアルゴリズムがリスト順位を左右することになる。アルゴリズムは単純ではなく，さま

ざまな評価基準によってサイトは評価される。アルゴリズムは常に見直しがなされている。SEO対策の専門家はこのアルゴリズムを解析することを至上命題としており，検索サービス提供業者とSEO対策業者は常にせめぎあっている。

(3) リスト作成のアルゴリズムへの最適化

　検索エンジンに最適化させることがSEOの主題である。つまり，クローラーに発見・評価・登録され易いようなサイトを作り上げることがSEOの本質である。それでは，具体的にはどのような基準によりリストの順位が決められるのであろうか。先ほど述べたように，細部については常に変更が加えられているわけだが，大枠としては，①テキスト要素，②リンク要素，③ポピュラリティ要素が重要となっている。このうち，①テキスト要素と②リンク要素はサイトの内部的要素であり，③ポピュラリティ要素は外部的要素である。

① テキスト要素：テキスト要素とはサイト内のテキスト・データの分析のことである。従って，サイト内の文章は，クローラーというプログラムとユーザーという人間の両方にとって読み易く，意味のある内容にしなければならない。

② リンク要素：クローラーはリンクを辿ってサイト内を移動しながらそのサイトを記録していく。従って，ウェブ・サイトは理論的で整然とした構造になっていなければならない。これをリンク要素と言う。サイトの構造とリンクの張り方もまた評価対象となる。リンク要素への対応のためには，ナビゲーションを分かり易くする，サイトの構成を分かり易くする，適度にテキストとグラフィックを配置する等が必要である。

③ ポピュラリティ要素：ポピュラリティ要素とはどの外部サイトからリンクが張られているか，また，いくつのリンクが張られているかという評価基準である。ポピュラリティ要素は他のサイトからのリンクという客観性の高い基準に基づくという点が特徴である。

(4) SEOとマーケティング戦略

　このようにSEO対策のためには，サイトの設計段階から見直す必要がある。

これは具体的には、自社のサイトの目的は何か、どのようなマーケティング機能を有するのか（IR, PR, 自社ブランド・製品ブランドへの理解、製品販売、顧客サービス、従業員募集等）、そのうちどの機能に特に注力するのか、いかに目的別に訪問者を誘導するのか（ステークホルダー全体、投資家、潜在顧客、既存顧客、就職活動者等）、その為のサイトの構造はどうするのか、といったことから見直すということである。すなわち、SEO対策自体は技術的な問題であるが、その本質はインターネット・マーケティング戦略に深く関わっているのである。

第3節　インターネット・マーケティング・コミュニケーション

1　インターネット・マーケティング・コミュニケーションの手法

インターネットそのものを1つのメディアとして捉える場合もあるが、その多様性を考えると、やはりバーチャル世界として捉えなければ、その多様性の全てを説明することはできない。そして、このバーチャル世界にはさまざまなマーケティング・コミュニケーション・ツールがあり、また開発され続けている。

(1)　ウェブ・サイト

全てのインターネット・マーケティング・コミュニケーション・ツールの中心に位置するのは自社ウェブ・サイトである[3]。他のツールは自社ウェブ・サイトへの誘導が最終目的である場合が多い。もちろん誘導されるページは、その目的に応じて異なってくる。企業紹介が目的であればトップ・ページがリンクされるべきであろうし、新製品キャンペーンの一環であれば、その専用ページにリンクされるべきであろう。こうしたリンク先のページをランディング・ページ（landing page）と呼ぶ[4]。

---

[3] 専用のキャンペーン・サイトの場合も多い。

ネットへの接続環境の大幅な改善とリッチ・メディア技術によって，自社ウェブ・サイト上では，大変豊かな表現が可能となっている。映像と音楽に加え，インタラクティブ性に富んださまざまな手法が考え出され，用いられている。当初は紙ベースのパンフレットやリーフレットの代替品でしかなかったが，現在ではインターネットならではの手法を見ることができる。

(2) インターネット広告

インターネット広告とは，ウェブ・サイトのページ上に表示される広告の総称である。インターネット広告の代表的な例はバナー(banner)広告である。バナー広告は主に横長の画像による広告で，詳しい内容のページ(すなわち広告主のウェブ・サイト)へのリンクが張られている。広告スペースの形状や表現方法により，幾つかの種類に分かれている。[5] その他にもテキスト広告(テキストでの表示のみの広告)やスポンサーシップ広告(サイト全体にスポンサーがつく)，ポップアップ広告(別ウィンドウが自動的に開き広告を表示する)，リッチ・メディア広告(後述)，検索連動型広告(後述)，コンテンツ連動型広告(後述)等がある。

インターネット広告の課金の方法としては，画像の表示回数に対して課金するインプレッション保証型，クリックした回数に応じて課金するクリック保証型，購買に結び付いた件数に対して課金する成果保証型等，さまざまな方法がある。広告の効果については，詳細な分析が行なわれているにも拘わらず，依然として明らかになっていない部分も多い。例えば「クリック保証」では，クリックして初めてその広告が有効に効いたと判断するわけだが，これでは広告の能力を過小評価してしまう可能性がある。これは特にバナー広告等の視覚的に訴えることが可能な形態の場合，露出した時点での効果(インプレッション効果)を考慮できていないからである。

---

[4] 離脱率を下げ，コンバージョン率を高めるようなランディング・ページの最適化のことをLPO(landing page optimization)と呼ぶ。
[5] 日本ではインターネット広告推進協議会が推奨サイズを規定している。この規定は世界標準に準拠するものである。例えば，レギュラーバナー(フルバナー)と呼ばれる最も標準的なサイズは468ピクセル×60ピクセル(ピクセルはコンピュータで扱う画像の最小単位)である。

一方で，ネット広告全てが持つメリットである「クリックによる誘導が可能」という特性は広告主にとって大変に魅力的である。「クリック」というターゲットの積極的行動を生み出し，他のサイトへの誘導が可能で，更にそうした行動は全て記録・分析可能である。その為，クリック率を重要視する広告主が多いことも事実である。

　インターネット広告がこれまでの広告の常識を覆した点の1つに，広告媒体の定義がある。これまで広告媒体は，マス・メディアを中心とした限られたものであった。しかし，インターネット上では，アフィリエイト・プログラムの出現で，個人のウェブ・サイト上に広告を表示することが普通に行なわれるようになった。アフィリエイト・プログラム(affiliate program)とは，個人でも契約することによって広告収入を得られるようにするものであり，誰でも広告媒体を所有できるということである。アフィリエイト・プログラムによる広告は，概念上の大きな転換をもたらしたのである。

(3) リッチ・メディア広告

　インターネットへの接続環境が充実するのに伴って，音声付きや動画による表現が可能となった。こうした大量データによる表現を用いたインターネット広告を特にリッチ・メディア(rich media)広告と呼ぶ。リッチ・メディア広告にはさまざまな形態があるが，ユーザーの操作で分岐や表示の変更を行なうこともできるため，インタラクティブ性を持たせることもできる。

　ストリーミング広告もまた動画広告であるが，感覚的には従来の映像メディアに近く，主に長尺で用いられる。また，同様の技術を用いたものでは，ショート・ムービーがある。

(4) メール・マガジン

　メール・マガジン(メルマガ)は，受信者(顧客)の許諾(パーミッション)を得た上で原則定期的に送信されるメールのことで，雑誌記事的な形式の場合が多い。それぞれのメルマガはテーマが決められており，そのテーマに沿った内容の中で商品紹介がされたりする。メーカーが発行するメルマガは新製品紹介等に利用され，

ネット・ショップ発行のメルマガでは特売情報等が載せられることが多い。また，広告メディアでもあり，広告枠を明記した上で広告が掲載される。以前に比べると，注目されることがなくなったメルマガだが，依然として重要なコミュニケーション手段の1つとなっている。また，ブログとの連携による手法も模索されている。

(5) 懸　　賞

ウェブ上ではさまざまな形式の懸賞の柔軟な実施が可能である。また，懸賞の情報だけを集めたサイトもある。懸賞は，実施することによって自社(或いは自社ブランド)の認知を高めることができる上，自社ウェブ・サイトに人を集めることができ，そこからまた別の情報を発信することが可能である。

(6) クーポン

バーチャル世界でのクーポン(オンライン・クーポン)の配布方法には2つある。1つは自社サイトや情報サイトにおいてクーポンの画像を掲載し，訪問してくれた顧客に利用してもらうものであり，もう1つはメールにクーポン画像を添付，或いはクーポン画像へのリンクを掲載し配信する方法である。

増加傾向にあるのが携帯メールによるクーポンの配付である。携帯メールの場合は，送られてきたメールのクーポン画面を店員に見せるだけで利用可能であり，利用者にとって大変利便性が高い。

(7) コミュニティ

顧客囲い込みへの試みは現代ビジネスにおける重要関心事の1つとなっているが，ネット上においては「コミュニティの形成」によって実現される。具体的にはメール・マガジンの発行に加えて掲示板(会議室とも呼ぶ)を用意し，ユーザー同士の経験談や使用上の工夫等の情報を交換し合う場を提供する。店舗や製品に対する愛顧の形成が期待でき，ユーザー間に結束のようなものも生まれると考えられている。化粧品や健康食品等，他のユーザーの経験が必要とされる製品カテゴリーでは特に有効である。また，SNS (social networking service)内でも各種コミュニティが形成されている。

(8) 協同購入

協同購入のサービスを提供している専用サイト上で協同購入を募り，指定数量の申し込みがあった場合に特別に生産したり，大幅に値引きされたりするものである。初めから販売数が明らかなため，メーカーはもちろん，レストラン等のサービス業者にとってもメリットが大きい。またサービス業の場合，特にトライアル(試し利用)の機会として有効である。

2　検索連動型広告とコンテンツ連動型広告

(1) 検索連動型広告

インターネット上では，これまでさまざまな広告の形態が開発されてきた。そうした中，現在最も重要なインターネット広告は検索連動型広告である。この広告は検索サイトにおいてユーザーが検索をかけたキーワードに基づき，その検索結果と共に任意の広告が表示されるというものである。例えば「コーヒー豆　販売」というキーワードで検索をかけたとき，キーワードとして「コーヒー豆」「販売」を登録した広告主の広告が表示されるというものである。

この検索連動型広告においては，広告主は自ら自社サイトに関連するキーワードを選択し登録する。一般的に，検索サービスを利用するユーザーは複数の単語を組み合わせて検索する場合が多く，その組み合わせ等も慎重に選ぶことになる。検索連動型広告は基本的にPPC（pay per click：クリック課金）であり，PPC広告といった場合，検索連動型広告を指すこともある。

この検索連動型広告の最も優れている点は，表示された時点で既に見込み顧客の絞り込みができている点にある。なぜなら，ユーザーは何らかの目的でそのキーワードについての検索をしたわけであり，非常に高い確率でそのキーワードについての興味・関心がある等だからである。更に，クリックによって初めて課金されるというシステムにより，広告媒体としてかつてないほどの高

効率を実現することとなった。

　また，この広告システムはキーワードの評価等を含む高機能なシステムになっており，広告主自身によって細かくコントロール可能となっている。SEOと合わせて検索連動型広告を出稿することにより，検索サービス対策は更に強化される。

(2) **コンテンツ連動型広告**

　コンテンツ連動型広告とは，そのページの内容に関連した広告内容が自動的に広告スペースに表示される広告のことである。例えば，個人ユーザーが，アフィリエイト・プログラムを利用して自身のブログのページにコンテンツ連動型広告のスペースを設置したとする。すると，ブログ記事の内容に合わせて自動的に広告スペースにその記事に関連する広告が表示されるようになる。

　コンテンツ連動型広告もまた，検索連動型広告と同様に，非常に高い確率で見込み顧客を絞り込むことが可能である。なぜなら，そのページにアクセスするユーザーは，高い確率でそのページの内容に興味・関心がある筈であるからである。

3　ソーシャル・メディア

(1) **ソーシャル・メディアとは**

　ソーシャル・メディア(social media)とは，個人が情報を発信し，それを他のユーザーが共有し，時に双方向の情報の流れを生み出す環境のことを言う。近年のインターネット上のさまざまなサービスがこのことを可能にしている。

　ソーシャル・メディアはさまざまな形態で実現されている。代表的な例としては，掲示板，ブログ，SNS，ソーシャル・ブックマーク，写真・動画共有サービス等がある。ソーシャル・メディアにはさまざまな捉え方があるが，マーケティングの視点でいえば，ソーシャル・メディアは言わばバーチャル世界に広がる巨大な口コミのインフラである。このインフラ上では，情報の広がるス

ピードは非常に速く，またその広さも広がり方もこれまでの口コミとは大きく異なる。

ソーシャル・メディアにおいては，一方で「口コミ情報がストックされる」という性質もある。一度記録された情報が，数年後に検索によって再び利用されるということが起こり得るからである。

(2) ツールとしての可能性

ソーシャル・メディアの影響力及びその特性は企業にとって大変に魅力的である。しかし，ソーシャル・メディアはバーチャル世界に生まれた「コミュニケーション環境の一形態」であり，企業のためのコミュニケーション・ツールではない。企業にはソーシャル・メディアの参加者の一員として，他のユーザーと共にあるという認識が必要である。その上で，情報の受発信及び共有をすることにより，初めて活用の道が拓けるのである。

第4節　ネット・ショップ

1　ネット・ショップの出店方法

インターネット上で小売販売するバーチャル店舗をネット・ショップと呼ぶ。ネット・ショップの出店方法は主に次の3つがある。①自社サイト内での出店，②バーチャル・モールへの出店，③新規サイトによる出店。これらのうち，自社サイトにおけるネット・ショップは主にメーカー直販のケースであり，バーチャル・モールへの出店と新規サイトによる出店は主に流通業者によるものということになる。これらの方法にはそれぞれメリット・デメリットがあるが，特に流通業者が新規にネット・ショップを立ち上げる場合，集客能力や，決済システム，セキュリティの問題等から，先ずはバーチャル・モールへ出店することが現実的となっている。

もう1つ，ネット・ショップという枠からは外れるが，ネット・オークショ

ンへの出品もまた，販売チャネルとして利用されている。本来，ネット・オークションは，C to C（消費者間取引）の場を提供するものであるが，現在では事業者もこのシステムを利用するようになっている。

2　ネット・ショップで販売される製品・サービス

(1)　ネット・ショップ販売に適した製品・サービス

　現在，ネット・ショップで販売されている製品・サービスは非常に多岐に渡っている。しかし，インターネット上で販売し易いカテゴリーの傾向はある。主な製品・サービスのカテゴリーを挙げたものが図表14-1である。

　先ず，「実物比較不要」のグループは実際に現物を手に取る必要が余りないものである。例えば，パソコンや電子機器はカタログ・データで判断する要素が多い。書籍は手に取ってページをぱらぱらとめくることはできないが，目次の掲載，内容についての解説，或いは既読者のコメント等により，十分に情報を補完することができる。衣料品についても特に定番品については，カタログ・データのみで判断が可能である。

　「実物比較困難」のグループは，本来は通信販売で開発されてきたカテゴリーで，インターネットの特性ともマッチする。巨大な販路に乗せにくい製品や本来は実物を目にする機会が少ない製品がこのグループに属する。

　無形性の高い製品・サービスは総じてインターネット上での販売に向いている。その中でも「各種予約」「デジタル・コンテンツ」「オンライン取引」はインターネットと親和性が高い。

(2)　デジタル・コンテンツの流通

　インターネット上で商取引の全てを完結できるのがデジタル・コンテンツの流通である。デジタル・コンテンツだけは物流を必要としないため，送料がかからない。また，パッケージやその他の物理的なプロダクトの一部を省略できる。また，購買者にとっても，その場で手軽に「プロダクト」が手に入るため，

図表14-1 ネット・ショップで扱い易い製品・サービス

有　　形		無　　形		
実物比較不要	実物比較困難	各種予約	デジタル・コンテンツ	オンライン取引
例) パソコン 電子機器 書籍 定番衣料品	例) 地方特産品(農水産物含む) 希少品 特別企画品	例) 宿泊 航空・鉄道 コンサート	例) 音楽 PCソフトウェア 小説 マンガ 映画 その他，映像	例) 銀行サービス 株式取引

出所：高畑〔2006〕p. 217 図12-3に加筆。

メリットは大きい。但し，デジタル故に複製の問題は常について回る。

　デジタル・コンテンツの代表的な例としては，音楽，テレビ・ドラマや映画等の動画，小説や雑誌，マンガ等の書籍，パソコン用やスマートフォン用等のソフトウェア，インターネット上のゲームや各種サービス等がある。

　現在，インターネット上のゲームやサービスにおいては，フリーミアム(freemium)[6]という手法を取ることが増えている。フリーミアムとは原則として利用料は無料にし，上位機能やオプション等を有料にして収益を得るものである。また，ゲームではフリーミアムの変形としてアイテム課金がある。これは，そのゲームをプレイすること自体は無料だが，ゲームを有利に進めるためには有料のアイテムを購入する必要があるようになっているものである。

　デジタル・コンテンツ市場は今後大きく成長する可能性を秘めている。一方で，従来の流通システムとは大きく異なるため，業界によっては大きな変革が求められている。

---

[6] free（無料）と premium（割増）からなる混成語である。

第5節　インターネット・マーケティングの今後の展望

1　技術の発展

バーチャル世界はインターネットという技術の上に成り立っている（或いは技術そのものの）ため，関連技術の発展は大きくバーチャル世界に影響を与える。そして，その関連技術は未だに変革の中にある。これはつまり，今後もインターネットは変貌していくということであり，バーチャル世界の常識もまた大きく変化していく可能性が高い。インターネット・マーケティング実践のためには，常に新しい技術や関連業界の動向に注目していく必要がある。

2　インターネット・マーケティングのインパクト

バーチャル世界は確実にリアル世界での生活と融合してきており，我々にとって深く，大きな意味を持つようになってきている。そして，時にはリアル世界に大きなインパクトを与えるまでになっている。このことはつまり，本来はリアル世界を模倣して創り上げられてきたバーチャル世界が，逆にリアル世界に変化を求めてきているということである。

このことは，マーケティング活動にも当てはまる。当初はリアル世界のマーケティングを模倣して手探りで進められてきたインターネット・マーケティングであったが，今後のインターネット・マーケティングの発展は，リアル世界でのマーケティングにさまざまな形で影響を与えることになるだろう。そして，相互作用が働きながら，2つの世界のマーケティングが共に発展していくものと考えられる。

【参考文献】

高畑泰〔2006〕「ウェブ・マーケティング論」（武井寿・岡本慶一編著『現代マーケティング論』実教出版，第12章所収，pp. 207-223）。

横山隆治〔2005〕『インターネット広告革命：クロスメディアが「広告」を変える。』宣伝会議。

財団法人吉田秀雄記念事業財団〔2010〕『AD STUDIES（特集：進展するソーシャルメディア）』vol. 34, Autumn。

Thurow, S.〔2003〕*Search Engine Visibility*, New Riders.（訳書，深澤幸一郎訳〔2003〕『SEM サーチエンジン・マーケティング』エムディエヌ）。

Wertime, K. and I. Fenwick〔2008〕*DigiMarketing*：*The Essential Guide to New Media & Digital Marketing*, John Wiley & Sons.（訳書，高広伯彦監修，伊東奈美子訳〔2009〕『次世代メディアマーケティング』ソフトバンク・クリエイティブ）。

(高畑　泰)

第15章
CRM

　この章では,CRM(customer relationship management:顧客関係性管理)について概説する。ICT(情報通信技術)の進展と共に急激に変化しつつある顧客との新しい関係性についても説明する。

第1節　ICTの進展とCRMの登場

　伝統的に多くの企業が,不確実性の高い不特定多数の見込み顧客に対して,マス・メディアを使った大量プロモーションを広範囲にばらまくタイプのマーケティングを行なってきた。こうしたマーケティングでは,新規顧客獲得に重点が置かれ,ロイヤルティ(loyalty)が高く安定的に購買してくれる固定客,すなわち企業利益に貢献度の高い既存顧客が軽視される傾向があった。顧客を育てるよりも,新規顧客を常に追い求め「狩って行く」,言わば「狩猟型マーケティング」が行なわれてきたものである。

　しかしながら,この状況は,近年になって変化し,「数打てば当たる(かもしれない)」式の狩猟型マーケティングの問題点が強く意識されるようになってきた。ロイヤルティの高い既存顧客との間に望ましい関係性を構築し,そうした顧客をマーケティング努力の中心に据えるべきという主張がなされ,既存顧客の維持と育成のための言わば「農耕型マーケティング」への転換が求められるようになってきたのである。

　また,市場を構成する顧客を個々の顔の見えない大衆(マス)ではなく,固有のニーズと事情を持ち,自分のためのソリューションを求めている個々の存在,すなわち「個客」として捉えるべきことも主張されるようになっている。ペパー

ズ(Peppers, D.)とロジャーズ(Rogers, M.)による「One to One マーケティング」はこの主張の代表的なものである(Peppers and Rogers〔1994〕)。これは，顧客を個として捉えて，顧客起点の個別アプローチとしてのマーケティングを行なうというものである。One to One マーケティングでは，個々の顧客(個客)の好みや価値観，状況の違いを把握・認識し，それぞれのニーズに合わせて異なったアプローチを行なうことが強調される。

　One to One マーケティングの登場と共に「顧客シェアの拡大」[1]や「顧客識別とリレーションシップによる相互学習」「マス・カスタマイゼーション[2]などによる顧客別適応」なども主張されるようになっていった。しかし，実際には，ICTの進展とインターネットの普及を見るまでは，多くの業界で顧客を個客として有効に捉えることは依然として困難であった。個々の顧客にアプローチを試みていたものの，電話やFax，郵便(ダイレクト・メール)といった伝統的な方法では，ニーズを的確に捉えるには難しく，煩雑さが増すことはあっても顧客対応をうまく行なうことはできなかった。この段階では，①顧客へ直接にアプローチする効率的かつ低コストな手段を持たない，②幅広くかつ継続的に顧客データを蓄積していくことが困難であるという2つの問題があった。One to One マーケティングが登場した時にも，技術面でも社会面でも未だに多くの制約が存在していたわけである。

　1990年代半ば以降になると，状況が大きく変化していくことになる。ICTが急速に進展し，IT革命が起こると，企業の顧客へのアプローチにも大きな変化が見られるようになった。特に，インターネットが一般に普及してくると企業と市場・顧客との間の相互作用も頻繁になり，その内容も高度になっていった。例えば，電子メールによるダイレクト・メールは圧倒的にコストを低廉化し，

---

[1] 顧客単位で自社(製品，ブランド)のシェア(占有率)を把握することが重要となり，顧客シェア(customer share)の考え方が生まれてきた。顧客シェアは，具体的には，ある顧客の特定製品カテゴリーにおける一定期間の購買系列について，自社製品の購入割合を算出するものである。
[2] マス・カスタマイゼーション(mass customization)は，製品・サービスの大量生産と個々の顧客毎のカスタム化(customization)とを両立させることを言う。大量生産は本来，カスタム化を排し標準化することで成り立つが，マス・カスタマイゼーションでは製品・サービスを多数のモジュールに分解するなどして，モジュールのレベルで大量生産を実現すると同時に，その組み合わせにおいてカスタム化を実現している。

企業から顧客個人へのアプローチの頻度を高めただけでなく，従来は膨大な情報量のため処理できなかった個人情報もデジタル化，データベース化され，顧客の状況や事情に応じて適切な情報を提供することが可能になった。

ICTを活用した結果，企業と顧客の間の距離は著しく短縮し，企業は顧客の動向をより迅速に把握すると同時に，かつてなかった頻度で顧客に対して働きかけることが可能になった。その結果，One to Oneマーケティングで主張された「個客」対応の本格的な導入を妨げていた壁が取り払われ，21世紀に入って急速に進展することになったものである。その具体的施策として現れてきたのが，個別に扱われていた各種コミュニケーション・ツールを一元管理し，より高度な顧客情報を活用することのできるCRMであった。

データベースを備えたCRMは，顧客情報の個別管理を可能にし，顧客への対応を迅速にした。登場期のCRMは，顧客満足の確保を旗印に，顧客の購買履歴(ヒストリー)や顧客属性から，彼らの嗜好やニーズに関する情報を収集・分析し，ターゲットに対する情報発信の精度を高めるなど，顧客と企業との関係を近づけるものであった。CRMの登場期とも言うべきこの時期に，伝統的な「狩猟型マーケティング」とは異なる新しい「農耕型マーケティング」への転換が本格的に生じつつあったと言えるだろう。

第2節　CRMの機能

CRMを構築し，マーケティング活動に活かしていくためには，ICTによる多様なソリューション・テクノロジーが不可欠である。ソリューション（解決策）としての機能には，①セールス・サポート機能，②カスタマーサービス・サポート機能，③顧客データ分析(アナリシス)機能が挙げられる。CRMは，一般にオペレーショナルCRMとアナリティカルCRMに分類されるが，これはそれぞれCRMの①②の機能的側面，③の機能的側面に対応した呼び方となっている。①〜③について以下，簡単に説明する。

(1) セールス・サポート機能

　販売や営業活動を支援し，顧客を維持するための機能である。具体的なシステムは，SFA（sales force automation）と呼ばれる営業支援・販売支援システムである。SFA の原型は，古典的な営業担当者のスケジュール手帳に求められるとも言われる。優秀な営業担当者の多くは，持ち歩く手帳に営業スケジュールや顧客の名前，顧客プロフィール（住所，性別，年齢など），更にそれまでのコンタクトの履歴，セールストークの際に力点を置くべきポイントや製品情報などを詳細に書き込んでいるものである。SFA には，こうしたメモ機能が標準システムとして組み込まれているだけではなく，営業日報機能などによる商談の進捗管理機能（コンタクト管理，行動管理，評価・実績管理）やグループウェア[3]と顧客データベースによる営業部内の情報共有機能などが付加されている。更に，営業部門の情報共有・提供による営業担当者個人への支援機能，及び営業部門マネジャーが営業担当者を管理する機能を兼ね備えるようになって大きく進化を遂げることになった。営業情報が共有化されることで，それまで個人の能力に頼っていた個々の活動が統合され，営業部門全体で顧客に対して戦略的な活動を行なうことが可能となっている。

　SFA は 1990 年代にアメリカで注目され，日本でも 1997 年頃から普及してきた。その後，SFA は，顧客リストを分析して見込み顧客や優良顧客を抽出する機能，データベース・マーケティングやキャンペーン・マネジメントの機能などが付加され，一元管理された顧客データベースと連携をしながら，単なる営業部門強化のシステムから，マーケティング活動から営業活動までを含む全社的販売支援ツールへと進化している。各部門から集められた顧客情報や販売情報だけでなく，営業エリアを参照したり，在庫情報にも担当者が迅速にアクセスできるようになった。上記の結果，SFA は CRM の重要なシステムを構成するようになったものである。

---

[3] グループウェア（groupware）は，企業内 LAN を活用してメンバー間の情報共有やコミュニケーションの効率化を図り，協調作業を支援するソフトウェアの総称。一般的には電子メール機能，電子会議室機能，テレビ会議機能，電子掲示板機能，スケジューラ機能など幾つかの機能を組み合わせたものが多い。インターネット，イントラネットの普及に伴い，Web ブラウザを介して利用できるようにしたシステムが主流となっている。

(2) カスタマーサービス・サポート機能

　顧客満足度を上げ，獲得した顧客との関係性を維持させるためには，カスタマーサービス(顧客サービス)を充実させる必要がある。それに対応するための主要システムの1つが，コール・センター(call center)ないしコンタクト・センター(contact center)である(コール・センターは，通信販売企業などで，従来から独立した機能を持ち運営されていたものである)。

　コール・センターは，一般に企業において顧客向けの電話の受付対応・発信業務が集約的に行なわれている部門である。コール・センターは規模にもよるが，通常は多数の電話回線と電話機，オペレータからなり，典型的には通信販売等の電話注文受付センターがこれに当たる。コール・センターの持つ機能は，大別して以下の2つに分けられる。

① インバウンド(inbound)機能：顧客からの受信機能を指す。具体的には，受注を始め，ユーザー・サポートやヘルプデスク，お客様相談室としての機能である。

② アウトバウンド(outbound)機能：代表的にはテレマーケティング(telemarketing)における顧客に向けた発信機能を指す。具体的には，企業から見込み顧客へキャンペーンや販促活動のための販売・営業の電話や，事前メンテナンスコールなどである。

　コール・センターは，近年はCTI (computer telephony integration)[4]の導入や顧客データベースの整備などによって，CRMの重要なシステムを構成するようになっているものである。

---

[4] CTIは，電話とコンピュータを統合したシステムで，主にコール・センターの機能を向上させる目的で導入されている。CTIを導入したコール・センターをCTIコール・センターとも言う。CTIでは電話と顧客データベース，商品データベースとが連結されており，例えばオペレータは顧客からの注文や問合せに対し，即座にデータベースを検索してその顧客の購買履歴などの顧客データ，在庫の有無などの商品データを端末画面上に呼び出すことができる。CTIにはこの他にもさまざまな機能を盛り込むことができ，顧客への素早くきめこまかな対応と業務の効率化を可能にするものとして導入が盛んに行なわれている。なお，1998年2月からNTTの発信電話番号表示サービス(ナンバー・ディスプレイ・サービス)が本格的に開始されており，このサービスとの連動により①登録済みの顧客なら電話を取ると同時に台帳画面が開く(screen pop-up)，②登録されていなくとも電話帳データベースから氏名或は会社名，住所などを検索し自動表示する，③GIS (geographic information system：地図情報システム)と組み合わせデジタル地図上に所在地を表示する，など電話とコンピュータの一層の統合化が可能となっている。以上は，宮澤・亀井監修〔2003〕pp. 111-112（小宮路雅博稿「CTI」）による。

また，EC（electronic commerce）の仕組みが整備され，その利用者が急増してくると，もはや電話の受発信だけでなく，インターネットや電子メール，携帯電話，MMS（multimedia station）などが顧客との接点（コンタクト）の主流となってくる。ここに全てのコンタクト・ポイントを集約化する必要性が生じる。コンタクト・センターの概念と機能はこのようにして生まれてきたものである。電話中心のコール・センターから統合的な顧客サービスのためのコンタクト・センターへと発展させることが求められている。

(3) 顧客データ分析機能

　小売店の販売データやWebのアクセスログ，SFAやコンタクト・センターで収集された顧客との関係性履歴，またインターネットを活用したアンケート調査データなど，大量かつ多種多様なデータが自動的，短時間に電子的データとして蓄えられるようになってきた。今日では，そうした大量に蓄積されるデータをOLAPやデータ・マイニングといったシステムや手法により解析することで，顧客の維持・獲得のための新たな発見や確認が行なわれるようになっている。

　OLAP（オーラップ）（on-line analytical processing：オンライン分析処理）とは，データベースやデータ・ウェアハウスなどに蓄積した大量の元データを，多次元データベースに格納し，さまざまな角度から検索・分析して，新たな知見を得るシステムである。例えば，第1層に売上金額，第2層に売上時期，第3層に売上場所，第4層に売上商品の出荷数と定義すると，4層からなる分析が可能になる。こうし

5　データ・ウェアハウスは業務システムの処理履歴を加工・要約せずに生データのまま時系列に蓄積した大規模・大容量のデータベースを言う。「生データの倉庫」と説明されることが多い。DWHと略記されることもある。これまでのデータベースでは，特定の目的のためにデータが集計・要約されてしまうことが多く，必ずしも多様な分析ニーズに応えられるものではなかった。これに対してデータ・ウェアハウスは生データのまま保管しているので，新たなニーズが発生しても，データベースの再設計・再構築なしに柔軟に対応することが可能である。もちろん，データ・ウェアハウスの格納データは極めて膨大なものとなるが，①大量・大容量データを高速処理できるコンピュータや大容量記憶装置が低価格化したこと及び②OLAPツールやデータ・マイニング・ツールが整備されたことにより，このシステムは急速に普及していった。また，運用に際しては，データ・マート（data mart）と呼ばれるものを活用する場合がある。これは，利用部門毎に必要なデータをデータ・ウェアハウスから抽出したり，必要とする分析データを予め集計した比較的小規模なデータベースを言う。宮澤監修〔2007〕pp. 198-199（小宮路雅博稿「データ・ウェアハウス」）も参照されたい。

て蓄積されたデータをいろいろな切り口で表示，比較することで新しい発見や確認を行なうことが可能となる。

また，データ・マイニング(data mining)は，生データから統計的手法を用いてデータ間に何らかの関係性を発見しようとする手法である。例えば，マーケット・バスケット分析(market basket analysis)[7]を行ない顧客の併買行動を探ったり，顧客の購買データを属性データと関連づけることで新たな顧客セグメントや優良顧客予備軍を発見したりするツールとして活用されている。

OLAPやデータ・マイニングによる顧客データ分析機能は，CRM（アナリティカルCRM）の具体的な機能を構成するものである。

ICTの発展と共に高度になったシステムを導入することによって，CRMは，有効なマーケティング手法として多くの企業に導入されるようになった。CRMを活用したマーケティングは，顧客と良好な関係を構築し，長期的・安定的に取引を継続させる「農耕型マーケティング」の統合的なシステムへと進化を遂げつつある。

第3節　CRMからCMRへ

CRMの下では，企業が情報を独占していることから企業側が主導権を持っていた。しかし，消費者発言・顧客対話を基盤とした双方向のICTが台頭・普及するにつれて，企業と顧客との関係性の主導権は，好むと好まざるとに拘わらず，顧客側にシフトしてきていることも指摘されるようになった。[8]この観点では，企業は顧客の声や顧客経験，顧客協働を重視したビジネスを実施せざる

---

[6] データベースやデータ・ウェアハウスの活用に際しては，システムの構造などを良く知らない現場部門の利用者でも快適に操作して必要な情報を引き出せることが必要である。OLAPは，利用者が簡単にシステムを端末から直接操作して検索や分析を行なえるようになっている。
[7] マーケット・バスケット分析は，A商品を買った人は同時にB商品を買っている（併買している）など「一緒に買われる商品」を発見するための分析を言う。
[8] ネット社会における消費者主導はCGM (consumer generated media：消費者生成メディア)におけるユーザー生成コンテンツや口コミのバイラル(viral)的伝播現象としても語られる。CGMは，SNS (social networking service)や口コミサイト，ナレッジ・コミュニティ(Yahoo！知恵袋など)，動画共有サイト，ブログ・ポータル，BBSポータルなどを指す。

を得ず,CMRへの対応が必要とされることがある。

CMR(customer management of relationships)は,米国の経営コンサルタントであるネウェル(Newell, F.)が提唱した概念である(Newell〔2003〕)。ネウェルは,企業主導ではなく,顧客主導の新しい顧客リレーションシップを構築するべきと主張した。こうした主張には,自らのニーズに沿った情報やサービスを企業が提供するべき,或いは企業から提供されたいと考える顧客はいても,企業に自身の情報を一方的に管理されたいと思う顧客がいる筈はないという考えが底流にある。[9] CMRは,企業とのリレーションシップやコミュニケーションの方法やその限度を決定する権限を顧客自身に付与して,その管理を任せ,「顧客が自分自身の情報を自分で管理できる」ことを指している。この点で,CMRはcustomer-managed relationshipsであるとも言われる。

本章の最後に,顧客が主導権を発揮できる場や仕組みを提供し,顧客の持つ資源やネットワークをうまく活用している取り組みの例として,①Amazon.comの「カスタマーレビュー」,②ニコニコ動画のサイト内広告である「ニコニコ市場」について簡単に紹介する。

(1) **Amazon.com**

Amazon.comは,米国ワシントン州シアトルに本社を構える世界最大のオンライン・ショッピングサイトである。顧客至上主義を第一に,顧客へ必要なものを,安く,早く提供することを掲げ,その取り扱い商品は多岐に渡り,書籍から始まりCD,DVD,そしてゲームをも扱うようになった。1999年までには,450万点の商品を扱うようになり,現在では,家電・カメラ,パソコン・オフィス用品,ホーム・キッチン用品,食品・飲料,ファッションや車・バイク用

---

[9] 米国Yahoo!のダイレクト・マーケティング担当副社長(当時)のゴーディン(Godin, S.)が提唱したパーミッション・マーケティング(permission marketing)にも同様の考えを見てとれる(Godin〔1999〕)。従来の不特定多数の顧客に断りなく一方的に大量のメッセージを送り付ける(大量のスパムメール送信はその代表例である)のは,言わば顧客の生活に土足で踏み込んでくる「邪魔マーケティング(interruption marketing)」である。これに対し,パーミッション・マーケティングは,事前に許諾(パーミッション)を得た相手だけにその許諾の範囲内で,情報提供や勧誘,販売促進,顧客情報取得などの活動が許されるべきとする(例えば,オプトイン・メール)。マーケティング・メッセージが届けられることを事前に了承し,期待している顧客に対してのみ企業側がアプローチするので,高いレスポンス率,良好な顧客関係を構築できるというものである。

品などを扱うようになっている。これらの商品はメーカーや卸売業者から直接購入することによって確保されている。

　ショッピングサイトでは，商品画面の下方に「カスタマーレビュー」の欄が用意されている。顧客は商品に対して星5つを満点として評価をすることができる。更に，購入した顧客の商品に関する意見や感想が書かれており，顧客がサイト上に自由に公開できる場となっている[10]。また，レビューの読者は投稿されたレビューが参考になったかどうか，「はい」か「いいえ」の票を入れることで評価することもできる。

　このカスタマーレビューにより，顧客は購入の際に他の顧客の意見を参考にしたり，自分も他の顧客に参考になるレビューを投稿することが可能となった。これにより，手にとって確かめることができず，また，企業側から与えられるプロモーション等でしか情報を得ることができなかった顧客は，新たに他の顧客の生の感想・意見を参考にするという選択肢を得ることで，オンライン・ショッピングでもより安心して買い物ができるようになったと言える。

(2)　ニコニコ動画

　ニコニコ動画は，株式会社ニワンゴ[11]が提供している動画共有サービスである。「ニコ動」「ニコニコ」などの愛称で親しまれ，2007年1月15日のサービス開始から多くのユーザー（会員）を集め，今や日本を代表する動画共有サイトへと成長を遂げているものである。ニコニコ動画の最大の特徴は，配信されている動画に対して，動画再生の任意のタイミングでユーザーがコメントを自由に投稿し表示できるコメント機能にある（コメントを介してユーザー同士が「会話」することも可能である）。他の動画配信・共有サイトと同様に，配信されている動画の中には著作権者に無断でアップロードされたものもしばしば見られ問題

---

[10] かつて Amazon.co.jp では，発売以前にレビューの書き込みができた。その為，発売前に思い込みや期待に基づく評価を書いた購入者レビューが多数含まれてしまったことがある。現在では，基本的には，発売前の商品に購入者レビューを書き込むことはできないようになっている。
[11] 動画共有サイト「ニコニコ動画」の企画・開発・運営の他に①携帯電話並びに PC のメール及び web 等を利用した各種情報配信サービス，②携帯電話並びに PC のメール及び web 等を利用した付帯広告の配信サービス及び広告代理店業を行なう企業である。上記は，株式会社ニワンゴのウェブ・サイトによる。

となることもある。その一方で，ニコニコ動画では，工夫を凝らして制作・投稿された動画と独自のコメント投稿システムとの相乗効果によって独自のネット文化が築かれていることが知られている。

　ニコニコ動画では，動画配信システムの他に，ユーザーや動画投稿者同士が交流できる機能を数多く備えている。その中でも，注目すべき機能は，2007年7月12日よりスタートした「ニコニコ市場」である。ニコニコ市場は，動画ページの下のスペースに広告を表示するものである。Amazon.co.jp や Yahoo! ショッピングなどの商品を最大10個まで，dwango.jp の携帯電話向けコンテンツを最大3個まで登録でき，そのうち5個までは商品のサムネイルが表示される。また，動画を観たユーザーが「ニコニコ市場に掲示している商品をクリックした人数」や「市場全体でクリックした人数」，更にはクリックしただけではなく「購入に至った人数」まで分かるようになっている。

　ニコニコ市場の特徴は，動画投稿者やユーザーが，動画に関連する商品を任意に市場に登録できることである。[12] 動画に直接に関連のある商品のみならず，連想や「空耳」[13]，象徴や隠喩からの解釈に基づいた商品が登録されることもあり，その設定はユーザーに委ねられている。[14] 更に，商品から関連する動画を検索することも可能であったり，コメント欄に市場に登録されている商品や実際に買った人への反応が投稿されることもあり，広告の存在感と効果を大幅に向上さ

---

[12] ニコニコ市場への商品の登録については，本稿執筆時点で以下のようになっている。①動画投稿者・生放送主は，貼られている商品を2つまでロックすることができる（商品の追加・削除は自由），②プレミアム会員は，ロックされている商品を除き，商品の追加・削除ができる，③一般会員は，空きがあれば商品を追加でき，自分で登録した商品のみ削除できる。

[13] 空耳は，例えば，外国語の歌詞や台詞がイントネーションや発音の仕方などにより偶然に日本語の別の言葉や意味に聴こえるなどの現象を言う。

[14] 2007年8月に一般ユーザーによってアップ（投稿）された「ねこ鍋」という動画があった。ねこ鍋とは，土鍋の中で身を丸くして眠る猫の様子を撮影した動画であり，同年10月1日までに55万回以上再生されたものである（その後，リアル世界でも話題になり，ねこ鍋カレンダーや写真集，DVD も発売された）。その際に，動画画面の下に設置されていたニコニコ市場では，土鍋が登録されており，普段ネットでは殆ど購入されない土鍋が，動画を観たユーザー達によって多数購入されるという現象が起きた。また，猫が食器棚の高いところに登ってしまい，降りることができずに困っている様子を撮影した動画（この動画は，2007年7月に飼い主が YouTube に投稿した動画であり，同年同月にニコニコ動画に転載されたものである）が発端となった現象も知られている（「猫にはしご車」現象）。これは，この動画を観たユーザー達が「はしごが要る」というコメントを大量に付け，そのコメントを観たユーザーが，ミニカーのはしご車をニコニコ市場に登録したところ多くのユーザーが次々に購入して，結果，Amazon.co.jp でミニカーのはしご車が売上ランキングの上位に現れるという現象が起きたものである。

せることに成功している。

　モノ（商品）の意味付けや評価は長らく企業側に主導的な役割があった。しかし，ニコニコ動画におけるニコニコ市場のような偶発的な意味付けや評価が発生し易い場が登場することで，モノの意味が顧客によって再解釈され，新たな価値を創造することが促進されるようになっている。この点でも，企業から顧客への主導権のある種の移行が生まれて来ていると言えるだろう。

【参考文献】
小宮路雅博〔2006〕『徹底マスター　マーケティング用語』白桃書房。
宮澤永光監修〔2007〕『基本流通用語辞典改訂版』白桃書房。
宮澤永光・亀井昭宏監修〔2003〕『マーケティング辞典改訂版』同文舘出版。

Godin, S.〔1999〕*Permission Marketing*：*Turning Strangers Into Friends And Friends Into Customers*, Simon & Schuster.（訳書，阪本啓一訳〔1999〕『パーミションマーケティング―ブランドからパーミションへ―』翔泳社）。
Newell, F.〔2003〕*Why CRM Doesn't Work*：*How to Win by Letting Customers Manage the Relationship*, Bloomberg Press.
Peppers, D. and M. Rogers〔1994〕*The One-to-one Future*：*Building Business Relationships One Customer at a Time*, Piatkus Books.（訳書，ベルシステム24訳〔1995〕『ONE to ONE マーケティング―顧客リレーションシップ戦略―』ダイヤモンド社）。

Amazon.com　http://www.amazon.com/
Amazon.co.jp　http://www.amazon.co.jp/
ニコニコ動画　http://www.nicovideo.jp/
株式会社ニワンゴ　http://niwango.jp/

（都留　信行）

和文索引

(あ 行)

愛顧割引 ……………………………… 56
アウトソーシング …………………… 146
アカウント・エグゼクティブ ………… 99
アカウント・プランナー ……………… 100
アナリティカル CRM ………………… 219
アフェリエイト・プログラム ………… 208
アフター・マーケット ………………… 55
アベイラビリティー …………………… 142
アローワンス …………………………… 79
アンブレラ・ブランド ………………… 39

威光価格 ………………………………… 51
威光価格設定 …………………………… 51
異質性 …………………………………… 150
一業種一社制 …………………………… 100
5つの諸力モデル ……………………… 114
一般競争戦略 …………………………… 115
移動障壁 ………………………………… 115
イニシャル・マーケット ……………… 55
イネーブルメント ……………………… 155
インターナル・コミュニケーション … 82
インターナル・マーケティング ……… 158
インターネット・マーケティング …… 201
インダストリアル・マーケティング … 119
インベスター・リレーションズ ……… 82

上澄み吸収価格政策 …………………… 53

エイベルソン(Abelson, R. P.) ………… 161
エクスターナル・コミュニケーション … 82
エクスターナル・マーケティング …… 158
エンパワーメント ……………………… 155

オープン・ディスプレイ ……………… 9
屋外広告 ………………………………… 93
オペレーショナル CRM ……………… 219
折込広告 ………………………………… 94
オンライン・クーポン ………………… 209

(か 行)

回収物流 ………………………………… 140
外装 ……………………………………… 135

外的参照価格 …………………………… 51
開放的流通チャネル …………………… 63
カウンター・セグメンテーション …… 19
価格差別 ………………………………… 57
価格設定 ………………………………… 45
価格戦略 ………………………………… 45
加工原料 ………………………………… 121
過程品質 ………………………………… 165
カテゴリー・ニーズ …………………… 73
金のなる木 ……………………………… 111
関係性 …………………………………… 128
観光 ……………………………………… 171
観光資源 ………………………………… 176
観光施設 ………………………………… 176
観光主体 ………………………………… 174
観光対象 ………………………………… 176
観光媒介 ………………………………… 176
観光マーケティング …………………… 171
観光レクリエーション ………………… 172
慣習価格 ………………………………… 52
慣習価格設定 …………………………… 52
感情広告 ………………………………… 89
間接流通チャネル ……………………… 60

企業広告 ………………………………… 88
企業戦略 ………………………………… 105
企業ドメイン …………………………… 105
企業ブランド …………………………… 36
季節割引 ………………………………… 56
基礎財 …………………………………… 122
機能割引 ………………………………… 57
疑問符 …………………………………… 112
キャプティブ・プライシング ………… 55
業者割引 ………………………………… 57
競争戦略 ………………………… 106, 113
競争地位類型 …………………………… 116
競争に基づく価格設定 ………………… 49
協同購入 ………………………………… 210
業務用消耗品 …………………………… 121
行列システム …………………………… 168

クーポン ………………………………… 79
クラス・メディア ……………………… 92
クリエイティブ戦略 …………………… 76

クリック課金	210	コンテンツ連動型広告	211
クローズド・ディスプレイ	10		
グローバル・ブランド	40	**(さ 行)**	
クローラー	204	サードパーティー・ロジスティクス	146
		サーバクション・システム	157
計画的陳腐化	35	サービス・エクスペリエンス	153
経験曲線効果	26	サービス・エデュケーション	161
経験財	152	サービス・コスト	163
景品	80	サービス・システム	157
劇場アプローチ	159	サービス・スプリクト	161
結果品質	165	サービス・デリバリー・システム	157
ケラー(Keller, K. L.)	70	サービス・ファクトリー	156
現金割引	56	サービス・プレビュー	163
検索エンジン最適化	204	サービス・マーケティング	149
検索エンジン最適化プログラム	204	サービス供給能力	166
検索連動型広告	210	サービス需要	166
原料	122	再解釈	35
		サイコグラフィック基準	17
広告	87, 97	最終アセンブラー	120
広告会社	98	サプライチェーン・マネジメント	133, 142
広告計画	94	サプライヤー	120
広告主	97	差別価格	57
広告物	97	差別価格設定	57
広告メディア	90	差別化戦略	115
交通広告	93	差別型マーケティング	20
行動の基準	17	産業広告	88
購買状況モデル	130	産業財	122
購買センター	129	産業財マーケティング	120
購買類型	130	産業用使用者	119
合目的的購買	124	参照価格	51
小売プロモーション	80	参入障壁	114
ゴーイング・コンサーン	107		
コーポレート・コミュニケーション	88	ジェイカスタマー	162
コール・センター	221	ジェネリックス	38
コーレイ(Colley, R. H.)	96	ジオグラフィック基準	16
顧客維持	156	事業者向けサービス	122
顧客シェア	218	事業戦略	106
顧客適応	128	事業ブランド	36
顧客プロフィール	18	市場カバレッジ戦略	19
国際オリンピック委員会	186	市場細分化	16
国際広告	89	市場セグメント	17
国際ブランド	40	市場ライフサイクル	24
コスト・プラス法	45	自然観光資源	176
コスト・リーダーシップ戦略	115	事前個別包装品	9
個送	135	シナジー	108
コトラー(Kotler, P.)	70, 113, 174	資本財	122
個別ブランド	38	ジャスト・イン・タイム	145
コミュニケーション・スペクトラム	89	シャンク(Schank, R. C.)	161
コンタクト・センター	221	修正再購買	130

和文索引　231

集中型マーケティング	20
集中戦略	115
需要曲線	50
主要設備品	121
需要に基づく価格設定	49
需要の価格弾力性	50
狩猟型マーケティング	217
準拠集団	73
商業的広告	88
商業放送	10
上層吸収価格政策	53
消費財	119
消費者広告	88
消費者プロモーション	79
消費の民主化社会	13
商標	37
商標法	37
商品化権	197
消滅性	150
新規購買	130
新製品開発	33
人的販売	69, 78
浸透価格政策	53
人文観光資源	176
信頼財	153
心理的価格設定	49
衰退期	27
垂直的マーケティング・システム	60
垂直統合	106
数量割引	56
スキーマ	161
スター	111
スプリクト	161
スポーツ・マーケティング	185
スポンサーシップ制度	187
するスポーツ	191
生産財	119, 121
生産財マーケティング	119
生産物流	140
成熟期	26
成長期	26
製品アイテム	30
製品広告	88
製品差別化	26
製品戦略	29, 107
製品廃棄	27, 35
製品ブランド	36
製品ミックス	29
製品ライフサイクル	24
製品ライン	29
製品ライン拡張	41
セグメンテーション基準	16
セルフ・セレクション	9
全国広告	89
選択的流通チャネル	64
専門広告	88
戦略グループ	115
戦略事業単位	110
戦略的マーケティング	105
ソーシャル・メディア	211
促進財	122
組織購買	127
組織購買行動	129
損益分岐点	47

（た 行）

ターゲット・オーディエンス	72, 87
ターゲット・プライシング	47
ターゲット市場	18
ターゲティング	18
大規模購買	124
態度	6
大量生産方式	8
ダイレクト・マーケティング	84
ダイレクト・メール	94
多角化	107
多角化戦略	107
多頻度小口配送	145
ダブル・ブランド	39
ダブル・マーク	39
探索財	152
単純再購買	130
地域ブランド	173, 180
知覚コスト	164
知覚品質	153
地方広告	89
チャネル	59
チャネル・コントロール	65
チャネル・システム間競争	60
チャネル・デザイン	61
チャレンジャー	116
調達物流	140
直接流通チャネル	60

ティーザー広告	89
ディーラー・コンテスト	79
データ・ウェアハウス	222
データ・マイニング	223
デジタル・コンテンツ	213
デジタル・サイネージ	93
デスティネーション・マーケティング	173
デモグラフィック基準	16
デモンストレーション	80
テレマーケティング	221
テレビ放映権料	187
デロジア（Delozier, M. W.）	70
統一ブランド	39
統合型マーケティング・コミュニケーション	69
同時性	150
導入期	25
投入財	122
取引総数最小化の原理	99
取引ネットワーク	128
トレード・プロモーション	79
トレードマーク	37

（な 行）

内装	135
内的参照価格	51
ナショナル・ブランド	38
ニコニコ動画	225
ニッチ	20
ニッチャー	117
日本型 AE 制	100
荷役	135
値入れ	46
ネウェル（Newell, F.）	224
ネーミング・ライツ	197
ネット・オークション	212
ネット・ショップ	212
値引き	80
ネルソン（Nelson, P.）	152
農耕型マーケティング	217

（は 行）

パーミッション・マーケティング	224
配送	134
排他的流通チャネル	64
端数価格	51
端数価格設定	51
バックステージ	159
パッケージド・グッズ	9
パッケージド・グッズ販売	9
パブリシティ	69, 83
パブリック・リレーションズ	70
販社	62
販売会社	62
販売物流	140
ビークル	100
ビジネス・マーケティング	120
ビジネス広告	88
ビジネス財マーケティング	120
非商業的広告	88
標準化	128
標的市場	18
費用に基づく価格設定	45
非累積的数量割引	56
ファミリー・ブランド	39
フィジカル・エビデンス	155
フォロワー	116
不可分性	150
不正競争防止法	37
物流	133
物流管理	137
プライス・ライニング	52
プライベート・ブランド	38
ブランド	36
ブランド・エクイティ	42
ブランド・エクステンション	41
ブランド・カニバリゼーション	41
ブランド・ダイリューション	37
ブランド・ポリューション	37
ブランド拡張	41
ブランド価値	42
ブランド購入意図	74
ブランド再生	73
ブランド再認	73
ブランド態度	74
ブランド認知	73
ブランド連想	42
フリーペーパー	94
フリーマガジン	94
フリーミアム	214
プロモーション	69
プロモーションメディア広告	90

フロントステージ ………………………159

兵站 ………………………………………136
ペパーズ(Peppers, D.) …………………217
ベルチ(Belch, G. E.) ……………………70
変動性 ……………………………………150

ポイント制度 ………………………………80
包装 ………………………………………135
ポーター(Porter, M. E.) ………………105
保管 ………………………………………135
ポジショニング ……………………………27
ボット ……………………………………204

(ま 行)

マークアップ ………………………………46
マークアップ法 ……………………………46
マークダウン ………………………………47
マーケット・イン …………………………141
マーケット・セグメンテーション …………16
マーケット・バスケット分析 ……………223
マーケティング ……………………………4
マーケティング・コミュニケーション ……69
マーケティング・コミュニケーション・ミックス
　…………………………………………76
マーケティング・コミュニケーション予算
　…………………………………………74
マーケティング・サイト …………………203
マーケティング・チャネル …………………59
マーケティング・マネジメント ……6, 15
マーケティング・ミックス …………………21
マーケティング管理 ………………………15
マーシャル(Marshall. A) …………………89
マーフィ(Murphy, P. E.) ………………178
マクロ・マーケティング …………………15
負け犬 …………………………………112
マス・カスタマイゼーション ……………218
マスコミ四媒体 ……………………………90
待ち行列 …………………………………168
マッカーシー(McCarthy, E. J.) …22, 70
マルチ・チャネル …………………………67
マルチブランド化 …………………………41
マルチプル・プライシング ………………52

ミクロ・マーケティング …………………15
観るスポーツ ……………………………193

無形性 ……………………………………150
無差別型マーケティング …………………21

命名権 …………………………………197
メーカー販社 ……………………………62
メール・マガジン ………………………208
メッセージ戦略 …………………………75
メディア・バイイング ……………………100
メディア・ビークル ………………………100
メディア・プランニング …………………100
メディア・リレーションズ …………………82

目標価格設定 ……………………………47
問題顧客 ………………………………162
問題児 …………………………………112

(や 行)

輸送 ……………………………………134

予約システム …………………………168

(ら 行)

ラウターボーン(Lauterborn, R.) ………23
ランディング・ページ …………………206

リーダー ………………………………116
理性広告 …………………………………89
リッチ・メディア広告 …………………208
リベート …………………………………79
リポジショニング …………………………27
流通加工 ………………………………136
流通広告 …………………………………88
流通チャネル ……………………………59
流通チャネル戦略 ………………………59

累積的数量割引 …………………………56
ルメルト(Rumelt, R. P.) ………………108

レビット(Levitt, T.) ……………………155

ロイヤルティ ……………………………217
ローカル・ブランド ………………………40
ロサンゼルス・オリンピック ……………186
ロジスティクス …………………………133
ロジャーズ(Rogers, M.) ………………218

(わ 行)

割引 ………………………………………56

欧文索引

(A)

account executive ·········· 99
advertisement ·········· 97
advertising ·········· 97
AE ·········· 99
AE 制 ·········· 100
affiliate program ·········· 208
after market ·········· 55
allowance ·········· 79
Amazon.com ·········· 224
attitude ·········· 6
availability ·········· 142

(B)

BCG チャート ·········· 110
behavioral basis ·········· 17
BEP ·········· 47
bot ·········· 204
brand association ·········· 42
brand cannibalization ·········· 41
brand dilution ·········· 37
brand equity ·········· 42
brand extension ·········· 41
brand pollution ·········· 38
brand value ·········· 42
break-even point ·········· 47
B to B マーケティング ·········· 120
business brand ·········· 36
business strategy ·········· 106
buyclass ·········· 130
buying center ·········· 129

(C)

call center ·········· 221
capital goods ·········· 122
captive pricing ·········· 55
cash cow ·········· 111
cash discount ·········· 56
category exemplar ·········· 42
CGM ·········· 223
challenger ·········· 116
channel ·········· 59
closed-display ·········· 10

CMR ·········· 223
communication spectrum ·········· 89
competition-based pricing ·········· 49
competitive strategy ·········· 106
computer telephony integration ·········· 221
concentrated marketing ·········· 20
consumer generated media ·········· 223
consumer goods ·········· 119
contact center ·········· 221
contact personnel ·········· 155
co-producer ·········· 157
corporate brand ·········· 36
corporate domain ·········· 105
corporate strategy ·········· 105
cost-based pricing ·········· 45
cost-plus pricing ·········· 45
cost-volume-profit analysis ·········· 47
counter segmentation ·········· 19
coupon ·········· 79
CP ·········· 155
crawler ·········· 204
credence goods ·········· 153
CRM ·········· 217
CTI ·········· 221
cumulative quantity discount ·········· 56
customary price ·········· 52
customary pricing ·········· 52
customer adaptation ·········· 128
customer defection ·········· 162
customer management of relationships ·········· 224
customer relationship management ·········· 217
customer retention ·········· 156
customer share ·········· 218
customer-managed relationships ·········· 224
CVP 分析 ·········· 47

(D)

DAGMAR ·········· 96
data mining ·········· 223
dealer contest ·········· 79
decline stage ·········· 27
delivery ·········· 134
demand curve ·········· 50
demand-based pricing ·········· 49

demographic basis	16
demonstration	80
differentiated marketing	20
differentiated price	57
differentiated pricing	57
direct distribution channel	60
discount	56, 80
distributive processing	136
diversification	107
DM	94
dog	112
double mark	39
double brand	39

(E)

ECR	142
efficient consumer response	142
electronic ordering system	138
empowerment	155
enablement	155
entering goods	122
EOS	138
exclusive distribution channel	64
experience curve effect	26
experience goods	152
external marketing	158
external reference price	51

(F)

fabricating or component parts	121
facilitating goods	122
family brand	39
five forces model	114
follower	116
foundation goods	122
4Cs	23
4Ps	22
freemium	214
full coverage strategy	21
functional discount	57

(G)

generics	38
geographic basis	16
GE グリッド	113
global brand	40
going concern	107
goods-dominant logic	149
growth stage	26

(H)

heterogeneity	150

(I)

IMC	69
indirect distribution channel	60
individual brand	39
individual packaging	135
industrial goods	119
industrial marketing	119
initial market	55
inner packaging	135
inseparability	150
intangibility	150
Integrated Marketing Communications	69
intensive distribution channel	63
inter-channel system competition	60
internal marketing	158
internal reference price	51
international brand	40
International Olympic Committee	186
introduction stage	25
IOC	186
IR	82

(J)

jaycustomer	162
JIT	145
just-in-time	145

(L)

landing page	206
landing page optimization	207
leader	116
local brand	40
logistics	133
loyalty	217
LPO	207

(M)

macro marketing	15
major equipment	121
markdown	47
market basket analysis	223
market coverage strategy	20
market segment	17
market segmentation	16
market-in	141

marketing ··· 4
marketing management ················ 6, 15
marketing mix ······································ 21
markup ··· 46
markup pricing ···································· 46
mass customization ························· 218
materials handling ··························· 135
maturity stage ····································· 26
merchandising rights ······················ 197
micro marketing ································· 15
minor or accessory equipment ··············· 121
MMS ··· 222
modified rebuy ································· 130
MR ·· 82
MRO 品目 ··· 121
multi-brand ··· 41
multi-channel ····································· 67
multimedia station ·························· 222
multiple pricing ································· 52

(N)

naming rights ··································· 197
national brand ···································· 38
NB ·· 38
new product development ················ 33
new task purchase ·························· 130
niche ··· 20
nicher ·· 117
noncumulative quantity discount ··············· 56

(O)

odd price ·· 51
odd pricing ··· 51
OLAP ·· 222
One to One マーケティング ··················· 218
on-line analytical processing ········· 222
OOH ··· 93
open-display ······································ 10
operating supplies ··························· 121
organizational buying ····················· 128
organizational buying behavior ·············· 129
out of home ·· 93
outcome quality ······························· 165
outer packaging ······························· 135
outsourcing ······································ 146
oversegmentation ····························· 19

(P)

packaged goods ···································· 9

packaging ··· 135
patronage discount ··························· 56
pay per click ···································· 210
PB ··· 38
penetration pricing policy ················ 53
perceived cost ································· 164
perceived quality ····························· 153
perishability ···································· 150
permission marketing ···················· 224
personal selling ································· 69
physical evidence ··························· 155
Place ··· 22, 59
planned obsolescence ······················ 35
PLC ·· 24
point of purchase ······························ 94
point of sales ··································· 138
POP ··· 94
POS ·· 138
positioning ··· 27
PPC ·· 210
PPM ··· 110
PR ·· 70, 81
PR イベント ·· 84
premium ··· 80
prestige price ····································· 51
prestige pricing ································· 51
Price ··· 22, 45
price discrimination ························· 57
price elasticity of demand ··············· 50
price lining ·· 52
pricing ··· 45
private brand ····································· 38
problem child ··································· 112
process materials ····························· 121
process quality ································ 165
product ····································· 22, 29
product brand ···································· 36
product differentiation ····················· 26
product elimination ··················· 27, 35
product item ······································ 30
product life cycle ······························ 24
product line ·· 29
product line extension ······················ 41
product mix ·· 29
product portfolio management ··············· 110
product strategy ······························ 107
production goods ···························· 122
Promotion ·································· 22, 69
psychographic basis ························· 17

psychological pricing	49
public relations	70
publicity	69

(Q)

QR	142
quantity discount	56
question mark	112
queuing system	168
quick response	142

(R)

raw materials	122
rebate	79
reference group	73
reference price	51
registered trademark	37
re-interpretation	35
relationship	128
re-positioning	27
reservation system	168
rich media	208

(S)

sales force automation	220
sales promotion	69
SBU	110
schema	161
SCM	133, 142
search engine optimization	204
search engine optimizer	204
search goods	152
seasonal discount	56
selective distribution channel	64
self-selection	10
SEO	204
service capacity	166
service delivery system	157
service demand	166
service preview	163
service system	157
servuction system	157

SFA	220
simultaneity	150
skimming pricing policy	53
social media	211
social networking service	209, 223
SP	78
sports marketing	185
standardization	128
star	111
storing	135
straight rebuy	130
strategic business unit	110
strategic marketing	105
supply chain management	133
synergy	108

(T)

target audience	72
target market	18
target pricing	47
targeting	18
telemarketing	221
third-party logistics	146
3PL	146
trade discount	57
trademark	37
transportation	134

(U)

umbrella brand	39
undifferentiated marketing	21

(V)

variability	150
vehicle	100
vertical integration	106
vertical marketing system	60
VMS	60

(W)

WebPR	82

〈編著者紹介〉

小宮路　雅博（こみやじ　まさひろ）
　現在：成城大学経済学部教授

〈主要業績〉
『現代の流通と取引』（編著，同文舘出版，2000年）
『リレーションシップ・マネジメント―ビジネス・マーケットにおける関係性管理と戦略―』（訳書，D. フォード／IMPグループ著，白桃書房，2001年）
『サービス・マーケティング原理』（監訳，C. ラブロック／L. ライト著，白桃書房，2002年）
『現代の小売流通』（編著，同文舘出版，2005年）
『徹底マスター マーケティング用語』（白桃書房，2006年）
『イメージとレピュテーションの戦略管理』（訳書，イーラーン・トレーニング・カンパニー著，白桃書房，2009年）
『流通総論』（編著，同文舘出版，2010年）

平成23年9月20日　初版発行	〈検印省略〉
令和元年8月10日　初版5刷発行	略称：小宮路マーケ

現代マーケティング総論

　　　編著者　　小宮路　雅　博
　　　発行者　　中　島　治　久

　　発行所　**同文舘出版株式会社**
　　　東京都千代田区神田神保町1-41　〒101-0051
　　　電話　営業 03(3294)1801　編集 03(3294)1803
　　　振替　00100-8-42935　http://www.dobunkan.co.jp

© M. KOMIYAJI　　　　　　　印刷：広研印刷
Printed in Japan 2011　　　　製本：広研印刷

ISBN978-4-495-64441-3

JCOPY 〈出版者著作権管理機構　委託出版物〉
本書の無断複製は著作権法上での例外を除き禁じられています。複製される場合は，そのつど事前に，出版者著作権管理機構（電話 03-5244-5088, FAX 03-5244-5089, e-mail: info@jcopy.or.jp）の許諾を得てください。